GAOZHI TIAOZHANBEI JINGSAI
YU CHUANGXIN CHUANGYE
JIAOYU SHIWU

高职挑战杯竞赛与创新创业教育实务

陈立旦　杨爱喜　著

化学工业出版社

·北京·

内容简介

《高职挑战杯竞赛与创新创业教育实务》深入剖析了高职"挑战杯"创新创业竞赛。核心内容涵盖竞赛基础，包括由来、赛事安排、"大挑"与"小挑"区别；详细解析两大竞赛的赛道组别评分细则；阐述高职竞赛的理论基础，剖析工作现状与问题，并给出针对性对策；探讨高职创新创业教育发展策略；介绍创新与创业教育要点；聚焦备赛实务，从竞赛流程、项目选择、团队组建、培训管理到项目申报书及材料的撰写，再到竞赛路演的各个环节，均给予细致指导。本书内容特色在于系统性，从理论到实践，从筹备到参赛，全方位覆盖竞赛全流程，同时，本书还提供了大量可操作的方法与策略，教师可借此提升指导学生参赛的能力，学生能获取竞赛知识与实践技巧，助力在"挑战杯"竞赛中取得优异成绩。

本书适合高职院校师生阅读，同时对关注高职创新创业教育的人员也具有参考价值。

图书在版编目（CIP）数据

高职挑战杯竞赛与创新创业教育实务 / 陈立旦，杨爱喜著. -- 北京：化学工业出版社，2025.8. -- ISBN 978-7-122-48188-7

Ⅰ. G717.38

中国国家版本馆CIP数据核字第2025LA8899号

责任编辑：雷桐辉
文字编辑：蔡晓雅
责任校对：宋　夏
装帧设计：王晓宇

出版发行：化学工业出版社
　　　　　（北京市东城区青年湖南街13号　邮政编码100011）
印　　装：北京捷迅佳彩印刷有限公司
787mm×1092mm　1/16　印张12¼　字数304千字
2025年9月北京第1版第1次印刷

购书咨询：010-64518888
售后服务：010-64518899
网　　址：http://www.cip.com.cn
凡购买本书，如有缺损质量问题，本社销售中心负责调换。

定　　价：98.00元　　　　　　　　　　　　　　版权所有　违者必究

创新创业是基于创新理念，通过实践活动将新的想法、技术或商业模式转化为实际产品或服务的过程。这一过程不仅要求创业者具备创新思维，还需要他们能够将这一思维付诸实践，通过创业活动实现商业价值的最大化。创新创业不仅仅是经济领域的活动，还涉及科技、文化、社会等多个方面，是推动社会进步和发展的重要动力。

习近平总书记指出，青年是国家和民族的希望，创新是社会进步的灵魂，创业是推动经济社会发展、改善民生的重要途径。青年学生富有想象力和创造力，是创新创业的有生力量。希望广大青年学生把自己的人生追求同国家发展进步、人民伟大实践紧密结合起来，刻苦学习，脚踏实地，锐意进取，在创新创业中展现才华、服务社会。

为贯彻落实党中央、国务院关于推进大众创业、万众创新的决策部署，共青团中央、教育部采取了一系列有力措施，其中一项重大举措就是举办"挑战杯"中国大学生创业计划竞赛（简称"小挑"），和"挑战杯"全国大学生课外学术科技作品竞赛（简称"大挑"）。

从2011年至今，笔者多次指导学生参加"挑战杯"竞赛，分获金奖、银奖，并积累了一些参与"挑战杯"竞赛指导和参赛的经验。为了总结参赛经验并再出发，也为了分享其中的所思所想，笔者撰写了本书。

本书按照育人育才要求，深度挖掘创新创业教育中的德育因素，将创新创业内容与习近平新时代中国特色社会主义思想、中华优秀传统文化有机融合。本书重点介绍了创新和创业教育工作发展对策、"挑战杯"竞赛简介、"挑战杯"竞赛项目申报书撰写、"挑战杯"竞赛项目申报材料撰写、高职"挑战杯"竞赛备赛实务。重点培养职业院校学生的自我学习能力、可持续发展能力，注重创新思维培育，注重创新创业意识塑造。

由于编写时间仓促，加之编者水平有限，本书可能存在诸多不足之处，还望广大专家读者提出宝贵意见，帮助我们改进和完善。

著者

目录
CONTENTS

第 1 章
"挑战杯"竞赛概述

1.1 "挑战杯"竞赛简介

1.1.1 "挑战杯"竞赛由来

"挑战杯"是中国最具影响力的大学生科技创新竞赛,由共青团中央、中国科协、教育部、全国学联和承办高校联合主办,自1989年首届举办以来,已成为国内高校学生科技创新的标杆性赛事。

"挑战杯"全国大学生课外学术科技作品竞赛(简称"大挑")的创办时间是1989年,每两年一届(在奇数年举办)。其内容聚焦自然科学类学术论文、哲学社会科学类调查报告、科技发明制作三类作品,注重学术性和创新性。"大挑"竞赛采取学校、省(自治区、直辖市)和全国三级赛制,分为预赛、复赛、决赛三个赛段。高校学生申报作品,经校级选拔推荐后,参加省级比赛,最终角逐出优秀作品进入全国竞赛。全国评审委员会由学术界、科技界、教育界等领域的专家学者组成,负责作品的预审、终审等评审工作。评审标准包括作品的科学性、先进性、现实意义等。竞赛设立特等奖、一等奖、二等奖、三等奖等个人奖项,以及挑战杯、优胜杯、省级优秀组织奖等团体奖项。

"挑战杯"中国大学生创业计划竞赛(简称"小挑"),创办时间是1999年,原为"大挑"的平行赛事,后独立并更名为"创青春"(2014年起),现回归"小挑"名称,偶数年举办。其内容以商业计划书为核心,考察创业项目的可行性、商业模式和团队协作,近年增设创业实践赛、公益创业赛等。竞赛同样采取学校、省(自治区、直辖市)和全国三级赛制,分预赛、复赛、决赛三个赛段。评审委员会由专家学者、企业家、风险投资界人士等组成,从市场分析、营销策略、财务管理、团队能力等多个维度对创业计划进行评估。根据评审结果,评选出金奖、银奖、铜奖等获奖项目,并对优秀组织单位进行表彰。

1.1.1.1 "挑战杯"全国大学生课外学术科技作品竞赛("大挑")

(1)发展历程:从萌芽到国家级创新标杆

① 初创探索(1989—1999年)。1989年,首届"挑战杯"由清华大学等19所高校联合发起,仅300余人参赛,开启了中国大学生科技竞赛的先河。

1993年,竞赛首次设立"优胜杯"和"进步显著奖",逐步形成校、省、全国三级赛制。

② 规模扩张(2000—2010年)。参赛高校从百余所增至1000余所,覆盖全国所有省(区、市),港澳台高校陆续加入,参赛人数突破200万。

2005年,增设"累进创新奖",鼓励持续研究;2011年,首次举办"国际大学生创新创业峰会",推动赛事国际化。

③ 深化转型(2011年至今)。竞赛与"双创"政策深度融合,强化成果转化,涌现出大批科技创业项目。

2020年后,增设"红色专项""揭榜挂帅"等赛道,响应国家战略需求。

(2)社会影响

① 人才孵化器。培育出2位长江学者、6位国家重点实验室负责人、20余位教授/博导,

70%获奖者攻读更高学位，30%赴海外深造。典型代表如"中国芯之父"邓中翰、科大讯飞创始人刘庆峰等，成为科技产业领军人物。

② 科技成果转化平台。累计促成超千项技术转让或创业孵化，多项成果应用于航天、通信、环保等领域，直接服务国家现代化建设。

③ 教育改革引擎。推动高校将创新教育纳入培养方案，形成"以赛促学、以赛促创"的育人模式，带动"大学生创新创业训练计划"等配套政策落地。

④ 交流纽带。香港、澳门、台湾地区高校持续参与，通过竞赛深化青年合作，增强文化认同感。

⑤ 社会影响力标杆。被誉为中国大学生科技创新的"奥林匹克"，其模式被"互联网+""创青春"等赛事借鉴，重塑中国高等教育实践生态。

三十多年来，"挑战杯"竞赛始终与国家发展同频共振，从"小众擂台"成长为"百万青年逐梦舞台"，不仅塑造了一代代创新人才，更成为中国高等教育改革和科技强国建设的重要推动力。未来，竞赛将继续肩负使命，为青年学子提供绽放光彩的广阔天地。

1.1.1.2 "挑战杯"中国大学生创业计划竞赛（"小挑"）

（1）发展历程：从创业启蒙到双创标杆

① 创业启蒙阶段（1999—2005年）

➤ 1999年，首届竞赛在清华大学举办，开创中国高校创业教育先河；

➤ 2000年，确立"两年一届"的办赛周期，与"大挑"形成互补格局；

➤ 早期侧重商业计划书撰写，培育大学生创业意识。

② 规范发展阶段（2006—2013年）

➤ 2006年，首次设立专项竞赛单元，增加创业实践类项目；

➤ 2010年，参赛团队突破5000支，覆盖所有985/211高校；

➤ 建立"学校-省市-全国"三级选拔机制。

③ 转型升级阶段（2014—2020年）

➤ 2014年，正式更名为"创青春"全国大学生创业大赛，形成创业计划、创业实践、公益创业三大赛道；

➤ 2018年，首次实现港澳台高校全覆盖。

④ 高质量发展阶段（2021年至今）

2022年恢复"挑战杯"品牌，确立"小挑"赛事定位，增设数字经济、乡村振兴等专项赛道，年度参赛项目突破10万个，成为全球最大规模的青年创业赛事。

（2）社会影响

① 创业人才摇篮。累计培育创业者超50万人，走出小红书毛文超、饿了么张旭豪等知名创业者，获奖者创业企业存活率达65%，高于社会平均水平。

② 产教融合平台。促成校企合作项目超2万个，推动500余项专利技术转化，带动高校开设创业课程超1万门次。

③ 经济新动能。孵化企业总估值超3000亿元，创造就业岗位超100万个，乡村振兴项目覆盖全国2800个县区。

④ 教育创新标杆。首创"创业计划+实践+孵化"全链条培养模式，带动全国高校建设双创学院500余所，形成可复制的创新创业教育"中国方案"。

⑤ 青年成长舞台。港澳台参赛项目年均增长30%，设立"一带一路"国际赛道，构建全球青年创新创业共同体。

二十多年来，"小挑"竞赛引领中国青年创新创业潮流，从创业意识的启蒙到创业实践的深化，培育了大批新时代创业者。赛事持续推动教育链、人才链与产业链、创新链有机衔接，为实施创新驱动发展战略提供了强有力的人才支撑，成为中国创新创业教育的招牌。未来，将继续完善"教育-竞赛-孵化"生态系统，助力更多青年学子实现创业梦想。

1.1.2 "挑战杯"竞赛赛事安排

（1）"大挑"赛事安排

"大挑"分为主体赛与专项赛，每类赛事下分设不同类目的比赛类型，如图1.1所示。

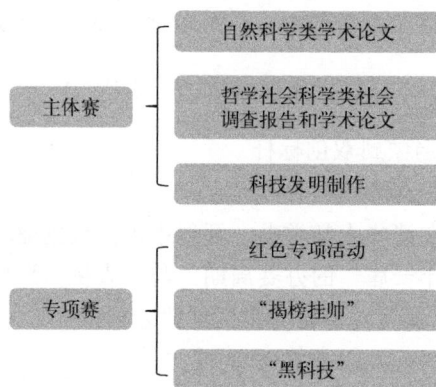

图1.1 大挑赛事安排

自2022年第十七届"挑战杯"竞赛起，大赛设立特别竞赛单元，举办"揭榜挂帅"专项赛。专项赛以"你来挑，我来战"为主题，崇尚"英雄不论出处，谁有本事谁揭榜"，秉承"以国家重大需求为导向、以竞争协同机制为手段、以解决实际问题为目标"的思路，聚焦"卡脖子"技术，瞄准社会重大课题及现实问题，以"政企发榜、竞争揭榜、开榜签约"的方式，通过"征榜-发榜-竞榜-评榜-夺榜"，由政府、企业等单位提需求出题，组委会面向高校广发"英雄帖"，学生团队打擂揭榜。

① 征榜。面向中央部委、地方政府、行业协会、科研机构、企事业单位等广泛征集选题（数量不限）。出题方根据实际需求，向组委会提交选题。选题应聚焦科技发展前沿和关键核心技术、哲学社会科学领域的重大课题和现实问题，具备科研攻关条件，具有实际应用价值。出题方应为赛事组织提供必要支持，为学生攻关答题提供必要保障，可为获奖团队提供有吸引力的奖励措施（如奖金、实习就业、实践调研、产教融合等），引领鼓励更多有学科背景的学生想参与、能攻关、做出彩。组委会综合专家意见，进行严格评估，择优确定比赛榜单。

② 发榜。组委会公布竞赛榜单，面向全国高校学生广发"英雄帖"。各省级团委"挑战杯"竞赛组织协调委员会和高校"挑战杯"竞赛组织协调机构广泛宣传、组织发动，鼓励学生团队参与揭榜答题。

③ 竞榜。各参赛团队选择榜单中的题目开展科研攻关。各高校"挑战杯"竞赛组织协调机构要积极组织学生参赛，安排有关老师给予指导，为参赛团队提供支持保障。向组委会提交作品。

④ 评榜。组委会和出题方共同开展初评和复评。每个选题原则上分别评出特等奖、一等奖、二等奖、三等奖若干。获得特等奖的团队晋级最终"擂台赛"。

⑤ 夺榜。每个选题晋级团队完善作品，冲刺攻关，准备争夺"擂主"。各出题方安排专门团队提供帮助和指导。在"挑战杯"终审决赛期间，举办"擂台赛"，决出最终"擂主"。通过现场展示和答辩，对榜单的每个选题原则上评出1个"擂主"。出题方与"擂主"团队现场签约并给予奖励。

（2）"小挑"赛事安排

为完整、准确、全面贯彻新发展理念，围绕创新、协调、绿色、开放、共享，大赛设科技创新和未来产业、乡村振兴和农业农村现代化、社会治理和公共服务、生态环保和可持续发展、文化创意和区域合作五个赛道。

① 科技创新和未来产业。围绕创新驱动发展战略，推动数字经济健康发展，在智能制造、信息技术、大数据、人工智能、生命科学、新材料、军民融合等领域，参赛学生结合实践观察设计项目。

② 乡村振兴和农业农村现代化。围绕实施乡村振兴战略，在农林牧渔、电子商务、乡村旅游、城乡融合等领域，参赛学生结合实践观察设计项目。

③ 社会治理和公共服务。围绕国家治理体系和治理能力现代化建设，在政务服务、消费生活、公共卫生与医疗服务、金融与财经法务、教育培训、交通物流、人力资源等领域，参赛学生结合实践观察设计项目。

④ 生态环保和可持续发展。围绕可持续发展战略，在环境治理、可持续资源开发、生态环保、清洁能源应用等领域，参赛学生结合实践观察设计项目。

⑤ 文化创意和区域合作。突出共融、共享，紧密围绕"一带一路"和京津冀、长三角、粤港澳大湾区以及成渝地区双城经济圈、长江中游城市群等区域合作，在工业设计、动漫广告、体育竞技和国际文化传播、对外交流培训、对外经贸等领域，参赛学生结合实践观察设计项目。

1.1.3 "大挑"和"小挑"的区别

"小挑"与"大挑"二者在参赛项目和比赛侧重点上有所不同：

（1）参赛作品

"大挑"参赛作品按照类别主要分为自然科学类学术论文、哲学社会科学类社会调查报告和学术论文、科技发明制作。

"小挑"又称"商业计划竞赛"，参赛作品是一个项目的商业计划，即提出一项具有市场前景的技术、产品或者服务，并围绕这一技术、产品或服务，以获得风险投资为目的，完成一份完整、具体、深入的创业计划。

（2）比赛侧重点

"大挑"更注重学术科技发明创作的实际意义，偏重考查学生科技创新的能力、对社会问题的关注与解决问题的能力。

"小挑"更注重市场与技术服务的结合，偏重考查参赛人员的商业性与商业嗅觉敏感性。强调项目的商业性和创新性，以及对项目所属行业的了解和创业者应具备的素质。

（3）评审标准的区别

由于"小挑"关注创业实践，因此评审专家在评审过程中会重点考察项目的创新性、市场潜力、商业模式以及实施计划等方面的内容。同时，项目的可行性、团队能力、风险控制等方面也会被纳入评审范围。而在"大挑"中，评审专家则更加注重作品的学术性和创新性，对论文的选题、研究方法、数据分析、结论等方面有着更高的要求。此外，作品的实用性、社会价值以及推广前景等方面也会被纳入评审范围。

（4）竞赛目标的不同

"小挑"旨在激发大学生的创业热情和创新精神，推动高校创新创业教育的发展。通过参加"小挑"，大学生可以了解创业过程、积累创业经验、提升创业能力，为未来的创业之路打下坚实的基础。同时，"小挑"也为高校创新创业成果的展示和交流提供了一个平台，促进了高校之间的合作与交流。"大挑"则旨在培养大学生的科研能力和创新精神，推动学科交叉和融合。通过参加"大挑"，大学生可以深入了解某一领域的前沿知识和技术动态，拓展自己的学术视野和知识面。同时，"大挑"也为大学生提供了一个展示自己研究成果和才华的舞台，有利于培养他们的自信心和成就感。此外，"大挑"还促进了高校与科研机构、企业之间的合作与交流，推动了产学研的深度融合。

1.2 "挑战杯"竞赛赛道组别评分细则解析

1.2.1 "大挑"评分细则

（1）自然科学类学术论文的评审标准（参考）

评审点	评分要点	分值	重点
1.先进性（30分）	先进程度	10	与国内外类似产品做比较，把作品的创新点表述清楚是重点
	创新程度	10	
	难易程度	10	
2.现实意义（30分）	应用价值	15	应用价值的支撑材料和反映影响范围的媒体报道有可能是加分点也有可能是拉分项
	影响范围	15	
3.科学性（40分）	科学意义	15	分值占比最大；作品的工作原理、采用的方法是主要评分点
	研究方法合理性	10	
	结论重要性	15	

（2）哲学社会科学类社会调查报告和学术论文的评审标准（参考）

评审点	评分要点	分值	重点
1.先进性（30分）	学术水平	10	选题方向和学术水平是主要评分点
	创新程度	10	
	难易程度	10	
2.现实意义（40分）	经济效益和社会效益	20	考察作品带来的经济效益、社会效益和影响范围，第三方的评价是加分项
	影响范围	20	
3.科学性（30分）	论证严密性、可靠性、准确性	15	作品论据演绎准确性和完整性及支撑材料是加分项
	理论基础和研究方法	15	

（3）科技发明制作的评审标准（参考）

评审点	评分要点	分值	重点
1.先进性（30分）	先进程度	10	与国内外类似产品做对比，得出创新的结论；有对应材料（查新报告、检测报告）等做支撑是加分项
	创新程度	10	
	难易程度	10	
2.现实意义（40分）	经济效益	15	佐证材料要重点体现作品的应用前景，例如作品采用、落地应用情况等。第三方应用证明、签订的合作协议是加分项
	推广价值	15	
	成熟程度	10	
3.科学性（30分）	技术意义	15	作品的工作原理、方法经得住推敲；用结构图来说明原理和方法，描述原理时深入浅出是加分项
	技术方案合理性	15	

1.2.2 "小挑"评分细则

（1）科技创新和未来产业组

评审点	评分要点	重点
1.创新意义（30分）	具有原始创新或技术突破，取得一定数量和质量的创新成果	支撑材料：专利、创新奖励、行业认可
	项目在科学技术、社会服务形式、商业模式、管理运营、应用场景等方面的创新程度	具有技术创新、内容创新、模式创新
	创新成果对于赋能传统产业，解决社会问题，助力形成新产业、新业态、新模式有积极意义	选题很重要

评审点	评分要点	重点
2.实践过程 （25分）	通过深入社会、实训基地等开展调查研究、试点运营、试验论证，形成可靠的一手材料，强调实地实践检验	在项目申报材料中凸显从0到1实践过程的照片
3.社会价值 （20分）	项目结合社会实践、社会观察，履行社会责任的做法与成效，在科技创新方面的社会贡献度	有数据，有对比，有说服力
	项目直接提供就业岗位的数量和质量。项目间接带动就业的能力和规模。未来再持续吸纳、带动就业的能力等	重点凸显已经带动多少人就业，以赛促学、以赛育人，未来能够带动多少人就业
4.发展前景 （15分）	项目在商业模式、营销策略、财务管理、发展战略等方面设计完整、合理、可行	项目的商业逻辑要完整
	目标定位、市场分析清晰、有前瞻性	凸显市场定位、目标客户、市场规模
	盈利能力推导过程合理，能够实现可持续发展、前景乐观	突出未来市场发展的空间
5.团队协作 （10分）	团队成员了解社会现状、关注社会民生。具备一定的解决社会问题的能力和水平	申报材料凸显具有解决社会问题的能力
	团队成员的专业背景、创业意识、创业素质、价值观念与项目需求相匹配	突出复合型组合、跨界组合，以及相关经历
	团队组织架构与分工情况	凸显团队组织架构图

（2）乡村振兴和农业农村现代化组

评审点	评分要点	重点
1.社会价值 （30分）	结合社会实践、社会观察，履行社会责任的做法与成效，对乡村振兴和农业农村现代化等社会问题的贡献度	增产、增收、脱贫
	在引入社会资源方面对农村组织和农民增收、产业结构优化等的效果	凸显引入社会资源方面的成效
	在促进乡村就业、教育、医疗、养老、环境保护与生态建设等方面的效果	凸显在教育、医疗、养老、环保等方面建设美丽乡村的成效
	直接提供就业岗位的数量和质量，项目间接带动就业的能力和规模。未来再持续吸纳、带动就业的能力等	凸显已经带动多少人就业，以赛促学、以赛育人，未来能够带动多少人就业
2.实践过程 （25分）	通过深入乡村、社会、行业、实训基地，开展调查研究、试点运营，形成可靠的一手材料，强调实地实践检验	在项目申报材料中凸显从0到1全过程

评审点	评分要点	重点
3.创新意义 (20分)	具有原始创新或技术突破,取得一定数量和质量的创新成果	支撑材料:专利、创新奖励、行业认可
	项目在科学技术、社会服务形式、商业模式、管理运营、应用场景等方面的创新程度	具有技术创新、内容创新、模式创新
4.发展前景 (15分)	项目的持续生存能力	突出资金可持续、人员可持续
	创新研发、生产销售、资源整合等持续运营能力	突出有说服力
	项目要能够复制推广,且具有典型成效,能够影响更多人、更多地区	突出可复制推广,具有典型成效
5.团队协作 (10分)	团队成员了解社会现状、关注社会民生。具备一定的解决社会问题的能力和水平	申报材料凸显具有解决社会问题的能力
	团队成员的专业背景、创业意识、创业素质、价值观念与项目需求相匹配	突出复合型组合、跨界组合,以及相关经历
	团队组织架构与分工情况	凸显团队组织架构图

(3) 城市治理和社会服务组

评审点	评分要点	重点
1.社会价值 (30分)	结合社会实践、社会观察,履行社会责任的做法与成效,在国家治理体系和治理能力现代化建设、政务服务、消费生活、医疗服务、教育培训、交通物流、金融服务等方面的社会贡献度	聚焦在城市治理过程中出现的问题以及在社会服务中的不足等方面能起到的作用和成效
	直接提供就业岗位的数量和质量,项目间接带动就业的能力和规模。未来再持续吸纳、带动就业的能力等	凸显已经带动多少人就业,以赛促学、以赛育人,未来能够带动多少人就业
2.实践过程 (25分)	通过深入社会、行业、实训基地,开展调查研究、试点运营,形成可靠的一手材料,强调实地实践检验	在项目申报材料中凸显从0到1全过程
3.创新意义 (20分)	具有原始创新或技术突破,取得一定数量和质量的创新成果	支撑材料:专利、创新奖励、行业认可
	项目在科学技术、社会服务形式、商业模式、管理运营、应用场景等方面的创新程度	具有技术创新、内容创新、模式创新
	创新成果对于赋能传统产业,解决社会问题,助力形成新产业、新业态、新模式有积极意义	有说服力
4.发展前景 (15分)	项目在商业模式、营销策略、财务管理、发展战略等方面设计完整、合理、可行	项目的商业逻辑要完整

评审点	评分要点	重点
4.发展前景 (15分)	目标定位、市场分析清晰、有前瞻性	凸显市场定位、目标客户、市场规模
	盈利能力推导过程合理，能够实现可持续发展、前景乐观	突出未来市场发展的空间
5.团队协作 (10分)	团队成员了解社会现状、关注社会民生。具备一定解决社会问题的能力和水平	申报材料凸显具有解决社会问题的能力
	团队成员的专业背景、创业意识、创业素质、价值观念与项目需求相匹配	突出复合型组合、跨界组合，以及相关经历
	团队组织架构与分工情况	凸显团队组织架构图

（4）生态环保和可持续发展组

评审点	评分要点	重点
1.社会价值 (30分)	结合社会实践、社会观察，履行社会责任的做法与成效，围绕可持续发展战略，在环境治理、可持续资源开发、生态环保、清洁能源应用等方面的社会贡献度	环保和可持续资源开发起到的作用和成效
	直接提供就业岗位的数量和质量，项目间接带动就业的能力和规模。未来再持续吸纳、带动就业的能力等	凸显已经带动多少人就业，以赛促学、以赛育人，未来能够带动多少人就业
2.实践过程 (25分)	通过深入社会、行业、实训基地，开展调查研究、试点运营，形成可靠的一手材料，强调实地实践检验	在项目申报材料中凸显从0到1全过程
3.创新意义 (20分)	具有原始创新或技术突破，取得一定数量和质量的创新成果	支撑材料．专利、创新奖励、行业认可
	项目在科学技术、社会服务形式、商业模式、管理运营、应用场景等方面的创新程度	具有技术创新、内容创新、模式创新
	创新成果对于赋能传统产业，解决社会问题，助力形成新产业、新业态、新模式有积极意义	有说服力
4.发展前景 (15分)	项目在商业模式、营销策略、财务管理、发展战略等方面设计完整、合理、可行	项目的商业逻辑要完整
	目标定位、市场分析清晰、有前瞻性	凸显市场定位、目标客户、市场规模
	盈利能力推导过程合理，能够实现可持续发展、前景乐观	突出未来市场发展的空间
5.团队协作 (10分)	团队成员了解社会现状、关注社会民生。具备一定解决社会问题的能力和水平	申报材料凸显具有解决社会问题的能力
	团队成员的专业背景、创业意识、创业素质、价值观念与项目需求相匹配	突出复合型组合、跨界组合，以及相关经历
	团队组织架构与分工情况	凸显团队组织架构图

(5) 文化创意和区域合作组

评审点	评分要点	重点
1.社会价值 (30分)	结合社会实践、社会观察，履行社会责任的做法与成效，对"一带一路"和"京津冀""长三角""粤港澳大湾区""成渝经济圈"等经济合作带建设，在工艺与设计、动漫广告、体育竞技和国际文化传播、对外交流培训、对外经贸等方面的社会贡献度	在工艺与设计、动漫广告、体育竞技和国际文化传播、对外交流培训、对外经贸等方面起到了作用和成效
	直接提供就业岗位的数量和质量，项目间接带动就业的能力和规模。未来再持续吸纳、带动就业的能力等	凸显已经带动多少人就业，以赛促学、以赛育人，未来能够带动多少人就业
2.实践过程 (25分)	通过深入社会、行业、实训基地，开展调查研究、试点运营，形成可靠的一手材料，强调实地实践检验	在项目申报材料中凸显从0到1全过程
3.创新意义 (20分)	具有原始创新或技术突破，取得一定数量和质量的创新成果	支撑材料：专利、创新奖励、行业认可
	项目在科学技术、社会服务形式、商业模式、管理运营、应用场景等方面的创新程度	具有技术创新、内容创新、模式创新
	创新成果对于赋能传统产业，解决社会问题，助力形成新产业、新业态、新模式有积极意义	有说服力
4.发展前景 (15分)	项目在商业模式、营销策略、财务管理、发展战略等方面设计完整、合理、可行	项目的商业逻辑要完整
	目标定位、市场分析清晰、有前瞻性	凸显市场定位、目标客户、市场规模
	盈利能力推导过程合理，能够实现可持续发展、前景乐观	突出未来市场发展的空间
5.团队协作 (10分)	团队成员了解社会现状、关注社会民生。具备一定解决社会问题的能力和水平	申报材料凸显具有解决社会问题的能力
	团队成员的专业背景、创业意识、创业素质、价值观念与项目需求相匹配	突出复合型组合、跨界组合，以及相关经历
	团队组织架构与分工情况	凸显团队组织架构图

第2章
高职"挑战杯"创新创业竞赛

2.1　建构主义理论

2.1.1　建构主义理论的由来

建构主义（constructivism）理论起源于20世纪，主要受到以下思想家的影响：

- 皮亚杰（Jean Piaget）：提出"认知发展理论"，认为知识是学习者通过与环境互动主动建构的，强调"同化"与"顺应"的认知适应过程。
- 维果茨基（Lev Vygotsky）：提出"社会文化理论"，强调社会互动和语言在知识建构中的关键作用，并提出"最近发展区（ZPD）"概念。
- 布鲁纳（Jerome Bruner）：提出"发现学习理论"，认为学习是主动探索和意义建构的过程，强调"支架式教学"的重要性。
- 杜威（John Dewey）：主张"从做中学"，强调经验在知识形成中的作用。

这些理论共同奠定了建构主义的基础，使其成为现代教育心理学的重要流派之一。

2.1.2　建构主义的主要内容

建构主义的核心观点是：知识不是被动接受的，而是学习者基于已有经验主动建构的。其主要内容包括：

① 知识是建构的。学习者通过自身经验与环境互动，形成个人化的理解。

② 学习是主动的。学生不是被动接收信息，而是通过探索、讨论和实践来构建知识。

③ 情境影响学习。真实或模拟的情境有助于知识的理解和应用。

④ 社会互动促进认知。协作学习、讨论和辩论能帮助学习者修正和完善自己的理解。

⑤ 教师是引导者。教师的作用不是直接传授知识，而是提供学习环境、问题和资源，促进学生自主建构。

建构主义理论强调学习者的主动性、社会互动和情境化学习，对现代教育模式（如探究式学习、项目式学习、协作式学习等）产生了深远影响。

2.2　高职"挑战杯"创新创业竞赛工作现状与问题

2.2.1　多元主体及其协同效应不强

（1）学生的创新创业意识不强

第一，创新创业竞赛领域知识掌握不深入，高职学生难以提出问题和提供创新性解决方案；第二，许多大学生缺少实践的机会，一些学校为学生提供了创新创业的课程，但这些课程缺少实际的操作，无法将所学的知识应用到实践中，提高他们创新创业的综合能力；第三，许多大学生对参赛规则缺乏了解，同时缺乏创新创业竞赛文书撰写及项目管理等方面的经验，阻碍了他们创新潜力的发挥；第四，学校激励学生参与创新创业竞赛的机制吸引力不足。

（2）教师主体建构不足

由于双创竞赛活动具有一定的专业性和实践性，因此需要具有实践经验和专业技能的教师来提供指导和支持，一些指导教师可能缺乏实践经验，无法提供切实可行的指导方案。另外，教师的聘任和晋升注重学术研究成果，对于双创竞赛指导的评价和激励相对薄弱，导致一些实践经验较丰富的教师较少参与竞赛的指导工作。

（3）主体群协同效率不高

高校双创竞赛活动中涉及的主体包括参赛学生、指导教师、高校部门、政府、企业等。第一，各个主体之间的关注点和重点不一致，使得联系和沟通的效率降低，进而影响协同效率。第二，在主体协同的过程中，参与主体往往具有不同的学科背景、知识经验和认知模式，在知识产出、积累和转移时，有时难以将各方的优势凸显出来。第三，开展双创竞赛活动过程时工作协同方式单一，项目管理方法简单，不易达成育人合力。

2.2.2 双创项目团队整体竞争力不强

（1）参赛学生创新能力不足

参赛学生创新能力不足的原因有三。①一个领域的创新往往需要来自不同学科领域的知识，将各种学科知识融合到他们的设计和方案中，以获得更好的创新点。目前项目团队组成中同专业或相近专业人员较多，单一专业学生缺乏跨学科的知识，造成创新能力不强。②教学与实践结合度不高，产教融合"合而不深"。③缺乏创新思维和创意培育与开发的平台。

（2）团队攻关能力不足

一是团队成员缺乏对自己的角色和团队整体目标的清晰认识，工作分配不明确，任务执行不到位，尚未达到理想的协作效果。二是缺乏有效的团队沟通和协调机制，影响团队的协作效率和攻关能力。三是没有搭建跨学科团队，不能实现资源共享与优势互补，不能集思广益，不能激发学生的创新思维和批判性思考能力。

（3）创新创业经费的支持不足

目前一些参赛团队没有配套的项目经费，只有获奖后的奖励，这不利于参赛项目的良性运行。

2.2.3 双创协同育人保障机制尚未健全

（1）激励制度不完善

对于学生而言，创新创业竞赛的获奖情况不能实现学分转换，评奖评优中的加分情况逊色于其他类竞赛。对于指导老师而言，鼓励教师参与双创竞赛的激励措施不多，吸引力不足。

（2）创新文化不浓厚

没有发挥科技社团的协同作用，加大对创新人物、创新事迹的宣传力度，营造崇尚科学、勇于创新的良好氛围。缺乏创新文化载体，无法激发和培育青少年的科学精神、创新思维以及社会责任感，无法提高青少年的科学认知和创新实践能力。

(3) 创业生态未建立

缺少从理论到实践的创业创新生态，缺乏完整的创业工具和资源支撑体系，如专业技术、市场、资金等信息。由于成果转化机制不完善，双创竞赛活动的项目成果转化比较困难，这不利于双创人才的培育。

2.3 高职"挑战杯"创新创业竞赛工作存在问题及对策

2.3.1 搭建"双创"平台，激发"双创"活力

开设"双创"竞赛红色课堂，以习近平新时代中国特色社会主义思想为指导，筑牢新时代大学生的理想信念之基，引导大学生坚持不懈地将崇高理想与科技创新实践相结合，坚定科技报国信念，提高责任感，积极投身中华民族共同体建设。

通过修订人才培养方案，将创新创业观念、原则和方法融入专业课程教学，形成与社会互动、特色鲜明的创新创业人才培养方案。开展户外素质拓展课，培养大学生团队合作意识和集体观念，在科创活动中培育集体荣誉感。

持续开展"科学家（精神）进校园行动"和"大国工匠进校园活动"，通过榜样的力量，弘扬科学家精神、工匠精神，引导大学生培养创新意识，理论联系实际，在专业实践中提升分析问题、解决问题的综合能力。

开设"双创"课程，注重培养学生的自主学习能力和创新思维，营造浓厚的创新氛围，引导学生将理论知识与实践经验相结合，不断提高自身的综合素质。

组建校企双指导教师制专业社团，在校企双导师引领下，以"双创"竞赛为抓手，不断增强大学生创新创业能力，充分发挥企业导师的引领作用，强化学生市场意识，激励大学生勇于将科技创新成果转化在实际生产实践之中，促进产学研进一步融合。组建大学生创新创业协会，组织开展创新创业实践活动；建设创新创业工作站和创业孵化基地，提供大学生创业项目孵化服务；举办科技创新项目评审、创业项目推介、主题讲座（报告）等系列活动，营造高职院校创新创业文化氛围，为"双创"竞赛进行人才和项目储备。

2.3.2 深化产教融合，促进双创教育

树立互利共赢的"双创"理念。培养应用型人才，关键是要把互利共赢作为产教融合指导思想，引导高等教育转型升级。高校邀请不同性质和规模的企业到学校，建立起长期稳定的合作。强化企业和高校产教融合互利共赢理念，确保产教融合人才培养模式的顺利实施。

吸引优秀企业参与高校人才培养。推进面向企业的教育教学供给侧结构性改革，集聚校内外资源，提高人才培养能力，是紧密联系高校人才培养与创新创业的关键环节。构建工学结合的培养模式。学生在真实或模拟的生产环境中熟悉先进的设备、技术和生产流程，积累经验，提高技能。构建紧密联系的产业链专业体系。实现学科建设和供给侧结构性改革，促进产业转型升级。

高校通过行业协会搭建的校企合作平台，打破传统校企松散的"点对点"合作模式，形

成集企业人才需求、人才培养、人才资源于一体的新型"点对线"合作模式。高校通过行业协会推荐、校企深度合作与企业专家参与，建设专业指导委员会。高校引进专家参与核心课程开发和教学资源建设，邀请专家走进课堂传授新技术，实现课堂教学标准与岗位要求的对接。

2.3.3　加强双创师资队伍建设，赋能双创教育

通过整合优质教育资源、优化教育模式、提升教师能力，以及强化实践环节，来构建一支能够有效指导和支持学生创新创业活动的师资队伍。具体来说，双创师资队伍建设包括以下几个方面。

① 明确建设目标。包括提高教师的创新创业教育能力，加强专项培训，确保教师具备创新创业的基本知识和技能，能够有效地指导学生进行创新创业实践。

② 强化能力建设。通过专项培训和实践经验的积累，提升教师的专业能力和创新精神，包括但不限于师德师风、"三全育人"、教学标准、职业技能等级标准等，确保教师能够为学生提供高质量的创新创业教育。通过参加专业培训、行业会议等方式，教师保持与行业的紧密联系，将最新的发展趋势和技术创新引入课堂。

③ 优化教育模式。探索和创新教育模式，将创新创业教育融入日常教学中，通过产教融合、赛教融合等方式，促进课堂教学与社会需求、产业项目、学科竞赛、创新创业、科学研究深度融合，不断提升应用型人才培养质量。

④ 构建师资队伍。通过政府、学校、企业等多方面的努力，构建一支德技双馨、创新协作、结构合理的师资队伍，形成"双师"团队建设范式，为全面提高复合型技术技能人才培养质量提供强有力的师资支撑。

⑤ 加强教师实践环节。通过整合行业企业、孵化中心、创业园等资源，设立专项资金，打造专有平台。这不但能不断强化教师的实践创新能力，而且有助于教师将最新的行业知识和实践经验融入教学中，使学生受益。建立旋转门机制，推动企业管理人才和高校教师双向流动、两栖发展，既丰富了教师的实践经验，也为学生提供了与行业专家直接交流的机会。通过鼓励教师参与项目研发和应用转化、建立行业企业挂职锻炼制度等方式，提升教师对行业的认知能力和对专业的操作能力。这种双向流动机制有助于教师更好地理解行业需求，从而更好地指导学生双创教育。

2.3.4　构建复合型"双创"团队，增强"双创"战斗力

聘请行业企业中的优秀技术或管理人员作为复合型竞赛团队的项目引领者。团队的企业导师是团队在企业和学校之间的联系桥梁，实现以下作用：①帮助团队发现具有市场前景的竞赛项目；②指导团队开展项目培育与研究；③帮助优秀创新成果迅速转化为企业的效益，为竞赛项目落地实施创造条件；④为校企间的产教融合创造新机遇。

构建复合型创新创业团队时，团队成员的专业背景既要符合团队整体技术特征，也要补充相关专业成员，如机电类创新创业项目的团队成员，以机电类专业为主，也要包含计算机、财务管理和营销等相关专业成员，团队培育过程中要促进团队成员互相理解，形成取长补短的合作意识。组建团队时应吸收不同年级的学生参加，形成团队的年级层次梯队，并且

在保持学生团队整体稳定的情况下，每年应适时调整和补充新成员。

建立"双创"团队管理制度，加强团队成员选拔、创新创业能力培养、团队成员沟通交流和合作、项目进度管理评估、对外交流合作，提高团队的整体效能，发挥团队的创新和创业潜力。同时动态考核团队成员，适时调整和补充团队成员。

2.3.5　完善激励政策，提升"双创"实效

学校要做好统筹规划，进行整体设计，制定"双创"教育扶持措施和激励机制。建立学生参与"双创"活动的管理机制，制订长效的帮扶机制和激励机制，将创新创业竞赛与学分奖励、评优评先、综合素质测评等制度直接挂钩。组织评选学校"双创之星"，并在学校官微、广播台等媒体上进行宣传，营造良好的创新创业氛围，并注重比赛的过程性评价，对参赛中表现优秀、积极努力的学生颁发参与奖或优秀奖，在评奖评优时给予适当政策倾斜，以保持其双创参赛的热情。针对指导教师，增加创新创业大赛成果考核机制，对优秀指导教师给予奖励，在年度考核时将指导大赛纳入教学工作量，并与奖金和职称评定相结合，增加价值认同，提高教师担任项目指导老师的积极性。通过激励制度的不断完善，调动高校师生进行创新创业的积极性，吸引更多的师生参与其中，不断提高自身水平与能力，促进学校的"双创"教育持续有效开展。

学校应将"双创"教育融入高校教学评估体系当中，同时为每个参与学生构建精准化创新创业档案，对学生开展"双创"活动的情况进行量化评价，实现持续改进和优化。

2.4　高职创新创业教育发展策略

2.4.1　创新创业内涵

（1）创新能力

创新观念在我国古来有之，老子的《道德经》中提出"万物生于有，有生于无"，体现的就是创新的思维。在国外，"创新"一词源于拉丁语"innovate"，含义是更新、制造出新的事物。在中国以"抛弃旧物或思想，创造出新的代替"来解释"创新"一词，此种解释以《现代汉语词典》为代表。美籍奥地利著名政治经济学家、"创新理论"的鼻祖Joseph Alois Schumpeter教授提出现代"创新"理论，在学术界迅速得到广泛认可：

① 在原有基础上进行改革，打破原有的思想、事情和常规；

② 从无到有创造一个新生事物、新思想、新实践。

创新意识即主体根据客体的现实情况而在主观上呈现出来的突破现有情况、勇于创新的内在心理要求，是自觉向上的积极的内在推动力。创新思维是指不满足于现状和现成的答案，有强烈的探索欲，善于发现问题和提出问题，渴望变革，追求卓越。二者有相同点，但也有不同点，思维比起意识程度更深，二者具有一定的递进性。在创新意识和创新思维的基础上才能谈起创新能力的培养和提高。

对学生来讲，创新能力是在知识、经验系统上的再创造过程。要求大学生具备以下

能力：

① 能够进行自主探索与发现；

② 能够积极主动地去寻找解决问题的方法与手段；

③ 能够将所学知识融会贯通，并进行再创造。

专业能力与创新能力有机结合是高职院校教育教学改革的战略目标，是实现毕业生良性就业的重要条件。将创新能力培养贯穿人才培养全过程，是提升高职学生创新创业能力的有效途径。

（2）创业能力

创业者的基本素养和基本实践能力结合起来的能力就是创业能力。综合能力和专项能力是其内在的两个方面。

① 专项能力　专项能力即专业能力，是个人从事某一行业所应具备的基本能力。它是创业者应具备的基本能力之一。这一能力的发展可以为创业者实现就业创业，乃至提高其创新创业的成功率起到推动作用。专业知识和技能是其应该具备的两个重要方面。特定职业要求具备的知识和能力就是专业知识和能力。智力技能和操作技能是技能的两个方面。

② 综合能力　随着市场竞争压力的不断增加，要想创新创业取得一定成绩，综合能力是一个创业者不可或缺的重要因素。综合能力包括交往能力、管理教育能力、应急处理能力等。高职学生如果想进一步提高自身的创新创业能力，就必须具备相应的专项能力和综合能力。

2.4.2　高职创新创业教育发展对策

（1）加强顶层设计，强化内生动力

通过"学校统筹、部门联动、学院实施、全员参与"的工作机制充分调动各学院、全体教师开展创新创业教育改革工作的积极性；制度建设的不断加强和资金扶持的保证；鼓励大学生积极投身创新创业教学实践；校园创新创业文化氛围的全新营造，引导大学生树立科学的创业观、就业观、成才观，使学生在潜移默化中将创新创业意识融入专业学习实践中。

一方面将创新创业教育融入人才培养全过程，培育学生的创业意识，激发学生的创新精神；另一方面整合校内外资源，搭建"链条式"创新创业实践平台，全面提升学生的创新创业实践能力。

（2）构建创新体系，搭建创业平台

设立创业学院、创新创业指导专业室，融合多方创新创业教育资源，形成"教育模式、双创环境、实践平台"三位一体、资源共享的创新创业教育新机制；依托校内实训中心、实验室、实训室、虚拟仿真实训室等，建成创新创业实践平台，面向全体在校生开放。通过把各专业实训中心、实验室、实训室的教学环节对接创新创业教育，给学生提供想象和创意、创新的空间。通过"大学生创新创业孵化园"，鼓励学生将自己的创意在导师的指导下进行尝试验证，选拔优秀的创新创业项目进行培育孵化。

（3）构建三阶段双创课程体系

构建"通识教育—专业教育—实践项目"课程体系。学院面向全体学生开设创新创业类通识课程，培养全体学生的创业意识与创业精神。同时积极推进双创类课程教学方式改革，并鼓励学生们参加技能竞赛、进行专利申请、开展创新训练等。重构专业课程体系，融入创新创业教育内容，通过专业教育挖掘学生的创新创业潜能，使得学生清楚地认识到专业知识技能与创新创业之间的联系，并帮助学生树立正确的职业观。以"体验+互动"的线下课程为重点，实施小班化、项目化教学，以项目推演的方式组织教学环节，融合"开放+交互"的线上慕课方式，建立创新创业教育在线开放课程学习认证和学分认定制度，依托学院创业指导中心，由学生自主创建创新创业协会。

2.4.3　高职创新创业教育发展策略

2.4.3.1　强化教师和学生创新创业的业绩考核

（1）教师创新创业的业绩考核

教师创新创业业绩考核坚持以师德为先、教学为要、科研为基、发展为本的基本要求，旨在推动教学改革、提高教育质量、促进创新创业和社会服务。

① 教师创新创业业绩考核内容

a.创新创业教育教学：创新创业课程的开设情况，包括课程师资达标率、课程种类及数量等；教学质量和效果，通过学生评价、同行评价、教务处评价等方式进行考核。

b.创新创业项目与成果：教师主持或参与的创新创业项目数量及完成情况；科研成果的产出，如发明专利、论文发表、专著出版等；指导学生创新创业竞赛获奖情况。

c.创新创业教育服务：参与创新创业培训、讲座、咨询等服务活动；担任创新创业导师，指导学生创新创业实践。

d.创新创业实践与社会影响：教师个人或团队在创新创业实践中的表现和成果，项目产生的社会影响力，如媒体报道、学术交流会议等。

② 教师创新创业业绩考核方式和程序

a.日常督查与总结：定期对创新创业教育工作进行督查，并记录督查结果；每学期末进行总结，提交自查报告和支撑材料。

b.量化评分与等级评定：根据考核内容制定详细的量化评分标准，如课程开设情况、项目完成情况、科研成果产出等；根据量化评分结果，将教师创新创业业绩划分为A（优秀）、B（合格）、C（不合格）三个等级。

c.公示与反馈：考核结果应在学院或部门内进行公示，确保考核工作的透明度和公正性。

（2）高职学生创新创业成绩考核

高职学生创新创业成绩考核是一个综合多方面内容的评价体系。其核心在于评估学生的创新精神、创业意识以及创新创业实践能力。具体来说，该考核体系涵盖以下几个方面：

① 创新创业活动参与情况：包括参加创新创业类沙龙、社团活动以及竞赛活动的次数和获奖情况，这些都是衡量学生创新创业积极性的重要指标。

② 创新创业项目成果：学生参与的创新创业项目是否具有创新性、市场前景如何，以及团队能力等都是考核的重要内容。

③ 商业计划书质量：商业计划书的完整性、条理性和真实性也是评价学生创新创业能力的一个重要方面。

（3）高职学生创新创业学分认定

高职学生在校期间，参加创新创业相关的活动，如参加创新创业竞赛、创新创业训练项目、公开发表学术论文、参与教师科研项目、申请专利、参加创业实践活动等，都可以获得相应的学分。这些活动包括但不限于：

① 参加国家级、省级、校级的创新创业竞赛，根据获奖等级不同，可以获得不同数量的学分。

② 参与大学生创新创业训练项目，无论是作为项目负责人还是团队成员，根据项目的级别不同，可以获得相应的学分。

③ 公开发表学术论文，根据论文的发表级别和作者排名，可以获得不同数量的学分。

④ 参与教师科研项目，根据项目的级别和学生的角色，可以获得相应的学分。

⑤ 申请专利并获得授权，根据专利的类型和申请人的排名，可以获得不同数量的学分。

⑥ 参加创业实践活动，如注册创办公司或领取国家工商管理部门经营许可证，可以根据创业内容、获奖情况、个人贡献等申请相应的学分。

经申请认定，创新创业学分超出一定学分的部分，可以转换为相应选修课程学分或实践环节学分（不包括毕业设计、毕业论文）。创新创业成果纳入学生评优评先、评定奖学金的评价指标。

这些学分认定和转换的办法旨在鼓励学生积极参与创新创业活动，培养学生的创新精神、创业意识和创业能力，从而提高人才培养质量。学生可以通过参与这些活动获得学分，这些学分可以用于完成学业要求，同时也是对学生创新创业能力和成果的一种认可和奖励。

2.4.3.2 提升以赛促学的双创教育氛围

为了提升以赛促学的创新创业教育氛围，可以从以下几个方面着手：

（1）举办多样化的创新创业赛事

① 成立大学生创新创业协会、创业俱乐部，定期组织校内外的创新创业大赛，如创业计划大赛、创新设计大赛等。

② 鼓励学生跨学科、跨专业组队参赛，促进思维的碰撞与融合。

③ 邀请行业专家、企业家作为评委或导师，提供专业指导和反馈。

（2）强化赛事与课程教学的结合

① 将创新创业赛事作为课程实践的一部分，让学生在课程中学习和准备参赛。

② 设计以解决实际问题为导向的课程项目，鼓励学生在项目中探索创新点。

③ 通过赛事成果展示和分享，将学习与实践紧密结合，增强学生的学习动力。

（3）提供充足的资源与支持

① 为参赛学生提供必要的资金、场地、设备等资源支持。

② 建立创新创业导师库，为学生提供一对一或小组指导。

③ 开设创新创业相关的选修课或工作坊，提升学生的创新创业能力。

（4）营造浓厚的创新创业文化氛围

① 通过校园媒体、海报、讲座等形式宣传创新创业的重要性和成功案例。

② 举办创新创业论坛、沙龙等活动，促进学生之间的交流与合作。

③ 设立创新创业荣誉体系，表彰在创新创业方面表现突出的学生和团队。

（5）加强校企合作与实践机会

① 与企业建立合作关系，企业可提供学生实习、实训的机会。

② 鼓励企业将真实项目引入校园，作为赛事或课程的一部分。

③ 通过校企合作，让学生更深入地了解市场需求和行业趋势，提升创新创业的实用性。

（6）注重创新创业教育的持续性与跟踪

① 为参与创新创业活动的学生建档，进行长期跟踪和支持。

② 建立校友创新创业网络，为毕业生提供持续的指导和资源。

③ 定期评估创新创业教育的效果，根据反馈进行调整和优化。

通过举办多样化的赛事、强化赛事与课程教学的结合、提供充足的资源与支持、营造浓厚的创新创业文化氛围、加强校企合作与实践机会以及注重创新创业教育的持续性与跟踪，可以有效提升以赛促学的双创教育氛围。

2.4.3.3 构建培育产出的双创实践体系

构建培育产出的"双创"实践体系是一个系统工程，需要高校、企业、政府等多方面的协同努力。

（1）明确目标与定位

① 核心目标。将创新创业教育与专业教育深度融合，提升学生的综合素质、创新创业能力和就业竞争力。

② 市场导向。根据市场需求和产业发展趋势，调整和完善"双创"课程体系，确保教育的前瞻性和针对性。

（2）构建"双创"课程体系

① 跨学科融合。打破学科、专业的边界，组建跨学科、跨专业的研究团队，联合开发交叉领域新课程，发展交叉专业方向。

② 理论与实践相结合。增加创业实践课程，采用小组讨论学习、案例教学、激励教学等方法，设置具有针对性的教学实践项目。

③ 分层教育。针对不同年级的学生，制定分层化的"双创"教育内容体系，逐步提升学生的创新创业能力。

（3）搭建"双创"实践平台

① 校内实践基地。全面开放教学、科研实验室，构建综合性创新创业实践平台。

② 校企合作。与企业共建"双创"实践基地，实现理论知识教学与具体生产实践相结合。通过校企合作，让学生直接感受真实的创业、就业场景，提升实际操作能力。

③ 创新创业竞赛。举办创新创业实践比赛等活动，激发学生的创新创业热情，提高实践教学效果。

④ 依托实训场所，组建创新创业工作站，打造创业苗圃期。每年设立育苗专项资金，依托创新创业学院和学校创业孵化园，组建大学生创业基地，全面落实创业"1+N"一站式服务；依托校企共建校外创业园，与校外众创空间、科技孵化器合作，实现学生创业项目的落地和加速。

（4）优化师资队伍

① 多元化师资组成。吸纳从事思政理论与创新创业精神理论研究的学者、教师、专业辅导员，以及企业家、法律人士等组成"双创"教师队伍。

② 双师型队伍。加强"双师型"教师队伍建设，确保教师既能胜任理论教学，又能指导学生进行实践操作。

（5）完善激励机制

① 政策支持。高校应出台相关政策，鼓励学生参与创新创业活动，如设立创新创业专项资金、奖励创新创业成果等。

② 综合评价。将学生双创能力提升纳入学生发展综合评价体系，形成科学的评价机制。

（6）营造文化氛围

① 创新创业文化。通过举办"双创"讲堂、论坛、讲座和沙龙等活动，营造浓厚的创新创业文化氛围。

② 企业文化融入。将企业文化中的职业素质融入创新创业教育中，让学生感知到团队协作、品牌推广、质量监控等文化内涵。

（7）动态调整与优化

① 反馈机制。建立实践教学成果的反馈机制，邀请企业专家等进行指导，及时调整实践教学方案。

② 持续改进。根据市场需求、产业发展趋势和学生反馈，持续优化"双创"实践体系，确保教育的有效性和针对性。

这些措施的实施，可以有效提升学生的创新创业能力和就业竞争力，为社会输送更多高质量的创新人才和创业人才。

第3章
创新教育和创业教育

3.1　创新教育

3.1.1　创新概述

创新是利用现有的知识和物质，在特定环境中，基于理想化需要或社会需求，改进或创造新的事物、方法、元素、路径、环境，并能获得一定有益效果的行为。它是由创新主体为特定目的所进行的创造性活动，旨在抛弃旧的、创立新的。

（1）创新概念

"创新"一词起源于拉丁语，其原意有三层含义：一是更新；二是创造新的事物；三是改变。由此可见，创新就是创造新事物，这些新事物既可以是具体的，也可以是抽象的。简单来说，创新就是根据一定的目的，利用现有资源，运用新的知识或方法，创造出新颖的、有价值的前所未有的事物；或者在已有事物的基础上，提出新的见解，做出新的改进。

创新是一个综合过程，涉及人、新成果、实施过程和更高效益4个要素。其重要性在于它是将新的思维应用于实践的过程，是能够带来潜在利润和创造财富的行为。创新不仅仅是原创性的工作，也包括在别人工作基础上进行的二次创新或消化吸收后的创新。

（2）创新的特征

创新的特征主要体现在以下6个方面：

① 动态性　创新是一个动态的过程。在当前社会条件下，知识水平的层次越高，创新思维的水平就越高。任何创新活动都不可能一劳永逸，只有不断地改进创新，与时俱进，才能适应时代的发展需求。

② 普遍性　创新存在于人类活动的所有领域且贯穿人类活动的各个阶段，这就是创新的普遍性。创新能力是每个人都具备的，如果只有少数人具有创新能力，那么许多创新理论就失去了存在的意义。

③ 目的性　创新活动总是围绕需要解决的问题、需要完成的任务而进行的，这就是创新的目的性。这一特性贯穿整个创新过程。例如，发明手机的目的是让人们联络更加方便；发明电灯泡的目的是在夜晚照亮暗处；发明计算机的目的是提高人们的工作效率。

④ 新颖性　创新的本质是求异、求新，即摒弃现有的不合理事物，革除过时的内容，然后创立新事物。用新颖性来判断创新成果时，要注意区分绝对新颖性和相对新颖性。例如，当电话被首次发明时，其属于前所未有的创新成果，因此体现的是绝对新颖性；而如果在之前的基础上使电话有了更好的通话效果，这种创新成果体现的就是相对新颖性。目前，大学生所做的发明、创新，绝大部分属于相对新颖性的创新成果。

⑤ 价值性　创新的价值性可以从创新成果带来的社会价值、经济价值和学术价值3个方面判断。一般来说，创新成果满足人类社会需要的程度越高，其价值就越大。

⑥ 高风险性　创新的高风险性是由创新的不确定性决定的。这种不确定性通常包括市场的不确定性、技术的不确定性和经济的不确定性等。一般情况下，不确定性越大，创新的风险越高。

（3）创新的类型

① 根据表现形式划分　根据创新表现形式的不同，可以将创新分为知识创新、技术创

新、管理创新、服务创新、方法创新及制度创新等。

a.知识创新：知识创新是将现有知识构成要素进行重新组合或分解，是在现有知识基础上的改进、发展、发明或创造。知识创新是技术创新的基础，是新技术和新发明的根本来源，是促进科技进步和经济增长的革命性力量。

b.技术创新：技术创新是指生产技术的创新，包括开发新技术和对已有的技术进行应用创新。技术一般分为自然科学技术和社会科学技术两大类，因此，技术创新可进一步分为自然科学技术创新和社会科学技术创新。技术创新与知识创新相辅相成，知识创新是技术创新的基础，技术创新又是对知识创新的应用与发展。

c.管理创新：管理创新是指企业在现有资源的基础上，充分发挥员工的积极性和创造性，用一种新的或更经济的方式来整合企业的资源。具体而言，管理创新不仅体现在岗位设计和工作流程的更新上，还体现在管理思想、管理观念、管理制度、管理机制及管理规范等的系统性调整上。

d.服务创新：服务创新是指通过新设想、新技术实现新的服务方式，使潜在消费者体验到不同以往的消费模式。通过改进服务的方式、流程或模式，提供更高质量的服务、更方便的渠道等，满足顾客需求。

e.方法创新：通过改进或创造新的方法、手段和技术，提高生产效率、降低成本、优化产品性能或提升服务质量的过程。方法创新可以涉及工艺改进、流程优化、工具革新等多个方面，旨在解决实际问题和满足市场需求。通过改进或创造新的方法来提高效率和优化性能，这包括但不限于各种方法、元素、路径、环境等的改进或创造，旨在获得一定的有益效果。

f.制度创新：制度创新是指人们在现有的生产和生活环境里，创设新的、更能有效激励人们行为的制度或规范体系来实现社会的持续发展和变革。其包括制度的创立、变更及替代。它涵盖了社会规范体系的选择、创造、新建和优化，涉及制度的调整、完善、改革和更替等多个方面。

② 根据创新模式划分　根据创新模式的不同，可以将创新分为原始创新、集成创新和引进消化吸收再创新3类：

a.原始创新：原始创新是指独立开发出一种全新技术并实现商业化的过程。在研究开发方面，特别是在基础研究和高技术研究领域取得独有的发现或发明，并最终获得成功的就是原始创新。原始创新是最根本、最能体现智慧的创新。原始创新通常具有首创性、突破性和带动性3个特点。

b.集成创新：集成创新是指利用各种信息技术、管理技术与工具，对各个创新要素和创新内容进行选择、优化和系统集成，形成新的工艺、产品、服务或管理方法与模式等，以此创造更大的经济效益。它与原始创新的区别是，集成创新所应用到的所有单项技术或工具都不是原创的，都是已经存在的，其创新之处在于对这些已经存在的单项技术或工具按照需要进行系统集成，并创造出全新的工艺、产品或服务。

c.引进消化吸收再创新：引进消化吸收再创新是最常见、最基本的创新形式。其核心是利用各种引进的技术资源，在消化吸收的基础上完成重大创新。它与集成创新的相同点，是两者都以已经存在的单项技术为基础；不同点在于，集成创新的结果是一个全新产品，而引进消化吸收再创新的结果是产品价值链某个或者某些重要环节的重大创新。引进消化吸收再创新是各国尤其是发展中国家普遍采取的方式。

③ 根据创新成果自主性划分　根据创新成果自主性的不同，可以将创新分为自主创新和模仿创新两类。

a.自主创新：自主创新是指以人为主体积极、主动、独立地发现、发明、创造的活动。自主创新是指拥有自主知识产权的独特核心技术并在此基础上实现新产品价值的过程。自主创新的成果一般体现为新的科学发现及拥有自主知识产权的技术、产品等。企业的自主创新是指其为了增强市场竞争力或保持市场领先地位，在产品结构、生产工艺等关键技术上不断发明、创造。

b.模仿创新：模仿创新是一种基于学习率先创新者的成功经验和失败教训，通过引进、购买或破译其核心技术和技术秘密，进而在此基础上进行改进和完善的过程。这种创新方式强调在工艺设计、质量控制、大批量生产管理、市场营销等创新链的中后期阶段投入主要力量，旨在生产出在性能、质量、价格方面具有竞争力的产品，与率先创新的企业竞争，从而确立自己的竞争地位并获取经济利益。模仿创新主要包括完全模仿创新、模仿后创新两种模式。随着人们保护知识产权的意识不断增强和专利制度的不断完善，完全模仿创新已经十分困难。

（4）创新的原则

创新原则是指创新主体在创新活动或创新过程中应遵循的基本原则，它是开展创新活动应依据的法则，也是评价创新活动的标准。

① 科学原理原则　创新必须遵循科学原理，不得违背科学发展规律，任何违背科学原理的创新都不能获得最终成功。因此创新者在创新活动中必须做到以下3点。

a.相容性检查：在将创新设想转化为成果之前，应该先进行科学原理的相容性检查。如果某一个创新设想与人们已经发现并已经实践证明为正确的科学原理不相容，则应该放弃该设想。因此，与科学原理是否相容，是检验创新设想有无生命力的标准。

b.可行性检查：在将创新设想转化为成果时，还需要进行相关技术方法的可行性检查。如果某一创新设想所需要的条件已超出现有技术方法的可行性范围，则该设想只是一种空想。

c.合理性检查：许多关于产品的创新设想，都体现在产品功能的增强或改进中。创新设想所实现的功能体系是否合理，关系到该设想是否具有推广应用的价值。因此，必须对创新设想的合理性进行检查。

② 市场评价原则　创新获得的最终成果必须经受来自市场的检验。因此，要想创新成果经受住市场检验，实现商品化和市场化，就要按照市场评价原则来分析。

市场评价通常是从市场寿命、市场定位、市场容量、市场特色及市场风险等多个方面展开的。但在现实生活中，衡量一项创新成果的使用价值和潜在意义很难，因此，在进行市场评价时，必须把握被评价的创新成果的最基本使用性能，如功能结构的优化程度、使用操作的可靠程度、维修保养的方便程度等。

③ 机理简单原则　在创新成果相同的前提下，创新机理越简单越好。在现有的科学水平和技术条件下，不限制创新手段和方法的复杂程度，创新的成本和代价可能会远远超出合理范围，从而得不偿失。因此在创新过程中，创新者要始终贯彻机理简单原则。

④ 相对较优原则　创新不能盲目追求最优、最佳、最先进。创新设想各有千秋，需要创新者按相对较优原则，对创新设想进行判断和选择。主要从技术先进性、经济合理性、创新整体效果三方面进行综合评价，选择相对较优的创新方案。

⑤ 构思独特原则　创新旨在独特，构思独特的创新往往能出奇制胜。在创新活动中，

可以从新颖性、开创性、特色性这几个方面来判断创新构思是否具有独特性。

⑥ 不轻易否定原则　不轻易否定原则是指在分析评判各种创新设想时，应避免轻易作出否定的评价。其强调在创新过程中，不应轻易否定任何创新设想或方案，而应该鼓励多种思路和方法的探索。鼓励创新者保持开放的心态，避免过早地对创新想法进行否定，从而错失可能有价值的创新点。在评估创新时，不应仅仅基于表面的相似性或简单比较，而应深入探究每个创新设想的潜在价值和可能性。此外，各种创新可以共存共荣、相互补充，从而形成一个更加丰富的创新生态系统。因此，遵循不轻易否定原则，有助于激发更多的创新活力，促进创新的多样性和包容性。

3.1.2　创新意识

创新意识的简称是创意。创新意识是指能够发现并解决问题，推陈出新，不断创造价值的意识。创新意识包括对未知领域的好奇心、对不同观点的包容性、对风险的认知和应对能力，以及对变化的敏感度等方面。创新意识是人们进行创造活动的出发点和内在动力，已成为个人和组织成功的关键因素之一。创新意识代表着一些社会主体奋斗的目标和价值取向，能唤醒和发挥社会主体所蕴含的潜在力量。

（1）创新意识定义

创新意识是指人们根据社会和个体生活的发展需求，产生创造新事物或新观念的动机以及在创造活动中表现出的意向、愿望和设想。创新意识是形成创新思维和创新能力的前提，其基本构成要素主要包括以下几个方面。

① 创新动机　创新动机是创造活动的动力因素，它能推动和激励人们进行并维持创造性活动，是创新行为的动力基础。

② 创新兴趣　创新兴趣是促使人们积极追求新事物的一种心理倾向，它能促进创新主体在创造活动中取得成功。

③ 创新情感　创新情感是引起、推进乃至完成创新活动的心理因素。创新情感能够促进创新主体在创造活动中取得成功。

④ 创新意志　创新意志是在创新活动中克服困难、冲破阻碍的心理因素。创新意志具有目的性、自制性和顽强性，体现了个人在追求创新过程中所展现出的坚持、决心和毅力，是推动创新活动成功的重要心理因素。

（2）创新意识的特征

创新意识具有以下几个方面的特征。

① 新颖性　创新意识或是满足新的社会需求，或是用新的方式更好地满足原来的社会需求。即创新意识就是求新意识，具有新颖性。

② 历史性　创新意识是以提高人们物质生活和精神生活水平为出发点的，很大程度上会受社会历史条件的制约。

③ 差异性　人们的创新意识与其自身的社会地位、文化素养、兴趣爱好以及环境氛围等因素都有关系，这些因素对创新意识有重大影响。这些因素因人而异，因此创新意识具有差异性。

④ 质疑性　质疑性是创新意识的重要特征，它是贯穿整个创新活动的关键特征。大胆质疑不仅是创新意识形成的逻辑起点和先决条件，还是整个创新活动的源泉和动力。创新

活动的过程一般为：产生怀疑→提出问题→形成创新意识→解决问题→出现新结果→完成创新。

（3）创新意识的价值

创新是发展的不竭动力。创新意识对于个体、团队和组织都具有重要的价值。创新意识的价值主要体现在以下几个方面。

① 创新意识是一种精神力量　创新意识是决定创新能力最直接的精神力量。创新能力实质上就是发展能力的代名词，是实现生存和发展最客观、最重要的标志。

② 创新意识推动社会进步　创新意识能够促进社会多种因素的变化，从而推动社会的全面进步。创新意识的形成和发展必然会推动社会生产方式的进步，从而带动社会经济的飞速发展。

③ 创新意识提升人的综合素质　社会需要充满生机和活力、有开拓精神、有创新思想和有现代科学文化素养的人才。创新意识将引导人们朝这个方向发展并提高自身的综合素质。

④ 创新意识是大学生就业和创业的精神指南　创新意识具有引导大学生就业和创业的重要功能。无论是就业还是创业，具有较强的创新意识都有助于大学生找到更理想的职业和职位，有助于大学生找到更好的创业项目。

⑤ 创新意识能激发大学生的就业和创业潜能　当大学生拥有创新意识之后，就能基于自身能力并借助新颖的创意来形成明确的就业和创业意向，从而走上更有前景的就业和创业道路。可以说，创新意识是大学生就业和创业不可或缺的内驱力。

（4）创新意识的培养

在创新过程中，培养创新意识是非常重要的。只有具备了强烈的创新意识，才敢去想别人没想到的事，做别人没做过的事。

① 积累深厚的知识底蕴　知识积累是培养、激发创新意识的必要条件。大学生在培养创新意识时，首先要增强自身的求知欲，要具备勤奋求知的精神。只有不断地学习新知识，大学生才能在自主创新创业的过程中发挥主导作用。扎实的知识基础和良好的学习方法是创新的前提，开阔的视野有助于大学生进行创新。只有掌握了创新的基础知识和基本技能，才能萌生创新意识。

② 消除心理障碍　有些人对创新有莫名的抵触和恐惧，认为创新是科学家和企业家才能干的事情，自己没有能力去创新，更没有创新意识。其实，人人都能创新，人人都具备创新的潜能。为了激发和培养创新意识，首先要消除创新的心理障碍，树立创新的信心。

a.战胜从众心理：从众心理会严重阻碍大学生创新能力的发展。辩论是战胜从众心理、培养独立思维的好方法。大学生在对某一问题与别人持有不同看法时，应充分发表自己的独到见解，据理论事，不盲目从众，这样便能很好地战胜从众心理。

b.战胜胆怯心理：胆怯心理是比较普遍的心理障碍，对大学生创新意识的形成有强烈的抑制作用。大学生要想战胜胆怯心理，就应当敢于质疑、勇于探索、自我激励。

c.战胜自卑心理：自卑心理会使大学生缺乏自信心和想象力，甚至自我封闭。要想战胜自卑心理，大学生应当进行积极的自我暗示，辩证地看待创新道路上遇到的失败和挫折，具备坚定的自信心和顽强的进取精神。

③ 激发好奇心　创新需要具备强烈的好奇心。古今中外有很多真知灼见、发明创造都是通过人们不断探索而获得的，而人们的探索欲望常表现为强烈的好奇心。好奇心会驱使人

们对新事物充满兴趣，这些兴趣会促使人们去质疑、探索或刨根问底，从而激发创新意识和创新潜能。

④ 参与创新实践活动　因此，大学生应该积极参与创新实践活动，如创新创业培训、创新创业大赛等，以此激发和培养创新意识。同时，大学生要不怕在参与创新实践活动过程中犯错误，只有大胆尝试，才能在创新之路上成长起来，也只有这样，才能不断激发创新潜能，增强创新意识。

3.1.3　创新思维

创新思维是人类特有的精神活动，具有很强的主动性和主观性。借助创新思维，人们可以突破环境的限制，去想象和预测那些没有接触过或经历过的事物，进而创造出新的事物。

没有创新思维，不可能提高创新能力，取得创新成果。

（1）创新思维定义

创新思维是人们在创造具有独创性成果的过程中，对事物的认识活动，是一切具有崭新内容的思维形式的总和。创新思维是一种具有前瞻性、独立思考和开放态度的思考方式，它能够帮助人们看到问题的潜在机会，寻求新的解决方案，并以创造性的方式不断推动改变和进步。

（2）创新思维特征

创新思维具有以下几个方面的特征。

① 独创性　创新思维贵在创新，它或者在思路的选择上，或者在思考的技巧上，或者在思维的结论上具有"前无古人"的独到之处，具有一定范围内的首创性、开拓性。因此，具有创新思维的人对事物必须具有浓厚的创新兴趣，在实际活动中善于突破思维常规，对"完善"的事物、平稳有序发展的事物进行重新认识，以求新的发现。这种发现就是一种新的见解、新的发明和新的突破。

② 求异性　求异性是指采用多种不同的方法对司空见惯的、似乎已成定论的事物或观点进行思考。即从多个方面进行深入探索，以求找到问题的不同解法，从而树立新思想、创立新形象。求异性是在实事求是的基础上，基于客观事实提出的质疑或否定。要想有所创新，就不应拘泥于常规，不应轻信权威，要以怀疑和批判的态度看待一切事物和现象。

③ 灵活性　灵活性是指思维灵活多变，思路及时转换，多角度、多方位、多学科、多层次地进行立体思考。具体表现为及时放弃旧思路，转向新思路，及时放弃无效的方法而采用可行的新方法。

④ 突发性　突发性是指在极短的时间内，以一种突发的形式，迸发出创造性的思想火花，从而产生新的概念。创新思维的突发性，可能是在长期构思酝酿后自然爆发出来的，也可能是受某一偶然因素触发而产生的。突发性思维主要包括直觉思维、顿悟思维、灵感思维。

⑤ 综合性　综合性是指在思维过程中，不是简单地把事物的各个部分、侧面和属性随意地、主观地拼凑在一起，也不是机械地相加；而是按照它们内在的或必然的互相联系，对事物各个方面的结构和功能进行系统认识。

⑥ 逆向性　逆向性是指有意识地采用"反常规"的思路去思考问题。为实现某一创新

或解决某一用常规思路难以解决的问题时，不要用长久以来形成的固有思路去思考问题，而应从相反的方向出发寻找解决办法。也就是说，只有奇思妙想，才能避免"构思平庸""与人雷同"的尴尬境地。

(3) 创新思维的形式

常见的创新思维形式主要包括直觉思维、逻辑思维、形象思维、联想思维、发散思维和收敛思维等。在创新实践中，各种创新思维形式各具特色，各有优势。

① 直觉思维　直觉思维是指人们在解决问题时不经过逐步分析和推理，而迅速对问题的答案做出合理的猜测、设想或顿悟的一种跃进性思维。人们所说的"第一印象""手感"等就是直觉思维的体现。直觉思维是人脑的一种感性活动，它在创新思维活动的关键阶段起着极为重要的作用，具有自由性、灵活性、自发性、偶然性、不可靠性等特点。

② 逻辑思维　逻辑思维也称抽象思维，是人们在认识活动中运用概念、判断、推理等思维方法，揭示客观事物本质和规律的思维过程。逻辑思维的基本单元是概念，基本思维方法是抽象，基本表达工具是语言和符号。逻辑思维具有规范性、严密性、确定性和可重复性等特点。

逻辑思维是人脑的一种理性活动，思维主体将感性认识阶段获得的对事物的认识信息抽象成概念，再运用概念进行判断，并按照一定的逻辑关系进行推理，从而产生新的认识。要想创新，并找出复杂问题的解决方案，就必须运用逻辑思维。

③ 形象思维　形象思维是以直观形象和表象为支撑的思维过程和思维方式，是人的一种本能思维，具有普遍性。在日常生活、学习和生产活动中，形象思维一直起着重要作用。认识客观世界与人交往，首先使用的常常是形象思维。例如，在与陌生人打交道时，会注意他/她的行为举止，从而考虑如何接待与应对。

形象性是形象思维最基本的特征，它与逻辑思维相比，具有具体性、直观性、生动性和整体性等优点。

④ 联想思维　联想思维是指在人脑记忆表象系统中，由于某种诱因使不同表象产生联系的一种思维活动。通过联想思维，人们可以从别人的发明创造中获得灵感，并进行创新。例如，多功能手机支架融合了手机支架、指甲剪、电源插座、开瓶器等物品的功能，属于联想思维的创新成果。

⑤ 发散思维　发散思维是指从不同角度、不同方向、不同层次进行多方面的思维判断，思维呈发散状态，从而形成解决问题的多种思路、多种方法、多种方案。发散思维是创新创业必不可少的思维方式。发散思维具有流畅性、变通性和独特性3个典型特征。流畅性反映了数量和速度；变通性反映了灵活和跨越；独特性反映了发散思维的本质。

发散思维可以使人思路清晰，思维敏捷，办法多而新颖，能提出大量可供选择的方案、办法或建议，特别能提出一些别出心裁、完全出乎意料的新鲜见解，使问题奇迹般地得到解决。

⑥ 收敛思维　收敛思维是一种以某个问题为中心，尽可能运用已有的经验和知识，对各种信息重新进行组织，从不同的方面和角度，将思维集中指向中心点，从而达到解决问题的目的的思维方法。

它与发散思维相对，发散思维是以解决某个问题为目的，从这一问题出发，想的办法、途径越多越好，总是寻求还有没有更多的办法。而收敛思维则是为了解决某一问题，在众多的现象、线索、信息中，向着问题的某一个方向思考，根据已有的经验、知识或发散思维中最针对问题的办法，得出最好的结论和解决办法。

（4）创新思维的障碍及其突破

如果思维形成定式，或者受到其他因素的干扰，就会形成创新思维障碍。因此，在创新实践中，应有意识地克服思维定式，消除干扰，不断突破创新思维的各种障碍。

① 创新思维的障碍　从创新实践来看，创新思维障碍主要体现在思维定式和思维偏见两个方面。

a.思维定式：思维定式也称"惯性思维"，它是人们在过去获得的经验和知识的基础上所形成感性认识。随着时间的推移，这些感性认识逐渐沉淀为一种特定的认知模式。在环境不变的条件下，思维定式可以使人迅速解决问题；但当环境发生改变时，思维定式则会成为束缚创造性思维的枷锁。

b.思维偏见：思维偏见是指以不客观或不全面的信息为根据，形成对人或事物的片面甚至错误的看法。如果人们在判断时给被判断对象打上了主观的经验、地位、知识及阶层等印记，就会使自己的感知不自觉地偏离事实。在创新实践活动中，思维偏见会影响人们对事物进行客观观察和分析。思维偏见是创新思维的主要障碍。

② 突破创新思维障碍　针对创新思维障碍，必须采取切实有效的措施，突破这些障碍，从而更好地发挥创新思维的功能，激发创新潜能，提升创新能力。

a.突破思维定式：突破思维定式是指人们在思考有待创新的问题时，要有意识地改变思考这些问题时的习惯（如过往的思维模式），警惕和排除这些习惯对新设想可能产生的束缚作用，要敢于怀疑，敢于打开新思路，努力寻求创新。

b.拓宽思维视角：拓宽思维视角的方法有两种：一是改变思路。绝大部分人对问题的思考，都是按照常规、常理去想，或者按照事物发生的时间、空间顺序去想，这就是所谓的"万事顺着想"思维。在大多数情况下，顺着想是一种常规思维方式，要想进行创新，就得有意识地改变顺着想的思路。二是换位思考。就是站在他人的角度考虑问题，要求个体暂时放下自己的主观视角，尝试从他人的角度去看待问题、感受情绪，以及预测行为。

③ 突破知识障碍　创新思维必须建立在一定知识积累的基础上，否则就只是空想。如果死抱着知识，或者抱残守缺，则会对创新思维形成障碍。突破知识障碍的有效途径就是不断地进行知识探索和更新。在探索和更新的过程中，对知识进行实践检验，以此提升自身的创新思维能力，这样才能为以后的创新之路打下坚实的基础。

（5）创新思维的培养

创新思维是可以后天培养和训练的。大学生在创新实践活动中，应有目标、有步骤地整合各种资源，利用各种渠道和途径，培养自己的创新思维能力。

① 创新思维培养的原则

a.整体性原则：创新思维的培养是一项系统工程，大学生应从整体上筹划和实施创新思维训练，这是培养创新思维的一项重要原则。只有从整体出发，运用系统思维的方法，才能真正把握创新思维培养和发展的规律，实现创新思维培养的目标。

b.自主性原则：自主性就是在创新思维培养过程中充分发挥主观能动性，提高自我组织管理能力和自我调控能力。要培养大学生的创新思维，必须使大学生的"手""嘴""脑"获得真正的自主性。

c.探索性原则：创新是走前人没有走过的路，解决前人没有解决的新问题。不敢探索、不会探索的人是很难开创新局面的。大学生要成为勇于探索的人，要敢于质疑问题，自拟探索计划，通过自己独立思考解决问题，从而培养创新思维能力。

d.活动性原则：创新思维必须在实践活动中才能得到有效培养，这是创新思维培养的最重要的原则。大学生要尽可能多地参加各类创新实践活动，如大学生创新创业大赛、创新创业培训等。通过创新实践，提出创新假设，做出创新决策，制订创新计划，在创新实践活动中不断培养和提升自己的创新思维能力。

e.多样性原则：多样性是指让大学生的创新个性自由地发展。多样性的本质在于个性的独创性，因此大学生在创新思维培养过程中要善于展现自己的独特个性，形成独特优势。

② 大学生创新思维培养的方法

a.发散思维训练：发散思维是创新思维的主要成分。通过一些有针对性的方法，可以有效培养大学生的创新思维。

- 材料发散：以某个物品为发散点，设想它的各种用途。如回形针的用途等。
- 功能发散：以某种事物的功能为发散点，设想出获得该功能的各种可能性。如怎样达到照明的目的——开电灯、点蜡烛、用镜子反射太阳光、划火柴、开打火机、打手电筒、点火把等。
- 结构发散：以某种事物的结构为发散点，设想出利用该结构的各种可能性。
- 形态发散：以事物的形态为发散点，设想出利用某种形态的各种可能性。如齿轮利用的各种可能性等。
- 方法发散：以解决问题或制造物品的某种方法为发散点，设想出利用该方法的各种可能性。如用"粘"的方法可以解决各种工艺问题。
- 组合发散：从某事物出发，以此为发散点，尽可能多地设想其与另一事物连接后具有新价值的各种可能性。
- 因果发散：以某事物的发展结果或起因为发散点，设想出这一结果的原因或这一原因可能产生的结果。

b.摆脱习惯性思维训练：摆脱习惯性思维的训练，称为"创新思维的准备活动"。其真正的意义是促使人们探索事物运动、联系的各种可能性，从而摆脱思维的单一性，使思维具有流畅、变通、灵活、独创等特性。主要包括排除观念固定和功能固定等方面的训练。前者是指在现有观念基础上，尽可能多地提出新观念，不受原有观念的束缚；后者是指在原有功能基础上，尽可能多地设计新功能，打破原有功能的局限。

c.缺点列举训练：缺点列举是一个极为重要的创新思维训练方法。对某事物存在的某个或某些缺点产生不满，往往是创新思维的先导。只要对列举出来的缺点加以克服，就会有所创新。例如，尽可能多地列举出APP的缺点，就可以产生许多新的创新性想法。

d.愿望列举训练：人们对美好愿望的追求，往往成为创新的强大动力。愿望列举就是将人们对某个事物的要求列举出来。它不同于缺点列举，提出积极的希望比仅仅克服缺点能产生更好的创意。例如，"什么样的手机APP更好"等。

e.想象训练：训练想象力是培养创新思维的一种非常有效的方法。它能帮助人们从固定化的看法、想法中解放出来，使人们在思考、解决问题的过程中，大胆想象，敢于"异想天开"，创新进取。

3.1.4 大学生创新的基本流程

（1）发现问题痛点

创新过程中最重要也是最难把握的便是创新点。创新的过程往往始于对现有问题的识别和解决。这些问题可能是市场上的需求缺口，也可能是技术上的挑战，或者是社会和文化的需求。发现这些问题，即"痛点"，是创新的第一步。创新之始正是发现问题的关键。分析问题从而发现痛点，可以从以下几方面入手。

① 问题上的创新 问题上的创新就是提出某领域内的新问题，简单来说就是其他人研究得很少的方面。无论在哪个领域，都存在这种创新方式。

② 方法上的创新 方法上的创新分为两种。

a.用其他领域的方法解决本领域的问题：简单地说，就是方法的无限迁移，指将所学的知识和方法，以及形成的积极态度迁移到其他学科、其他领域或者其他活动中去，提高创造性思维的能力。借鉴其他领域的方法解决本领域的问题，可能会让很多冥思苦想很长时间却无法解决的问题迎刃而解。这种迁移不仅加深了对原有知识的理解，还拓宽了知识的应用范围，有助于培养创造性思维和解决问题的能力。

b.对本领域的方法进行优化，解决本领域的问题：这类创新方式的应用在日常生活中处处可见，从普通手机到智能手机，从短信到微信等。优化本领域的各种方法，在工作或生活中提高效率，带来便利。

③ 数据上的创新 数据上的创新是指在大数据时代，通过数据的重组、处理和应用，挖掘数据的潜在价值，以推动产品和服务的创新，解决业务问题，优化流程，改善客户体验，并提供新的业务模式。

数据上的创新包括数据采集创新、数据处理创新、数据分析创新和数据应用创新，这些创新共同推动了数字化转型，帮助企业在市场竞争中占据优势地位。数据采集创新关注数据的获取、清洗和整理，以确保数据的完整性和准确性。数据处理创新则侧重于使数据符合分析和管理的需求，提高数据的可读性和可用性。数据分析创新旨在发现数据中的规律和趋势，为决策提供支持和参考。而数据应用创新则通过对数据的利用和转化，实现个人、企业和国家的发展目标，提高决策的科学性和有效性。

（2）提出创意想法

创意是具有新颖性和创造性的想法，是一种能够让他人产生共鸣的独特思路。任何创意都应该具备个人性、独创性和深远意义3个基本条件。

① 创意应具有个人性 这是指创意需要个人对某些物品表面或更深层的东西进行观察和分析，然后将观察和分析结果整合。

② 创意应具有独创性 它可以是全新的"从无到有"，也可以是赋予某物品新的特征，即"崭新"或"独特"。

③ 创意应具有深远意义 创意不仅可以满足人们的创造需求，还可以通过知识产权法和市场转化成产品，从而实现创意的商业化、市场化，对社会的发展也有促进作用，因此创意具有深远的意义。

（3）制定解决方案

提出了创意想法后，需要进一步制订解决方案。

解决方案是指针对创意想法体现出的需求问题、不足、缺陷等所提出的整体解决方案，如计划书、建议书等。解决方案必须有明确的对象，或者施行的范围和领域。解决方案的产生过程大致可分为：确定问题对象和影响范围→分析问题→提出解决问题的办法和建议→成本分析与可行性分析→执行→后期跟进与修正→方案总结。

（4）方案实施

有了解决方案，那么下一步就是根据制定的方案实施。在实施过程中学习技能，积累经验，记录状态，重要的是需要稳定心态，保持热情，坚信自己创新的想法可以实现。方案实施不是一蹴而就的，需要实施者发扬脚踏实地、埋头苦干的职业精神，在实施过程中细心观察和记录，弘扬精益求精、深入钻研、一丝不苟的工作精神。

3.1.5　大学生创新的主要方法

创新方法是人们在科学研究、创造发明等实践活动中所采用的有效方法的总称。在创新过程中，生搬硬套某一种创新方法并非良策，大学生在面对不同对象时，应根据自身的特点灵活选用创新方法，或综合应用各种方法和手段，不拘一格地进行探索和创新。

（1）头脑风暴法

头脑风暴法，又称智力激励法、自由思考法等，它是由美国创造学家奥斯本提出的一种激发思维的方法。

① 头脑风暴法的含义　头脑风暴法是一种通过集思广益、发挥集体智慧，从不同角度找出问题所有原因或构成要素，并创造性地解决问题的方法。如今，头脑风暴法已成为职场上比较常用的创意收集方法，它简单快速且有效。

采用头脑风暴法时，小组成员在正常融洽和不受任何限制的气氛中，通过会议形式进行讨论、座谈，打破常规，积极思考，畅所欲言，充分发表看法。其目的是产生新观念或激发创新设想。头脑风暴法的应用旨在激发团队成员的创造力，通过集体讨论和自由联想，产生大量创意和解决方案。这种方法特别适用于需要创新和解决复杂问题的场景，因为它能够汇集不同个体的智慧，从而找到最佳的解决方案。

② 运用头脑风暴法的基本原则　为了更好地运用头脑风暴法，使与会人员的思维活动真正取得互激效应，与会人员必须严格遵守4条基本原则：

a.自由畅想：在头脑风暴的过程中，与会人员需要集中注意力，就会议的中心问题各抒己见。主持人应创造一种自由、活跃的气氛，使与会人员的思想彻底解放，这是头脑风暴法的关键。

b.以量求质：会议中，与会人员需要大量地提出设想，无论好坏。设想越多，将许多设想拆分重组后，产生好设想的可能性就越大。

c.见解无专利：与会人员除了提出自己的设想，还可以鼓励其他与会人员对自己提出的设想进行补充、改进，从而产生新的设想。不要怕别人占用自己的创意，创意加上创意便可产生新的创意。

d.延迟评判：应禁止与会人员随意评判会议中提出的各种意见、方案。在头脑风暴过程中产生的任何想法都是有价值的，与会人员要认真对待会议中提出的任何一种设想。

③ 头脑风暴法的操作步骤　头脑风暴法的操作步骤一般可以分为准备阶段、畅谈阶段、评价选择阶段。

a.准备阶段：准备阶段的工作内容主要有3项。

第一项，明确会议需要解决的问题和与会人员的数量。

第二项，确定会议的主持人和记录者。主持人要全面掌握有关头脑风暴法的细节、基本原则和操作要点，记录者要认真记录，以便会后总结。

第三项，与会人员要具备一定的相关基础知识，懂得头脑风暴法的原则和方法。

b.畅谈阶段：畅谈阶段是头脑风暴法的关键阶段。该阶段的主要进程为：由主持人引导与会人员围绕会议主题进行自由发言；与会人员提出各种设想，相互启发、补充，真正做到知无不言、言无不尽；直到与会人员无法再提出新的设想时，结束会议。

c.评价选择阶段：会议结束后，主持人应将会议中提出的设想整理成若干方案，再按一定标准进行筛选，经过反复比较后，确定1~2个最优方案。

（2）奥斯本检核表法

奥斯本检核表法是一种典型的设问型创新方法，具有较强的启发性。在众多的创新方法中，奥斯本检核表法是一种有比较理想效果的方法。人们运用这种方法产生了很多优秀的创意和大量的发明创造。例如，人们运用奥斯本检核表法中"能否他用"这一检核项目发明了自行车轮胎。

① 奥斯本检核表法的含义　奥斯本检核表法是一种创造技法，由美国创造学家奥斯本率先提出，几乎适用于任何类型和场合的创造活动。这种方法的核心是通过提问的方式，根据创新或解决问题的需要，列出相关问题，形成检核表，然后逐个对问题进行核对讨论，从而发掘出解决问题的大量设想。奥斯本检核表法的主要优势在于提高发现创新的成功率，它引导主体在创造过程中对照9个方面的问题进行思考，以便启迪思路、开拓思维想象的空间，促进人们产生新设想、新方案。

奥斯本检核表法从9个方面进行检核，以便启迪思路、拓展思维想象的空间，促进人们产生新设想、新方案。奥斯本检核表法的检核内容见表3.1。

表3.1　奥斯本检核表法的检核内容

编号	检核类别	检核内容
1	能否借用	现有事物有无新的用途；保持现有事物原状能否扩大其用途；稍加改变，现有事物有别的用途；能否改变其现有的使用方式；等
2	能否借用	有无与现有事物类似的东西；能否模仿或超越；能否借用他人的经验或发明；现有的发明能否引入到其他的创造性设想中；等
3	能否改变	能否改变现有事物的形状、颜色、味道、外观；是否还有其他改变的可能性；等
4	能否扩大	能否增加现有事物的使用时间；能否为现有事物添加部件，增加它的使用寿命，提升它的性能；能否扩大现有事物的使用范围；等
5	能否缩小	能否将现有事物微型化；能否将其缩短、变窄、分割、减轻；能否将其进一步细分；能否将其变成流线型；等
6	能否代用	能否用别的东西代替；能否使用别的材料、零件、工艺、能源；等
7	能否调整	能否变换先后顺序；内部元件能否互换；能否变换模式、操作工序、因果关系、工作规范、速度和频率；等
8	能否颠倒	能否颠倒现有事物的正负、里外、上下、主次、因果等
9	能否组合	能否将各种想法进行综合；能否进行材料组合、部件组合、功能组合；等

② 奥斯本检核表法的操作步骤　奥斯本检核表法能够启发创新者提出问题和思考问题，使其思路沿着正向、侧向、逆向发散开来。

a.提出问题：根据创新对象明确需要解决的问题。

b.写出新设想：对新设想进行优选，将最有价值和创新性的设想选出来，并进一步思考和完善设想。

c.筛选新设想。

③ 运用奥斯本检核表法的注意事项　运用奥斯本检核表法提出创造性设想时，应注意以下事项：

a.联系实际逐条检核，不要遗漏。

b.要进行多次检核。只有经过反复检核，才能更准确地选择所需要创新的内容。

c.检核每一项内容时，要尽可能地发挥自己的想象力，产生更多的创造性设想。进行检核时，可以将某一大类问题作为一种单独的创新内容来思考。

d.可以根据需要安排检核方式，可以由1人检核，也可以由3~8人共同检核。共同检核可以使参与者互相激励，还可以同时进行头脑风暴。

（3）属性列举法

属性列举法也称特性列举法，由美国内布拉斯加大学的新闻学教授克劳福德于1931年提出。克劳福德认为，每一事物都可以从另一事物产生出来，一般的创造产品都是对旧物加以改造的结果。

① 属性列举法的含义　属性列举法是一种通过对技术创造对象的属性进行分析，并将其一一列举出来，然后探讨如何进行革新或发明的方法。在技术创造过程中，首先要对具体事物进行仔细考察，然后尽量列举该事物的各种不同属性，接着研究应该有所改进、变换或替代的属性。有时将一物的某些属性加于另一物上，该物也有可能成为发明物。属性列举法的优点是能保证对问题的所有方面进行研究。

属性列举法的应用不仅限于发明创造，还可以用于对事物的属性人为地按某种规律进行列举，如特点、缺点、希望点等，分别加以分析研究，以探求创造的落脚点和方案。这种方法特别适用于老产品的升级换代，通过将一种产品的特点列举出来，制成表格，然后再把改善这些特点的事项列成表，保证对问题的所有方面做全面的分析研究。

② 属性列举法的操作步骤　属性列举法的具体步骤如下：

a.确定一个研究对象。

b.了解对象的现状，熟悉其基本结构、工作原理及使用场合，同时应用分析、分解及分类的方法对研究对象进行必要的结构分解，找出研究对象的名词属性、形容词属性、动词属性及量词属性。名词属性（采用名词来表达的特征）：如事物的结构、材料等。形容词属性（采用形容词来表达的特征）：如事物的色泽、大小、形状等。动词属性（采用动词来表达的特征）：如事物功能方面的特性等。量词属性（采用量词来表达的特征）：如数量、使用寿命、保质期等。

c.从需要出发，对列出的属性进行分析、抽象，并且与其他物品进行对比，然后通过提问诱发创新思维，采用替代的方法对原属性进行替换。

d.应用综合的方法将原属性与新属性进行综合，寻求功能与属性的替代方法或更新完善方法，最后提出一个新设想。

③ 运用实例　在尼龙绸折叠花伞的例子中，首先确定研究对象为尼龙雨伞，然后列举

出其特征，包括名词性特征（如伞把、伞架、伞尖、伞面等）和动词性特征（如折叠、手举、打开闭合等）。通过对这些特征的列举和分析，可以找到改进的方向，例如伞把可以设计成可折叠的以减少占用空间，伞面可以采用防水轻质材料等。

（4）综摄法

综摄法是一种利用外部事物启发思考、开发人的潜在创造力的思考方法，由美国麻省理工学院教授威廉·戈登于1944年提出。综摄法的宗旨是开发人的潜在创造力。

① 综摄法的含义　通过以外部事物或已有的发明成果为媒介，将这些事物分解成若干要素，并对这些要素进行讨论研究，综合利用激发出来的灵感，来发明新事物或解决问题。综摄法也被称为类比思考法、比喻法、分合法等，它是一种非系统化的决策方法，旨在利用群体智慧达到决策方案创新的目的。这种方法适用于员工激励、思维创新方向的培训，可以应用于不同专业职能的研究人员以及各行各业的员工，通过模拟技巧和实施要点，有效地激发学员的创新意识。

② 综摄法的基本原理　综摄法的基本原理包括变陌生为熟悉和变熟悉为陌生两个方面。

a.变陌生为熟悉：变陌生为熟悉指的是通过某种方法或手段，将原本陌生或不易理解的事物或概念转化为熟悉、易于理解的形式，从而帮助学生或其他学习者更好地理解和掌握。这种转变通常涉及将复杂或抽象的概念具体化，通过直观的展示或解释，使得原本难以捉摸的内容变得易于接受和消化。例如，在音乐教学中，通过使用信息技术辅助教学，可以将管弦乐队的配置从抽象变为具体，通过摆放风格相似的各类乐器图片，遵循实物乐器的比例，使得学生对管弦乐队的配置一目了然，从而增强学生参与活动的主动性。这种转变不仅适用于音乐教学，也可以应用于其他学科领域，通过具体化的手段帮助学生更好地理解和记忆抽象的知识点。

b.变熟悉为陌生：变熟悉为陌生指的是将原本熟悉的事物或情境通过某种方式或角度转变为不熟悉或陌生的状态。这一概念不仅涉及人们对事物的认知变化，还反映了人们对世界的理解和感知方式的转变。具体来说，这一过程可能涉及以下几个方面：

- 认知的转变：当人们面对一个熟悉的事物或情境时，通过深入的思考或从一个新的视角去看待它，可能会发现之前未曾注意到的细节或特征，从而使这个事物或情境变得陌生。
- 经验的重新解读：对于已经熟悉的事物，通过不同的经验或知识背景去重新解读，可能会揭示出新的层面或意义，从而使其变得陌生。
- 社会和文化的视角：从社会和文化的角度出发，熟悉的事物可能在不同的社会或文化背景下呈现出不同的面貌，从而变得陌生。

（5）形态分析法

形态分析法是典型的组合型创新方法，它是瑞士天文学家弗里茨·兹威基于1942年提出的。形态分析法是指将每一种事物分解为若干个子要素，直到不能再分解为止，然后把这些要素重新排列、组合，从而产生很多新的功能、方法或装置。

形态分析法以系统分析和综合为基础，用集合理论对研究对象的相关形态要素进行分类排列和重新组合，得出所有可能的总体方案，最后通过评价进行选择。形态分析法的特点是把研究对象或问题分为一些基本组成部分，然后对每一个基本组成部分进行单独处理，分别提供各种解决问题的方法，最后形成解决整个问题的总方案。因为是通过不同的组合关系得到的若干个不同的方案，所以需要通过形态分析法来分析每一个方案的可行性。

3.1.6 大学生创新的TRIZ理论

TRIZ理论由苏联发明家阿利赫舒列尔在1946年创立，旨在为发明问题提供系统性的解决方案，是目前世界上先进且实用的发明创新方法之一。它包含创新思维方法与问题分析方法、技术系统进化法则、技术矛盾解决原理、创新问题标准解法、发明问题解决算法以及基于工程学原理的知识库等主要内容。

（1）TRIZ理论的核心思想

TRIZ理论认为，大部分发明创造所包含的基本问题和矛盾是相同的，只是各自所属的技术领域不同而已。因此，可以将已经发明的事物所涉及的相关知识进行提炼和重新组织，形成系统化的理论知识，以便用来指导后来者的发明创造、创新和技术开发等工作，从而提高发明的成功率，缩短发明周期。

TRIZ理论的核心是技术系统进化原理，即把技术视为生物系统，认为其一直处于进化之中。技术之所以会不断地进步，是因为矛盾不断地被解决，技术进化的过程就是不断解决矛盾的过程。解决技术矛盾和冲突可以推动技术进化。

（2）TRIZ理论的结构

TRIZ理论的结构包括理论基础、问题分析工具、基于知识的问题解决工具和TRIZ理论体系的解题流程4个方面。

① 理论基础　TRIZ理论的基础是技术系统的进化模式，该模式包含了工程技术系统进化的基本规律。理解该模式可以帮助人们形成对问题发展轨迹的总体概念，正确判断问题的发展趋势，从而增强人们解决问题的能力。

② 问题分析工具　问题分析工具是TRIZ理论解决问题的一个重要因素，它包括矛盾冲突分析、物质-场分析、ARIZ算法分析以及需求功能分析4个部分。

a.矛盾冲突分析：TRIZ理论认为发明问题的核心是矛盾冲突，矛盾又分为物理矛盾和技术矛盾两种。物理矛盾指的是系统要求一个参数一方面正向发展而另一方面负向发展，即系统对同一个对象（或同一个子系统）的同一个工程参数提出了互斥的、合理的要求。例如，为了方便查看手机上的内容，手机屏幕应该大，但为了便于携带，手机屏幕又应该小。这种矛盾涉及系统功能的实现，要求同一参数在不同方面达到相互矛盾的目标。

技术矛盾是指在技术系统中，两个参数之间存在相互制约的关系。当技术系统的某个工程参数得到改善时，可能会引起另外一个工程参数的恶化。例如，扩大手机的屏幕以便于查看内容，这可能会导致手机变得不易携带。技术矛盾常见于技术系统的设计和改进过程中，涉及有用效应的引入或有害效应的消除，会导致一个或几个子系统变坏。

b.物质-场分析：TRIZ理论认为，物质-场分析是一种技术系统内部构成要素间相互关系、相互作用的分析方法，旨在通过解析技术系统的内部结构来促进技术创造。物质-场分析提供了一种系统的、结构化的方法来分析和解决问题，特别是在产品设计和创新过程中，它帮助设计师理解系统的功能，并通过调整物质和场的配置来实现创新。

c.ARIZ算法分析：ARIZ算法分析属于TRIZ理论中一个主要的分析问题、解决问题的方法。它的目标是解决问题中的物理矛盾。对于较为简单的发明问题，可以通过创新原理或标准解法解决；而对于复杂的非标准问题，则需要应用ARIZ算法进行系统分析和求解。ARIZ算法的应用不仅限于发明问题的解决，它提供了一种系统的、结构化的方法来处理和解决复杂的工程和技术问题，帮助创新者找到解决问题的新方法和途径。

d.需求功能分析：需求功能分析主要涉及对产品或设计系统的功能进行深入理解，从技术实现的角度出发，分析在特定约束条件下，产品或技术系统输入/输出时参数或状态变化的情况。

③基于知识的问题解决工具　基于知识的问题解决工具主要有3种，分别为40个发明创新原理、76个标准解和效应知识库。这些工具是在收集、归纳人类的创新经验和大量的基础知识上发展起来的。

a.40个发明创新原理：TRIZ理论提供的40个发明创新原理，主要用于指导人们找出技术矛盾冲突的解决方案，每一种解决方案都是一个合理的建议，应用该建议可以使系统产生特定的变化，从而消除矛盾冲突，如表3.2所示。

表3.2　40个发明创新原理

序号	原理名称	序号	原理名称	序号	原理名称	序号	原理名称
01	分割	11	预先防范	21	减少有害作用的时间	31	多孔材料
02	抽取	12	等势	22	变害为利	32	改变颜色
03	局部质量	13	反向作用	23	反馈	33	同质性
04	增加不对称性	14	曲面化	24	借助中介物	34	抛弃或再生
05	组合	15	动态特性	25	自服务	35	物理或化学参数改变
06	多用性	16	未达到或过度的作用	26	复制	36	相变
07	嵌套	17	空间维数变	27	廉价替代品	37	热膨胀
08	重量补偿	18	机械振动	28	机械系统替代	38	强氧化剂
09	预先反作用	19	周期性	29	气压和液压结构	39	惰性环境
10	预先作用	20	有效作用的连续性	30	柔性壳体或薄膜	40	复合材料

b.76个标准解：TRIZ理论的76个标准解主要用于解决技术系统进化模式的标准问题，并建议采用哪些系统转换来消除所存在的问题，如表3.3所示。

表3.3　76个标准解

标准解分类	子系统数	标准解数
第一类：建立或拆解物质-场模型	2	13
第二类：增强物质-场模型	4	23
第三类：向超系统或微观级系统转换	2	6
第四类：检测和测量的标准解法	5	17
第五类：简化与改善策略	5	17
合计	18	76

c. 效应知识库：效应知识库是TRIZ理论中最容易使用的一种工具，其中集成了化学、几何学、物理学等方面的专利和技术成果。效应知识库中不仅列出了各种效应，还列出了各种效应使用的专利和专利号。创新者若想实现某个特定功能，可以在效应知识库中选择解决问题的相应方法。

科学效应知识库是阿奇舒勒与其他研究人员从1969年开始系统地收集科学效应，迄今为止，科研人员总结出的效应达一万多个，常用的有1400多个，每一个效应都可以解决众多的发明问题。

④ TRIZ模型的应用　创新者要想有效运用TRIZ理论，必须先分析研究对象并将其转换为TRIZ理论中的标准问题，再套用该理论的分析工具（如技术系统的八大进化法则、技术矛盾和物理矛盾、物质-场模型等）进行解决。

例如，构建基于TRIZ理论的儿童安全座椅设计流程如下：同类产品调研，运用技术系统进化法则，收集大量儿童安全座椅产品数据，分析目前所处阶段，预判未来发展趋势；事故原因分析，应用因果分析法，建立因果链，探明儿童被困车内事故原因与结果的关系，寻找切入点以解决问题；用户调研，采取访谈法、问卷调查法，对用户与使用情境进行详细调研，整理用户需求；设定设计目标，通过最终理想解，明确最终设计目标，指明设计方向与路径；设计实践，使用技术矛盾、物理矛盾、物质-场分析法，将儿童安全座椅的设计需求转换为标准的TRIZ问题，再运用相应的创新工具产出解决方案；设计评估，对设计方案进行全方位评估，并进行调整与深化，最后展示设计方案。整体流程如图3.1所示。

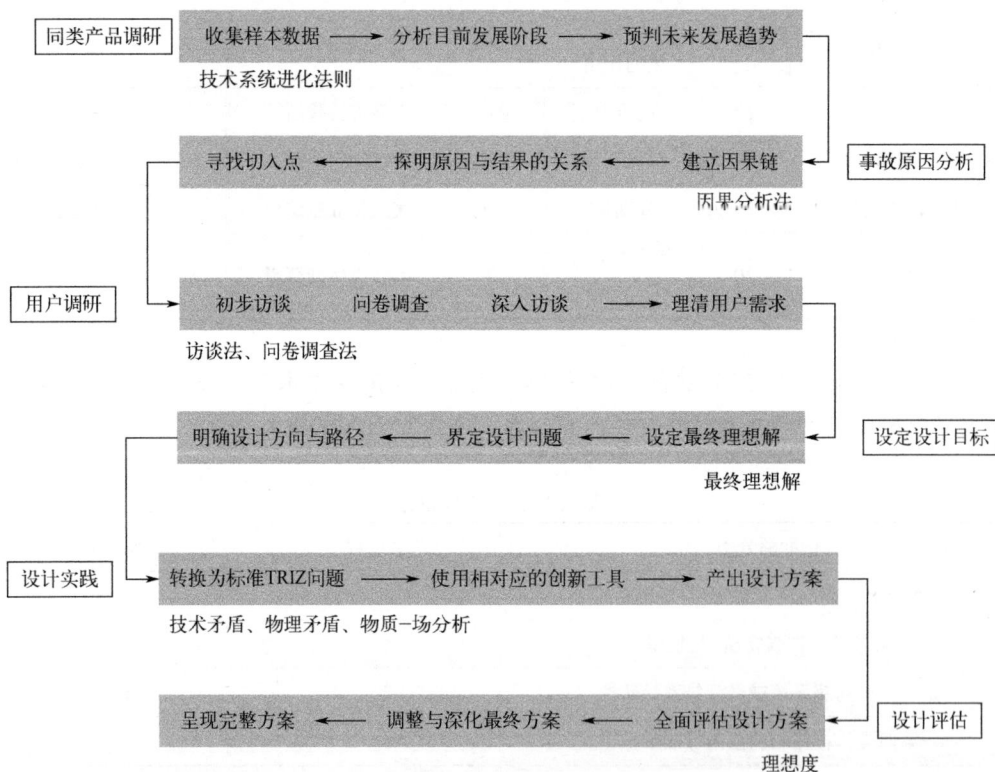

图3.1　基于TRIZ理论的儿童安全座椅设计流程

3.2 创业教育

3.2.1 发现自我

（1）创业者须具备的素养和能力

创业是一个不断被筛选淘汰的过程，那些经历了市场考验幸存下来的创业者或多或少都有一些共同的特质。

① 强烈的创业意识　要想取得创业的成功，创业者必须具备自我实现、追求成功的强烈的创业意识。强烈的创业意识帮助创业者克服创业道路上的各种艰难险阻，使创业者将创业目标作为自己的人生奋斗目标。创业的成功是思想上长期准备的结果，事业的成功总是属于有思想准备的人，属于有创业意识的人。

② 良好的创业心理品质　创业之路，是充满艰险与曲折的，自主创业就等于一个人去面对变化莫测的激烈竞争以及随时出现的需要迅速正确解决的问题和矛盾，这需要创业者具有非常强的心理调控能力，能够持续保持一种积极、沉稳的心态，即具有良好的创业心理品质。它是对创业者创业实践过程中的心理和行为起调节作用的个性心理特征，它与人固有的气质、性格有密切的关系，主要体现在人的独立性、敢为性、坚韧性、克制性、适应性、合作性等方面，它反映了创业者的意志和情感。创业的成功在很大程度上取决于创业者的创业心理品质。

只有具有处变不惊的良好心理素质和愈挫愈勇的顽强意志，才能在创业的道路上自强不息、竞争进取、顽强拼搏，才能从小到大、从无到有，闯出属于自己的一番事业。

③ 自信、自强、自主、自立的创业精神　自信就是对自己充满信心。自信心能赋予人主动积极的人生态度和进取精神。不依赖、不等待。要成为一名成功的创业者，必须坚持信念如一，拥有使命感和责任感；信念坚定，顽强拼搏，直到成功。信念是生命的力量，是创立事业之本，是创业的原动力。要相信自己有能力、有条件去开创自己未来的事业，相信自己能够主宰自己的命运，成为创业的成功者。

自强就是在自信的基础上，不贪图眼前的利益，不依恋平淡的生活，敢于实践，不断增长自己各方面的能力与才干，勇于使自己成为生活与事业的强者。

自主就是具有独立的人格，具有独立的思维能力，不受传统和世俗偏见的束缚，不受舆论和环境的影响，能自己选择自己的道路，善于设计和规划自己的未来，并采取相应的行动。自主还要有远见，有敢为人先的胆略和实事求是的科学态度，能把握住自己的航向，直至到达成功的彼岸。

自立就是凭自己的头脑和双手，凭借自己的智慧和才能，凭借自己的努力和奋斗，建立起自己生活和事业的基础。青年人应该早立、快立志向，自谋职业，勤劳致富，建立起自己的事业。

④ 竞争意识　竞争是市场经济最重要的特征之一，竞争意识是企业赖以生存和发展的基础，也是一个人立足社会不可缺乏的一种精神。随着我国社会主义市场经济从低级向高级发展，竞争愈来愈激烈。从小规模的分散竞争，发展到大集团集中竞争；从国内竞争发展到国际竞争；从单纯的产品竞争，发展到综合实力的竞争。因此，创业者如果缺乏竞争意识，

实际上就等于放弃了自己的生存权利。创业者只有敢于竞争，善于竞争，才能取得成功。创业者创业之初面临的是一个充满压力的市场，如果创业者缺乏竞争的心理准备，甚至害怕竞争，就只能一事无成。

⑤ 全面的创业能力素质　创业能力是一种特殊的能力，这种特殊能力往往影响创业活动的效率和创业的成功。创业能力由决策能力、经营管理能力、专业技术能力和交往协调能力组成。

a.决策能力：决策能力是创业者根据主客观条件，因地制宜，正确地确定创业的发展方向、目标、战略以及具体选择实施方案的能力。决策是一个人综合能力的体现，一个创业者首先要成为一个决策者。创业者的决策能力通常包括分析能力、判断能力和创新能力。大学生要创业，首先要从众多的创业目标以及方向中进行分析比较，选择最适合发挥自己特长与优势的创业方向和途径、方法。所谓判断能力，就是能从客观事物的发展变化中找出因果关系，并善于从中把握事物的发展方向。分析是判断的前提，判断是分析的目的，良好的决策能力包括良好的分析能力和果断的判断能力。创业实际就是一个充满创新的事业，所以创业者必须具备创新能力，有创新思维、无思维定式，不墨守成规，能根据客观情况的变化，及时提出新目标、新方案，不断开拓新局面，不断创新是创业者不断前进的关键环节。

b.经营管理能力：经营管理能力是指对人员、资金的管理能力。它涉及人员的选择、使用、组合和优化，也涉及资金聚集、核算、分配、使用、流动。经营管理能力是一种较高层次的综合能力，是运筹能力。

- 学会经营：创业者一旦确定了创业目标，就要组织实施，为了在激烈的市场竞争中取得优势必须学会经营，要从学会经营、学会管理、学会用人、学会理财几个方面去努力。

- 学会管理：要学会质量管理，要始终坚持质量第一的原则。质量是产品的生命，创业者必须严格树立牢固的质量观。要学会效益管理，要始终坚持效益最佳原则，效益最佳是创业的终极目标。可以说，无效益的管理是失败的管理，无效益的创业是失败的创业。做到效益最佳要求在创业活动中人、物、资金、场地、时间的使用，都要选择最佳方案运作。做到不闲人员和资金、不空设备和场地、不浪费原料和材料，使创业活动有条不紊地运转。学会管理还要敢于负责，创业者要对本企业、员工、消费者、顾客以及对整个社会都抱有高度的责任感。

- 学会用人：市场经济的竞争是人才的竞争，谁拥有人才，谁就拥有市场、拥有客户。要善于吸纳比自己强或有某种专长的人共同创业。首先需要明确自己的用人理念，即以人为本的管理理念，尊重员工、信任员工，为员工提供良好的工作环境和发展空间，让员工有归属感和成就感。选择合适的人才也是关键，需要从多个角度考虑，包括专业技能、工作经验、沟通能力、性格特点等，以确保团队成员的互补性和整体效能。建立科学的激励机制，包括薪酬福利、晋升机制、培训机会等，是促进员工积极工作的关键手段。最后，建立良好的企业文化。积极向上、团结协作的企业文化，能够为企业发展提供重要保障，营造良好的工作氛围，使员工更加愉悦地工作。

- 学会理财：学会理财首先要学会开源节流。开源就是培植财源，在创业过程中除了抓好主要项目创收外，还要注意广辟资金来源。节流就是节省不必要的开支。同时要明确资金需求、预算和预期收益，充分考虑各项成本、预期收入以及资金周转等因素。学习理财知识是让创业之路更加顺畅的关键，包括投资组合、风险控制、资产配置等基本知识。合理利用金融工具如银行贷款、风投或天使投资等，利用互联网金融平台进行融资或众筹。在使用金融工具时，要了解相关政策和法规，确保合法合规。

- 要讲诚信：就创业者个人而言，诚信乃立身之本，"人而无信，不知其可也。"创业者在创业过程中，如不讲信誉，就无法开创出自己的事业；失去信誉，就会寸步难行。诚信，一是要言出计从；二是要讲质量；三是要以诚信动人。

c.专业技术能力：专业技术能力是创业者掌握和运用专业知识进行专业生产的能力。专业技术能力的形成具有很强的实践性。许多专业知识和专业技能要在实践中摸索，逐步提高、发展、完善。创业者要重视创业过程中的知识积累、专业技术方面的经验和职业技能的训练，在探索的过程中要详细记录、认真分析，进行总结、归纳，上升为理论，形成自己的经验特色，积累起来。

d.交往协调能力：创业者交往协调能力指的是创业者能够妥善处理各种关系的能力，包括与政府部门、新闻媒体、客户等公众之间的关系，以及协调下属各部门成员之间的关系。这种能力对于创业活动的成功至关重要，因为它有助于创业者建立和谐的内部和外部环境，从而促进企业的顺利运营和发展。

处理与公众的关系：这涉及与外部利益相关者（如政府部门、新闻媒体、客户等）的有效沟通和协调，以确保企业能够在外部环境中获得支持和理解，减少阻力，提高企业的社会形象和影响力。

协调下属各部门成员之间的关系：内部协调是确保企业内部各部门之间能够有效合作、共同实现企业目标的关键。通过良好的内部协调，可以避免内部矛盾，提高工作效率，增强团队的凝聚力和执行力。

交往协调能力不仅能够帮助创业者扩大企业的影响力，提高企业的经济效益，还能在从事经济活动的过程中，通过各种社会交往活动，为企业创造更多的机会和资源。

此外，领导能力、创新能力、学习能力、组织能力、战略能力、机会识别能力、规避创业风险能力等也是创业者必须具备的能力。领导能力使得创业者能够有效地管理和激励团队；创新能力是保持企业竞争力的关键；学习能力使创业者能够适应不断变化的市场环境；组织能力和战略能力帮助创业者合理安排资源和制订长期发展计划；机会识别能力则让创业者能够及时发现并抓住市场机会；规避创业风险的能力则是不违规创业，在市场中保持高度的警觉性，不能上当受骗。这些能力共同构成了创业者成功的关键要素。

（2）创业者自我评估

① 高职学生适合创业的因素

a.对未来充满希望：高职学生拥有年轻的血液和蓬勃的朝气，具备初生牛犊不怕虎的精神，这种积极的态度和对未来充满希望的心态，使他们能够全身心地投入创业项目中。

b.实践经验丰富：高职教育注重实践能力培养，学生在校期间参与实训项目，积累了大量实际操作经验。这使得他们在创业时能够更好地理解市场需求，把握商业环境，从而为创业成功奠定基础。

c.创新创业精神培育：大学校园为学生提供了培养创新能力的平台，如大学生社团等活动，锻炼了学生的沟通能力、组织能力和事务处理能力，同时也通过创新协会、创业项目引导学生拥有创新创业意识。

d.专业技能突出：高职学生经过专业课程学习和技能训练，具备扎实的专业知识和技能，这为创业提供了强有力的支撑，特别是在技术密集型和创新驱动型的创业项目中。

e.团队组合优势：大学生创业团队大部分由年轻人组成，团队成员之间相互熟悉，容易产生信赖，能够增强团队的凝聚力，减少创业风险。

这些优势使得高职学生在创业过程中能够充分发挥自己的潜力，不仅能够在创业道路上取得成功，同时也为社会和经济的发展作出贡献。

② 高职学生创业自我评估

a.创业人格特质量表，如表3.4所示。

表3.4　创业人格特质量表

序号	项目	非常不符合	比较不符合	有点不符合	有点符合	比较符合	非常符合
1	在混乱的情况下，我通常会控制局面						
2	我对自己要求很高						
3	遇到困难时，我会想办法解决问题						
4	我相信在商业世界里，有能力的人总会得到承认						
5	我喜欢尝试新的事物						
6	我对生活中的事物充满好奇心						
7	我宁愿自行创业，也不愿替别人工作						
8	即便新工作没有着落，我也会辞职						
9	我经常用独特的方式做事						
10	不管日常工作遭遇多少困难，我经常是坚持完成						
11	我为自己设立目标，并努力实现它们						
12	我相信成功的人在任何生意场合都能把握自己						
13	如果我赌博的话，绝对不押小注						
14	工作时，我总是以身作则						
15	我对自己所做的事充满信心						
16	为了成为这一领域最好，我一直都在努力学习						
17	我最大的喜悦是当我的学习或工作表现得很好时						
18	我相信运气不是一个人创业成功的主要因素						
19	创业结局如何，绝大部分取决于我们怎么做						

序号	项目	非常不符合	比较不符合	有点不符合	有点符合	比较符合	非常符合
20	我曾从不同的角度去思考、解决问题						
21	我喜欢推陈出新						
22	我试着预测自己用以解决问题所采取的行动的效果						
23	我愿意尽社会责任，回馈社会						

通常使用0到5的评分系统，0表示非常不符合，5表示非常符合。110分及以上表示非常适合创业；90分以上表示适合创业；90分及以下表示创业能力有待提高。

创业能力是创业者顺利创业并取得成功的基石。一般认为，创业能力主要由创业知识、创业经验和创业技能三个因素构成。创业知识包括创立企业相关的人际交往知识、专业技术知识和使企业持续发展的经营管理类知识。创业经验有自己实际创过业的直接经验或通过别人的经验为己所用的间接经验。

b.创业技能量表，如表3.5所示。

请根据理解，判断下述项目对创业成功的重要性。量表采用5点计分，其中1代表非常不重要，2代表比较不重要，3代表不确定，4代表比较重要，5代表非常重要。90分及以上表示非常适合创业；70分以上表示适合创业；70分及以下表示创业能力有待提高。

表3.5　创业技能量表

序号	项目	非常不重要	比较不重要	不确定	比较重要	非常重要
1	积极品质形成					
2	发现问题					
3	内省					
4	责任承担					
5	化解失败的压力					
6	坚持					
7	信息整合					
8	知识应用					
9	信息选择					
10	知识转化					
11	职业生涯规划					
12	创业计划形成					
13	目标管理					
14	企业管理					

序号	项目	非常不重要	比较不重要	不确定	比较重要	非常重要
15	人力资源管理					
16	战略					
17	资金筹集					
18	需求识别					
19	客户管理					
20	观察					
21	社会关系网络					
22	人际影响					
23	人际交往					

c.创业知识量表：判断表3.6中的陈述在多大程度上与你的实际情况相吻合，按照自己的真实想法在表中标明相应的数字。该量表采用5点计分，其中1代表非常不同意，2代表不同意，3代表不确定，4代表同意，5代表非常同意。

表3.6　创业知识量表

序号	项目	非常不同意	不同意	不确定	同意	非常同意
1	将来想创立的新事业，我学习过相关的背景知识					
2	将来想创立的新事业，我有相关的工作经验					
3	我的朋友或家人也从事与新事业相关的行业					
4	我常跟朋友或家人学习与新事业有关的知识					
5	我对新事业的市场很了解					
6	我知道新事业市场存在的问题					
7	我知道如何满足新事业市场的顾客需求					
8	我将来想创立的新事业与我在学校修读的课程有关					
9	我将来想创立的新事业与我自己的兴趣有关					

创业者的认知因素包括创业自我认知、创业环境认知、自我效能和对创业机会的敏锐感

知及把握。36分及以上表示非常适合创业；30分以上表示适合创业；30分及以下表示创业能力有待提高。

d.创业者综合能力量表：表3.7采用5点计分法，其中1代表非常不同意，2代表不同意，3代表不确定，4代表同意，5代表非常同意。请根据自己的实际情况填写。

表3.7　创业者综合能力量表

序号	项目	非常不同意	不同意	不确定	同意	非常同意
1	我有能力判断好的生意机会					
2	我有能力发现好的生意机会					
3	我有能力区分有利润和无利润的生意机会					
4	我有能力建立良好的创业人脉关系					
5	我有能力获得他人或机构提供的创业资金					
6	我有能力处理好创业过程中的各种人际关系					
7	我有能力管理好创业企业					
8	我有能力管理好创业企业的资金					
9	我有能力管理好创业企业的员工					
10	我有能力管理好创业企业的各项生意和市场					
11	以我的能力，我能够应对创业过程中各种意料之外的变化					
12	创业过程中即使遇到麻烦与压力，我也能想到应对的方法					
13	创业过程中有冲突矛盾时，我有能力找到解决方法					

50分及以上表示非常适合创业；40分以上表示适合创业；40分及以下表示创业能力有待提高。

3.2.2　了解创业

（1）大学生创业必须了解的内容

大学生创业需要了解的方面主要包括专业知识、商业知识、创新思维、团队管理、资源整合、商业计划、市场营销、财务管理、法律知识、自我认知及科学规划、胆识和魄力、团队管理、信息管理、目标管理。

① 专业知识　在专业领域内拥有扎实的知识基础，能够理解和应用相关理论和技术，把握行业发展的最新趋势。

② 商业知识　包括市场营销、财务管理、企业战略等方面的知识，了解商业运作和商业管理的知识。

③ 创新思维　具备创新思维和创新能力，能够从不同角度观察和分析问题，探索新的解决方案。

④ 团队管理　懂得如何组织和管理团队，发挥每个团队成员的优势，协同完成项目。

⑤ 资源整合　懂得如何整合人、财、物等资源，与政府、行业协会、企业等建立联系，获取支持。

⑥ 商业计划　准备一份详细的商业计划，了解自己的商业模式、目标市场、竞争对手、财务预测等信息。

⑦ 市场营销　了解市场趋势、竞争对手、客户需求，制定有效的市场推广策略和销售策略。

⑧ 财务管理　掌握基本的财务知识，包括财务报表分析、预算制订、成本控制等。

⑨ 法律知识　了解基本的法律知识，如民法典、知识产权法、公司法等，避免法律纠纷。

⑩ 自我认知及科学规划　清楚自己的优势和劣势，制订切实可行的发展计划。

⑪ 胆识和魄力　在面对各种决策时，能够果断行动，抓住商业机会。

⑫ 团队管理、信息管理、目标管理　建立有效的管理制度，确保团队的高效运作和信息的有效传递。

(2) 大学生在创业前应该有所准备的内容

① 市场需求和供给分析　在决定创业方向之前，必须进行充分的市场调研，了解行业的需求和供给情况，包括市场需求量、需求强度、市场上的竞争对手以及市场趋势等。这有助于创业者分析目标客户，了解他们对产品或服务的需求和期望，从而制订相应的市场策略。

② 专业知识与技能　在专业领域内拥有扎实的知识基础是非常重要的。这包括对行业的深入了解、对相关理论和技术应用的理解，以及把握行业发展的最新趋势。此外，具备专业行业技能也是创业的基础，包括对行业现状及未来发展趋势的了解。

③ 商业知识和经营管理　了解商业运作和商业管理的知识，如市场营销、财务管理、企业战略等，对于创业至关重要。这些知识有助于创业者更好地理解商业运作的规律，制订有效的市场策略和财务管理策略。

④ 创新思维和团队管理　具备创新思维和创新能力，能够从不同角度观察和分析问题，探索新的解决方案。同时，了解如何组织和管理团队，发挥每个团队成员的优势，协同完成项目。这些能力有助于创业者应对市场变化，提高企业的竞争力。

⑤ 资源整合和法律知识　懂得如何整合人、财、物等资源，使其发挥最大的效益。同时，了解基本的法律知识，如合同法、知识产权法、公司法等，可以帮助创业者避免法律纠纷，保护自己的合法权益。

⑥ 财务规划和风险管理　掌握基本的财务知识，包括财务报表分析、预算制定、成本控制等。良好的财务管理有助于企业更好地规划资金流动，降低财务风险。

⑦ 商业计划和市场营销　准备一份详细的商业计划，包括商业模式、目标市场、竞争

对手、财务预测等信息。同时，了解市场趋势、客户需求，并制订有效的市场推广策略和销售策略，这对于吸引投资者和合作伙伴来说至关重要。

3.2.3　寻找创业机会

创业就是用自己的才智构建自己的梦想，用自己的努力创造自己的未来。积极付诸行动的人才能发现机会。谁能发现机遇、抢抓机遇、用好机遇，谁就能赢得主动、赢得优势、赢得未来。

寻找创业机会的一个重要途径是善于发现和体会自己和他人在需求方面的问题或生活中的难处。

创业机会大都产生于不断的变化中，创业者就是那些能"寻找变化，并积极地反应把它当作机会充分利用起来的人"。

（1）识别创业机会

"好的开始是成功的一半"，用这句话形容机会是很恰当的。机会不仅是创业的起点，还是创业的核心议题。甚至可以认为，整个创业过程就是管理机会。

① 创业机会的特征、来源及分类

a.创业机会的特征：好的创业机会有以下四个特征：第一，它很能吸引顾客；第二，它能在你的商业环境中行得通；第三，它必须在机会之窗存在的期间被实施（机会之窗是指商业想法推广到市场上去所花的时间，若竞争者已经有了同样的想法，并已把产品推向市场，那么机会之窗也就关闭了）；第四，你必须有人、财、物、信息、时间和技能才能创立业务。

b.创业机会的来源：创业机会一般来源于以下两个方面：

- 没有得到满足的需求：创业的根本目的在于满足需求。若存在一种没有得到满足的需求，那么它就是一个潜在的创业机会。由此，去体会和发现自己或他人在生活中是否存在一些未被满足的需求，就是找到创业机会的重要途径。
- 市场环境的变化：市场环境的变化是创业机会的重要来源之一。这种变化主要来自多个方面，包括产业结构的变动、消费结构升级、城市化加速、人口思想观念的变化、政府政策的变化、人口结构的变化、居民收入水平提高、全球化趋势等。这些变化不仅为创业者提供了新的市场空间和发展机会，而且带来了挑战和机遇。例如，随着人口的不断增加和生活水平的不断提升，旅游行业、休闲娱乐行业、餐饮美食行业、养老服务行业以及汽车美容行业等得到了巨大的发展，成为不错的创业机会。

市场环境的变化还促进了技术的进步和行业的发展变革，为创业者提供了更多的机会。例如，人工智能、物联网、区块链等新技术领域的出现，以及绿色能源、生物科技、医疗保健等行业的变革，都为创业者提供了许多机会。

政府为创业者提供了多项优惠政策，如税收减免等，降低了创业成本，提高了创业成功率。这些政策法规的变动往往为创业者带来新的机遇，使创业者能够在良好的创业环境中捕捉市场变化，发掘潜在需求，从而创造新的创业机会。

- 技术和创新变革：技术和创新变革不仅创造出了具有超额价值的新产品、新服务，更好地满足了顾客需求，同时也产生了大量的基于新的科技突破和社会科技进步的创业机会。

随着科技的不断发展，新技术、新项目的涌现为创业者提供了前所未有的机会。这些技术包括但不限于人工智能、大数据、物联网、云计算、区块链等。这些技术的融合与发展不仅推动了传统产业的转型升级，更为创业者提供了解决市场问题的新方法，实现了产品或服务的差异化，从而在激烈的市场竞争中脱颖而出。新技术新项目的应用，如无人机项目、3D打印项目、手游项目及智能化设备生产项目等，都具有广阔的市场前景和应用潜力。创业者只需紧跟市场需求，把握技术趋势，便能迅速占领市场，实现盈利。

创新不仅是技术上的革新，还包括模式创新和服务创新。在互联网时代，许多传统行业正在被重新定义和重塑，通过模式创新，可以创造出许多新兴行业和商业形态。同时，随着人们生活水平的提高，对服务的需求也在不断增加，通过提供更优质、更高效的服务，也可以创造新的商业机会。例如，绿色环保领域随着全球环保意识的增强而迅速发展，提供了可再生能源、环保产品、环保服务等创新创业机会。同样，健康养老领域也因人口老龄化的加速而存在巨大的商业机会，如养老服务、健康管理、医疗科技等。

总之，创新创业的机遇无处不在，从科技创新到模式创新，再到服务创新和绿色环保、健康养老等领域的开拓，都为创业者提供了广阔的创新空间和市场前景。创业者应紧跟市场需求和技术趋势，通过技术创新和模式创新，打破传统束缚，实现差异化竞争，赢得更多消费者的青睐。

c.创业机会的分类：创业机会可以分为模仿型机会、识别型机会和创新型机会三类。

- 模仿型机会：模仿型机会是指通过模仿别人的技术并结合自身特点，进行资源化配置，降低成本，形成竞争力。
- 识别型机会：识别型机会是指基于市场发展，对顾客的潜在需求进行预测而产生的机会。
- 创新型机会：创新型机会是指将新技术应用到不同领域，与其他行业融合，为顾客创造新价值。

② 创业机会的关键影响因素　影响创业机会的因素主要包括两类：一类是可控制因素，包括创业者的先前经验、个人能力、社会关系网络等；另一类是不可控制因素，即外部创业环境，包括市场动态、经济环境等。

a.可控制因素：

- 先前经验：大多数创业者的创业能力都是基于先前经验而不断成长的，个人在特定领域的经验越丰富、知识储备越多，就越容易发现和把握该领域内的创业机会。
- 个人能力：一般包括信息获取和分析能力、预测能力、风险感知能力、社会关系建立和维护能力、行业或创业领域知识与经验储备能力等。此外，创新思维也是很重要的一项能力。创新思维的能力水平决定了创业者是否能够在大量信息中挖掘出客户需求，并提出具有创意性、新价值的产品或服务。一般而言，拥有强大个人能力的创业者能够比其他人表现得更加敏锐，也更加具有主动性。
- 社会关系网络：创业者的社会关系网络是指创业者与家庭、朋友、同事、商业合作伙伴和竞争对手、政府、金融机构等建立起来的各类社会关系，它们连接在一起构成创业者的社会资本。社会网络成员之间密切的内部联系可以帮助创业者提高信息获取的质量，从而确保信息资源的价值，以此来获取更有价值的创业机会。

b.不可控制因素　创业环境中的不可控制因素包括宏观经济政策与制度、产业结构、人口环境、自然环境、技术环境、市场环境等。创业环境的变化既可能带来大量的创业机会，也可能对创业机会的实施造成困难。

③ 创业机会的识别过程及方法

a.机会的识别过程：创业者对创业机会的把握可以认为是创业过程的开始。创业者从成千上万的创意中选择了心目中的创业机会，随之不断开发这一机会，使之成为真正的企业，直至最终收获成功。这一过程中，创业者的自身能力得到反复锻炼，创业者对创业机会的战略定位也越来越明确，这一过程称为机会的识别过程。这一识别过程是广义的，具体可分为三个阶段。

- 机会的搜寻：这一阶段创业者对整个经济系统中可能的创意展开搜索，如果创业者意识到某一创意可能是潜在的商业机会，具有潜在的发展价值，就将进入机会识别的下一阶段。
- 机会的识别：从创意中筛选合适的机会。这一过程包括两个步骤：第一步是通过对整体的市场环境以及行业分析，来判断该机会是否在广泛意义上属于有利的商业机会，称之为机会的标准化识别阶段；第二步是考察这一机会对于特定的创业者和投资者来说是否有价值，也就是个性化的机会识别阶段。
- 机会的评估：机会评估考察的内容主要是各项财务指标、创业团队的构成等。通过机会评估，创业者决定是否正式组建企业、吸引投资。

b.机会的识别方法：创业机会的识别有两种方法，即解决问题和观察趋势。

- 解决问题，创造机会：通过提供专业的服务或解决方案，帮助他人解决生活中的问题，从而实现经济收益的创业模式。这种创业模式不仅能够帮助他人解决困扰，还能为创业者自身带来经济收益。这种创业机会的识别和利用，要求创业者具备敏锐的市场洞察力和创新能力，能够准确把握市场需求的变化，并提供相应的解决方案。

这种创业机会的实现基于几个关键要素：

市场需求广泛：无论是生活中的小烦恼还是工作中的大挑战，人们总是需要专业的帮助来解决问题。从家庭琐事到职场难题，从健康问题到精神支持，每个领域都隐藏着创业的金矿。通过找准自己的擅长领域或兴趣所在，创业者可以发掘出属于自己的创业机会。

专业服务：通过提供专业的服务或解决方案，创业者不仅能够获得客户的信任和满意，还能建立起稳定的客户关系网络。这种双赢的模式不仅有利于个人成长，还能为社会创造更多的价值。

发挥优势：每个人都有自己独特的优势和能力。通过创业，发挥自己的专业知识和特长，不仅能够实现自我价值，还能为社会贡献自己的力量。无论是技术、创意还是人脉资源，都可以成为创业路上的有力武器。

- 观察趋势，创造需求：通过敏锐地观察市场趋势、技术进步、社会变革等因素，发现未被满足的需求或问题，进而开发新的产品或服务来满足这些需求或解决问题，从而创造商业机会的过程。这种创业机会的发现和利用，是创业者成功创建新公司或新业务的基础。

创业机会的来源多样，包括但不限于：

市场需求：当市场上存在未被满足的需求时，就存在创业机会。创业者可以通过开发新产品或服务来满足这些需求。

技术发展：技术的进步为创业者提供了新的机会，例如人工智能、物联网、区块链等新技术领域提供了无限的创业机会。

行业变革：行业的变革和转型为创业者提供了机会，如绿色能源、生物科技、医疗保健等行业的变革为创业者提供了许多机会。

宏观经济变化：经济变化和政策变化可以为创业者提供机会，例如经济衰退后，一些行业可能会受到影响，但同时也为其他行业的创业者提供了机会。

消费者行为变化：消费者的行为和偏好变化可以为创业者提供机会，例如，随着健康意识的提高，消费者对健康食品的需求增加，这为健康食品创业者提供了机会。

④ 寻找创业点的策略

a. 寻找潜在的商机：

- 从市场短缺处找商机：市场短缺意味着存在市场需求，例如，在环境污染严重的地方，环保产品是一个商机；在沙漠中，水就是商机。这要求创业者善于发现需求，识别商机。
- 从时间上找商机：时间价值在商机上体现明显，满足市场需求但延误时机，商机可能就会被别人抓住。因此，要及时出手，占据有利时机。
- 从"懒人"身上找商机："懒人"的存在催生了众多高效工具，例如外卖行业和跑腿行业，这表明可以为消费者提供便捷便利的事物都存在商机。
- 在刚需里找商机：刚需行业如餐饮、服装、交通、米面粮油等行业，这些行业中蕴藏着无限商机。

b. 解决目前困惑的问题：每一个新的创业机会，都来源于生活中的小麻烦。现在你感到棘手的问题，对于有着相同生活轨迹的人来说可能也是困扰已久。在他人还未发现解决这些小麻烦的重要性时，率先出手把握住新的机会，在为自己和他人解决麻烦的同时实现创业梦想，说不定就能创业成功。

c. 细分市场：通过市场调研和分析，了解整体市场的发展趋势和竞争格局，分析消费者的需求和痛点，通过收集和分析大量的市场数据，开发出具有创新性和竞争力的产品或服务，填补市场空白，进而获得更多的商业机会，打造独特的品牌形象。

d. 整合现有优势资源：创业者根据自身的特长、技能、经验和人脉等优势资源，有针对性地寻找和整合各种资源，以实现创业的目标。这些资源包括但不限于人才资源、资金资源、市场资源、技术资源、政策资源等。通过巧妙整合这些资源，创业者可以发挥自己的创意和才能，实现个人价值，同时也有机会在市场中脱颖而出，成为行业领导者。这一过程不仅要求创业者具备敏锐的市场洞察力和创新思维，还需要他们能够从不同的角度和层面去发掘和整合这些资源，从而实现从无到有的创业奇迹。

e. 混合、匹配思维：通过混合不同的策略、技术或资源，达到创新和优化商业运作的目的。具体来说，这种思维模式包括但不限于以下几点：

匹配思维：强调在商业活动中寻找最佳的匹配关系，避免资源的不当配置或浪费。例如，通过精准的市场定位和资源配置，实现供需双方的优化匹配，从而提高效率和效益。

逆向思维模式：鼓励从不同的角度或反向思考问题，寻找新的解决方案或商机。例如，通过考虑长期不变的因素来制订商业策略，或者通过转换思维方式来解决看似无解的问题。

创新与转换思维：鼓励在商业活动中不断探索新的技术和方法，同时善于从变化中发现新的商机。这包括从市场需求出发，通过技术创新或服务模式的改变来满足消费者的新需求。

资源整合与团队协作：强调通过建立广泛的合作伙伴网络，实现资源共享和优势互补，以及强化跨部门沟通协作，形成高效运转的机制，提升综合竞争力。

（2）评估创业机会

① 创业项目的评估准则　创业项目的评估准则主要包括市场和效益两个方面。

a.市场方面的评估准则：市场方面的评估准则主要包括市场定位、市场规模和市场占有率3个方面。

- 市场定位：评估创业项目首先要评估的就是这个项目的市场定位是否准确。一个好的创业项目必然要有特定的市场定位，能够满足消费者的需求，为消费者带来利益。因此，在评估创业项目的时候，可从市场定位是否明确、消费者需求分析是否清晰、产品线是否可以持续衍生等方面来判断创业项目可能具有的市场价值。

- 市场规模：市场规模大小与成长空间也是影响创业项目成败的重要因素之一。一般而言，市场规模如果较大，其进入门槛就会相对较低，市场竞争也不会太过激烈。但一个十分成熟的市场，即使规模很大，但由于成长空间较小，所以利润空间必然较小，也是不宜进入的。

- 市场占有率：市场占有率这一指标可以显示出创业项目未来的市场竞争力。一般而言，要成为市场中的领跑者，至少需要拥有20%的市场占有率。如果市场占有率低于5%，则这个创业项目的市场竞争力显然不足，自然也会影响企业的价值。

b.效益方面的评估准则：效益方面的评估准则主要包括以下两个方面。

- 合理的税后净利润：一般而言，具有吸引力的创业项目，至少能够创造15%的税后净利润。如果创业项目预期的税后净利润在5%以下，那可能就不是一个好的创业项目。

- 投资回报率：考虑到创业可能面临的各项风险，合理的投资回报率应该在25%以上，一般而言，投资回报率低于8%的创业项目，不值得考虑。

② 创业项目的评估指标　主要包括企业未来的市场评估、产品与技术评估、项目投资规模评估、经营管理评估、财务评估、风险评估等，见表3.8。

表3.8　创业项目的评估指标

评估内容	评估指标
市场评估	市场需求量预测、目标人群收入水平、市场接受时间、市场竞争程度
产品与技术评估	替代产品、技术的先进性、技术的发展前景等
项目投资规模评估	需要的资金数量、生产规模、生产能力等
经营管理评估	经营规模、创业团队、员工技能等
财务评估	净利润增长率预测、销售收入增长率预测、投资回报率预测、内部收益率预测等
风险评估	财务风险、行业风险、退出壁垒等

③ 贝蒂选择因素法　贝蒂选择因素法（Baty choice factors method）是一种用于评估创业机会的方法，它通过对11个选择因素的设定来判断一个创业机会是否可行。这些因素包括：

这个创业机会在现阶段是否只有你一个人发现了？

初始的产品生产成本是否可以承受？

初始的市场开发成本是否可以承受？

产品是否具有高利润回报的潜力？

是否可以预期产品投放市场和达到盈亏平衡点的时间？

潜在的市场是否巨大？

你的产品是否是一个高速成长的产品家族中的第一个成员？

你是否拥有一些现成的初始用户？

是否可以预期产品的开发成本和开发周期？

是否处于一个成长中的行业？

金融界是否能够理解你的产品和顾客对它的需求？

如果某个创业机会只符合其中的5个或者更少的因素，那么这个创业机会就很可能不可取。这种方法通过一系列问题，帮助创业者系统地评估创业机会的可行性和潜在风险，从而做出更明智的决策。

（3）选择创业机会的基本原则

如何选择适合自己的创业项目呢？大学生创业者在选择创业项目时应该遵循以下8个基本原则。

① 知己知彼原则　大学生创业者在选择创业项目时需要铭记4个字：知己知彼。所谓知己，就是指大学生创业者在选择创业项目之前，应该对自己的状况有一个清楚的认识和判断。例如，自己可以提供多少创业资金，自己的兴趣和爱好是什么，自己的知识积累和人脉状况如何，自己在性格上有哪些优势和弱点等。从大学生创业者自身的角度来看，自我认识越深入详尽，就越容易找到适合自己的创业项目。所谓知彼，就是要了解创业地区的社会经济环境。既要认真分析当地的发展政策（包括产业结构政策、金融政策、税收政策等），又要认真分析当地的消费情况（包括居民的购买水平、购买习惯等），还要认真分析当地的自然资源和人文资源（包括具有市场开发价值的工业原料和农林渔牧产品、传统的生产加工技术、独特的自然环境和人文景观等）。

② 量力而行原则　创业是一种风险投资，每位大学生创业者都应该遵循量力而行的原则。若大学生选择借钱创业，就更应该规避风险较大的创业项目，把为数不多的资金投入风险较小、规模较小的创业项目中，从而积少成多，逐步发展。

③ 短平快原则　大学生创业者在创业之初普遍缺乏资金和客户等资源。因此，为了尽快度过创业的"初始危险期"，使创业项目的运作进入良性循环，在同等条件下，大学生创业者应优先考虑"短平快"的创业项目。"短平快"的创业项目可以迅速收回投资成本，降低投资风险，即使项目后期的发展不好，创业者也可以选择继续经营，或主动退出，利用挖掘到的"第一桶金"另寻出路。

④ 自有资源优先原则　大学生创业者在了解了创业环境之后，应该从各种资源中甄选出可以重点利用和开发的资源。甄选时应贯彻自有资源优先原则。自有资源就是大学生创业者本人拥有的或可以直接控制的资源，包括专有技术、行业从业经验、经营管理能力、个人社会关系、私有物质资产等。

⑤ 以市场为导向原则　创业项目的选择是以市场为导向的，必须从社会需求出发。大学生创业者要想明确社会需求，就一定要做好市场调查。尤其是对于首次创业的大学生创业者而言，对市场进行详细的调研是不可缺少的。对市场进行调研可以从消费者和竞争对手两

方面入手。

a.了解消费者：消费者有性别、年龄、文化水平、职业等方面的差异，大学生创业者可根据这些因素对消费者进行分析、归类，把他们细分成多个消费群体，每个消费群体对应一个细分市场。因此，大学生创业者在选择创业项目时一定要明确自己所服务的消费群体及他们对产品或服务的需求程度。需求越强，创业项目就越容易开展。

b.了解竞争对手：大学生创业者要不断地采用各种方式去了解自己的竞争对手，判断彼此间的竞争属于恶性竞争还是良性竞争。如果属于恶性竞争，大学生创业者应考虑自己的产品或服务有没有独特的优势来应对，或者考虑转向其他项目。大学生创业者不应该执着于竞争激烈的热门项目，而应该着重考虑有特色的新项目。大学生创业者应该选择既有特色又有市场需求的项目，这样才能提高创业成功率。

⑥ 因时而动原则　在开创自己的一番事业前，大学生创业者应该了解国家目前正在扶持、鼓励或限制的行业。大学生创业者若是选择了国家政策扶持、鼓励的行业，企业今后的发展将更加顺利。因此，选择创业项目时要因时而动，大学生创业者应密切关注以下两个时间段的市场行情。

a.当前行情：包括当前的市场需求、市场空白和市场上畅销的产品。大学生创业者若想选择当前畅销的产品，则一定要冷静分析，明确其畅销的真正原因。

b.未来前景：大学生创业者应仔细分析行业未来的发展前景，如该行业是否符合国家产业政策，是否符合人们的消费发展趋势等。

⑦ 项目特色原则　创业项目有特色是企业能持续发展的必要条件，如别人没有的、先于他人发现的、与人不同的、强于他人的项目等。只有选择有特色的项目，才有可能在激烈的市场竞争中占有一席之地。

⑧ 合法性原则　创业项目要在国家允许进入的行业和领域中选择。国家对部分领域是明令禁止的，如军火的生产和经营、非法传销等；对部分领域是有所限制的，如制药等；对部分行业是有资质准入门槛的，如矿山开采等。大学生创业者所选择的创业项目及经营范围一定要符合法律法规，否则将面临严重的后果。

（4）创业项目选择的策略

大学生创业者在选择创业项目时如果采用科学的方法，准确识别和把握市场机会，就可以大大提高创业成功的概率。选择创业项目的策略如下。

① 先加后减策略　大学生创业者在选择创业项目时，要开阔视野、扩展思维、拓宽选择范围，即"做加法"，具体做法如下。

a.多阅读一些创业人物传记、贸易类出版物、财经图书等来开阔自己的视野，培养自己的创业感觉和兴趣。

b.多参加一些投资贸易洽谈会、博览会及有针对性的创业项目洽谈会、创业项目大赛等，从而开阔眼界、刺激思维。

c.多参加一些创业讲座、小企业管理课程等，多结交经销商、批发商、企业人士等，通过与他们的相识、交流，以及向他们请教来获取项目信息。

d.通过"创业计划大赛""创意吧"等创新活动，锻炼自己的创新思维，获取项目信息。

"做加法"后，大学生创业者脑海中可能会产生许多创业项目，此时就需要结合相关的评价指标、筛选机制，将一些不能做或不适合的项目逐一排除，即"做减法"，如将政策限制的项目、启动资金较大的项目、不环保的项目排除掉。

② 条件筛选策略　在运用先加后减策略得到一部分创业项目后，大学生创业者还需要从中进行筛选，筛选过程按以下3个步骤进行。

a.根据自己的兴趣进行筛选：大学生创业者可以把最想做的创业项目挑选出来，即从兴趣出发。兴趣是一个人行动和实践的动力，影响着大学生创业者的能力和知识结构的形成。如果选择了自己感兴趣的创业项目，大学生创业者就会倾注全部心血，用坚强的意志力来督促自己不断努力。

b.根据自己的能力进行筛选：大学生创业者可以把自己能够做的创业项目挑选出来，即从自有资源出发。在选择创业项目时，大学生创业者虽然要考虑自己的兴趣，但又不能只凭借兴趣，否则有很大的风险。自有资源一般包括技术专长、行业经验、经营策略、管理能力及个人社会关系等，这些是完成创业项目的切实保障。

c.根据市场需求进行筛选：大学生创业者可以把具有市场需求的创业项目挑选出来。选择创业项目时必须以经济效益为导向，从市场需求出发，才能取得理想的结果。

经过以上3轮筛选，能够同时满足3个条件的创业项目就是适合大学生创业者的创业项目。

③ 市场调查策略　选好适合自己的创业项目后，大学生创业者还要对这个项目进行市场调查，以判断其可行性。大学生创业者在进行市场调查时应抓住以下3个关键点。

a.确定调查目标：大学生创业者要确定市场调查的目标，即明确目标人群的组成，判断自己的产品或服务能否满足其需求等。

b.把握调查要点：调查要点的关键是满足客户的需求。客户需求就是客户通过购买大学生创业者的产品或服务来实现需求上的满足。客户需求的满足分为两种情形：这种需求已经存在，但还没有被满足；已有的产品或服务能够满足客户需求，但大学生创业者提供的产品或服务的客户价值更高。

所以，大学生创业者应该用有限的资源创造出最大的客户价值。

c.处理与分析数据：大学生创业者应对调查结果进行数据处理与分析，通过对数据的处理与分析，了解项目的市场需求，从而对项目进行有效的市场预测和决策，为创业成功提供保障。

3.2.4　建立自己的企业

（1）创业步骤

组建了团队，又找到了创办创新型企业所需要的创意或技术之后，就可以按照下面的步骤开始创业计划了。

① 选定创业项目——决定创业"干什么"　精准选择创业方向是整个创业活动的根基，应该从主观、客观两方面综合考察。

a.主观分析：选择最让自己充满激情的方向。找到这样一种状态：对某一个项目、某一个创意、某一个产品、某一种技术、某一个行业，要有执着的热情；对于某个创业想法，要有清晰的价值判断和坚定的信念，有充分的内心动力保证未来的坚定执行。

b.客观分析：不断学习、了解市场行情，关注创投信息，与有创业经验（无论成功或是失败）的前辈交流取经，应用SWOT（优势、劣势、机会、威胁）等市场分析方法判断和选择市场，以及遵循以下的"两步走"选择思路。

找准行业。深思熟虑涉足哪个行业最为合适，做哪些买卖能够成功，预测事业将以什么样的速度增长。

找对项目。选择个人有兴趣或擅长的项目。选择市场消耗比较频繁或购买频率比较高的项目。

选择创业项目，不仅要对自身的兴趣、特长、实力进行全面客观的分析，而且要善于发现市场机会，把握未来发展趋势。创业者必须亲自做市场调查，在独立创建公司前可以先到这一相关领域去工作一段时间，这样可以缩短创业者在这一行业独自摸索的时间。

② 拟定和评估创业计划——决定创业"怎么干" 创业计划是关于你要创建的企业如何经营、发展的一个详细方案，或者说是指导你创业的一张蓝图。

a.拟定一个切实可行的创业计划：正式的书面计划可为新创立的公司树立一个无价的、积极的发展目标，同时帮助创业者将精力进一步集中到公司的发展上。企业发展计划通常包括以下四部分：

- 目标陈述。包括公司的发展目标，以及达到目标的方式。如果想获得资金，还要陈述需要多少资金，怎样利用这笔资金，怎样偿还和如何偿付投资者的红利等。
- 公司经营范围描述。介绍公司是做什么的，有哪些特色产品或服务。如果是创业初始，应详列创业费用和五年计划，包括公司对财务、安全措施、仓库控制等记录的保障体系。
- 市场宣传计划。应说明公司的潜在客户是哪些人以及赢得这些客户的方法。包括所有直接或间接的竞争对手，以及公司的竞争优势。所有的促销、价格、包装、批发等都应在计划中详述，研究市场发展趋势，以及如何让公司走在市场的前沿。
- 资金计划。应说明公司的已有资金以及公司实际需要的资金。刚创办的公司应有一个形式上的现金流动报表，并参照此表和年收入情况，制订一个三年收入计划。

b.评估创业计划：评估的最佳途径就是进行市场调研。只有立足于市场实际来拟定创业计划才是科学的，只有经得起市场验证的创业计划才具备较强的可行性。评估创业计划分以下4步。

- 确定调研的目的和内容。正式开始调查前，首先要明确调研的目的，然后根据目的确定调研的内容。最后根据调研目的和内容，制订一份详细的调查提纲或编制一份调查问卷。
- 初步调查。根据调查提纲，通过互联网、书店、图书馆、媒体等途径，收集二手资料，对调查内容形成初步印象，确定需要进一步深入调查的内容，并做好相应准备。
- 深入调查。针对初步调研的未尽内容，通过精心设计和组织，开展深入调研。具体方法主要包括三种。观察法：即调查者深入调查地点（如社区、居民家庭、医疗机构内部等），通过亲眼观察，收集有关信息。访谈法：即通过和调研对象的直接交流获得信息。具体包括召开座谈会、进行街头访问、家访、电话采访、网上访谈（通过社交工具）等多种形式。问卷调查法：向调查对象随机发放问卷，然后收集答案。
- 调查结果分析。对之前收集到的各种信息和数据进行分析研判，得出相关评估结论。

③ 筹集创业资金 创业资金筹集有以下几种途径：

a.自有资金：创业者自己的储蓄或向亲友借款，包括向父母、朋友或亲戚借款。

b.股权融资：通过让出企业一部分股权获取投资者的资金，投资者成为股东，这是一种带有风险的投资方式，适用于不具备银行融资和资本市场融资条件的中小企业。

c.债权融资：包括向银行等金融机构贷款或向非金融机构（如民间借贷）借款，需要偿还本金并支付利息。

d.政策性贷款：政府部门为支持特定群体或行业发展提供的低息或无息贷款，如中小企业发展基金、创新基金等。

e.风险投资：投资者为具有发展潜力的初创企业提供资金，通常不要求立即的财务回报，而是期待企业成长后的资本增值。

f.银行贷款：包括信用贷款、抵押贷款和担保贷款，适用于不同规模和需求的企业。

g.合伙入股：通过吸引其他投资者共同出资，共同经营企业，这种方式可以增强企业信誉和资源整合能力。

h.政策基金和高校创业基金：政府或高校提供的专项基金，用于支持特定群体或学生的创业尝试。

④ 办理创办企业的有关法律手续　创办企业必须按照有关法律法规要求，办理有关手续后方能开业。主要包括办理工商登记注册手续、办理税务登记手续、办理银行开户手续等。

a.营业执照办理程序：

● 申请开办有限公司的程序、时限。

到市工商局及各分县工商局登记注册大厅领取登记表格或从工商局网站下载表格。

向登记机关申请公司名称预先核准登记。

按预先核准的公司名称填写公司登记表格并提交验资报告、公司章程及场地证明，向登记机关递交申请。登记材料齐全、符合法定形式的，登记机关在5个工作日内核发营业执照。

● 申请开办个体工商户的程序、时限。

到经营所在地工商所领取《个体工商户注册登记申请书》，有名称字号的个体工商户应先进行名称预先核准登记。

填写《个体工商户注册登记申请书》，并附上经营场所证明、个体经营者身份证明，向工商所递交申请。登记材料齐全、符合法定形式的，3个工作日内核发营业执照。

b.税务登记证办理程序：

● 纳税人到主管税务机关办税服务厅税务登记窗口，领取并如实填写开业登记相关表格。

● 纳税人持填写齐全的税务登记表和其他相关资料到主管税务机关办税服务厅税务登记窗口，交税务人员审核，审核合格后，税务机关核发税务登记证件。资料齐全，符合办理开业税务登记规定的，及时办理完结。

⑤ 创业计划的实施与管理　创业者完成了前4个步骤的工作后，接下来就要按照拟定的创业计划，组织调配人、财、物等资源，实施创业计划并加强管理。创业实施阶段的工作既是创业活动的重点，也是创业活动的难点。不仅要求创业者要有吃苦耐劳、不屈不挠的精神，更要求创业者讲究工作方法、运用经营管理策略，方能实现创业目标。

a.懂得适应市场形势，及时调整，随机应变：创业者需要在前进的过程中根据市场的情况以及消费者的反应，甚至是竞争对手的动态来随机应变。

● 处变不惊：在面对市场变化和挑战时，创业者能够保持冷静，不慌张，能够沉着应对，不因短期的市场波动而影响长期的战略规划。

● 随机应变：根据市场的实时反馈和变化，创业者能够迅速调整自己的产品或服务，改进营销策略，以满足市场的最新需求。这种能力包括对市场趋势的敏锐洞察、对竞争态势的快速反应，以及对团队和资源的有效调配。

- 及时调整：创业者能够在发现问题时，迅速分析问题的本质和原因，及时采取措施进行调整，确保企业能够持续适应市场的变化，保持竞争力。

b.稳扎稳打、坚定奋斗：必须严肃审视自己所要面临的创业环境，不能低估创业形势的严峻性，要客观、中立、理性地分析数据、产业链、竞争、成本利润。审视自己的能力、资源和心理准备，创业者需要对自己的行为、决策、能力以及团队管理等方面进行深入的思考和评估，以便从中学习和改进，从而更好地应对未来的挑战和机遇。这种反思不仅包括对自己过去行为的回顾，还包括对未来可能遇到的问题的预见和准备。

一定要保证产品和服务的质量：要有最完善的服务、最丰富的存货、最优秀的信誉，要成为你的竞争对手难以抵抗的强者。这是成功的关键。

c.必须辛辛苦苦地工作：创业者常常需要牺牲个人休息时间，加班加点地工作，以确保项目的顺利推进。除了时间上的投入，创业者还需要在精神上保持高度的专注和热情，以应对创业过程中的各种压力和挑战。

创业过程中会遇到市场变化、资金短缺、团队管理等众多挑战，需要创业者具备强大的应变能力和解决问题的能力。

创业结果往往充满不确定性，成功与失败并存，创业者需要保持积极乐观的心态，勇于面对未知。

创业者需要保持持续的努力和奋斗精神，不断克服困难，推动项目向前发展。不断提升自己和团队的能力，以应对更加激烈的市场竞争。

（2）组建创业团队

① 创业团队的含义　创业团队是指在创业过程中，有准确定位、有共同价值观、愿意为创业目标奉献的少数人员的集合。

a.共同的价值观：共同的价值观是创业团队成立和存在的基石，对创业团队具有导向、凝聚、约束和激励作用。如果团队成员有共同的价值观，那么在创业初期，团队成员就会团结一致、齐心协力地向创业目标迈进。

b.共同的目标：创业团队需要有一个既定的共同目标来为团队成员指引方向。在初创企业中，目标常以企业的愿景、战略等形式体现。

c.准确定位：创业团队的定位有两层含义：一方面是指创业团队在初创企业中所处的位置，创业团队对谁负责等；另一方面是指成员个体在创业团队中所扮演的角色等。团队成员是创业成功的关键因素，只有适合创业的人员加入创业团队，才能保证创业企业的稳健发展，否则可能会对创业经营发展产生不利影响，因此创业者要谨慎选择团队成员。

② 创业团队的组建原则　大学生创业者在组建创业团队前需要了解团队组建的基本原则，这样才能使团队构成更加合理，最大限度地发挥团队的作用。大学生创业者组建创业团队的原则如下：

a.目标明确合理原则：创业目标必须明确、合理、切实可行，这样才能使团队成员清楚地认识到共同的奋斗方向，才能真正起到激励作用。

b.能力互补原则：大学生创业者之所以要组建团队，目的就是弥补创业目标与自身能力之间的差距，只有当团队成员在知识、技能、经验等方面实现互补时，才有可能通过相互协作发挥出协同效应。因此，团队成员之间要做到诚实守信、志同道合、取长补短、分工协作、权责明确。

c.精简高效原则：为了减少创业期间的运作成本，使各成员分享更多创业成果，创业团队的人员应在保证企业高效运作的前提下尽量精简。

d.动态开放原则：创业是一个充满不确定性的过程，团队中可能有成员由于能力、观念等方面的原因离开，同时也会有新成员加入。因此，大学生创业者在组建创业团队时，应注意保持团队的动态性和开放性，使真正适合的成员留在创业团队中。

③ 创业团队发展　创业团队的持续稳定发展，取决于以下几个方面的因素。

a.团队之道："道"是指目标，正是因为团队成员志同道合，所以每个人知道该去做什么，成员从来不等待任务分配，而是都在积极地思考。创业初期，需要的是目标一致，向着前进的方向奋力奔跑。"道"将团队成员紧紧地锁在一起，将分散的个体凝聚成一股强劲的力量。团结就是力量，凝聚就是希望。

b.团队之义：创业是艰难的，也许这段时间，团队成员只能勉强温饱，拿不到工资。成员之间应该相互理解，相互鼓励。创业正是用情义感染人、留住人。一个优秀的团队，绝对是有情有义的团队。

c.团队之魂：创业团队只能有一个灵魂人物，这个人需要有绝对的领导力，绝对的话语权，许多问题能商议，但在方向的决策上，必须只能由这个人定夺，在目标确定后，团队成员无条件地服从。领导者扮演着至关重要的角色。他们不仅是团队的灵魂，还负责制订团队的愿景和战略方向，引领团队前进。领导者的愿景和领导力是团队成功的关键因素。领导者的行动和决策，影响着团队的发展轨迹和最终的成功。

d.团队之质：创业需要忍耐、包容、激情、魄力、果断。创业需要极大的包容，尤其是核心成员要包容一切艰苦，以开阔的心胸去接受团队成员。创业需要极大的忍耐，选择创业就意味着选择了另一种不同的人生，创业者没有安逸的生活，精神是支撑创业者前进的动力源泉。

e.团队之势：主要指的是创业团队识势、顺势、借势、造势、取势、破势。创业团队在面对外部环境变化时，应该通过敏锐的洞察力识别机会、顺应趋势，利用外部资源主动创造有利条件，并在困难中寻找突破口，从而实现创业目标。

- 识势而生：意味着对周围环境和时代发展趋势具有敏锐的洞察力和判断力。能够预见行业的发展趋势，从而早早布局，投身其中，从而取得成功。
- 顺势而为：在认清形势后，积极采取行动，顺应时代需求，以最快的速度赚取最多的财富。
- 借势而上：利用外部资源来实现个人或组织的目标。这包括利用政策优势、名人效应、社会舆论等外部资源，以较小的风险实现较大的效益。
- 造势：主动创造有利条件，通过营销、品牌建设等方式，提升企业的知名度和影响力，为产品或服务的推广创造有利环境。
- 取势：在复杂的环境中，识别并抓住有利于自己的趋势和机会。这要求创业者具备高度的判断力和决策能力，能够在众多选择中找到最佳路径。
- 破势而出：当创业者面临困境时，通过创新或转变策略，打破困境，实现突破。这需要创业者具备极强的适应能力和创新能力。

④ 创业团队组建过程

a.团队组建的基本过程：创业团队的组建是一个复杂的过程，基本的组建步骤如下：

- 明确创业目标。创业团队首先要制订一个明确的、鼓舞人心的创业目标，使各成员在目标方面达成一致。

当团队成员对未来拥有共同愿景时，就会向着共同目标努力奋斗。

- 制订创业计划。在确定创业目标后，创业团队就要为实现这一目标制订一个周密的创业计划。创业计划是一份全面说明创业构想的文件，确定了在创业的不同阶段需要完成的任务。创业团队应通过逐步实现阶段性目标来实现创业总目标。
- 寻找更多团队成员。寻找团队成员的基础是志同道合、目标一致。共同的目标和经营理念可以将不同的团队成员凝聚在一起。团队成员在性格、技能、知识和能力等方面最好能形成互补，这种互补既有助于加强团队成员间的合作，又能增强团队的战斗力。
- 团队职权划分。创业团队职权划分是指根据创业计划的需要，具体确定每个团队成员所担负的职责和享有的权限。团队成员之间职权的划分必须明确，既要避免重叠和交叉，又要避免遗漏。
- 构建创业团队制度体系。创业团队制度体系体现了创业团队对成员的控制和激励能力，主要包括团队的各种约束制度和各种激励制度。
- 团队整合。强大的创业团队并非一开始就能建立起来，很多时候团队是在企业创立一段时间之后才逐步形成的。随着团队的运作，团队在人员安排、制度设计、职权划分等方面的不合理之处会逐渐暴露出来，这时就需要对团队进行整合。团队整合是创业者对不同来源、不同层次、不同结构、不同内容的创业资源进行识别与选择、汲取与配置、激活和有机融合，使其具有较强的柔性、条理性、系统性和价值性，并创造出新的资源的一个复杂的动态过程。

b.创业团队组建的主要影响因素：创业团队的组建受多种因素的影响，这些因素相互作用，共同影响着团队组建过程，并进一步影响着团队建成后的运行效率。

- 创业者。创业者的能力和思想意识从根本上决定了是否要组建创业团队、团队组建的时间表以及由哪些人组成团队。创业者只有在意识到组建团队可以弥补自身能力与创业目标之间存在的差距时，才有可能考虑是否需要组建创业团队，以及对什么时候需要引进什么样的人员做出准确判断。
- 商机。创业者应根据自己与商家间的匹配程度，决定是否要组建团队，以及何时、如何组建团队。
- 团队目标与价值观。共同的价值观、统一的目标是组建创业团队的前提，团队成员若不认可团队目标，就不可能全心全意为实现此目标而与其他团队成员相互合作、共同奋斗。而不同的价值观将直接导致团队成员在创业过程中脱离团队，进而削弱创业团队作用的发挥。没有一致的目标和共同的价值观，创业团队即使组建起来，也无法形成有效协同的合力，缺乏战斗力。
- 团队成员。团队成员能力的总和决定了创业团队的整体能力和发展潜力。创业团队成员的才能互补是组建创业团队的必要条件。而团队成员间的互信是形成团队的基础。缺乏互信，将直接导致团队成员间协作障碍的出现。
- 外部环境。创业团队的生存和发展直接受到了制度环境、基础设施服务、经济环境、社会环境、市场环境、资源环境等多种外部因素的影响。这些外部环境因素从宏观上间接地影响着创业团队的组建。

⑤ 创业团队的管理　一个成功的大学生创业者应当具备领导和管理团队的能力。一般

而言，创业团队的管理主要包括以下几个方面的内容。

a.注重人才培养：大学生创业者应注重培养一些重要岗位的人才。不断地培养适合企业发展的精英型人才，组建人才梯队，不仅可以增强团队的凝聚力和作战能力，而且一旦出现职位空缺，大学生创业者能很快找到合适的替补人选，从而减轻因人员更换给企业带来的损失。

b.提高创业团队的执行力：执行力是团队成员自动、自发地为取得有价值的成果而努力的能力。执行力是衡量一个创业团队是否优秀的关键指标之一。

- 职责明确。制定有效的职责分工制度，明确岗位职责。让每一位成员明确自己岗位的职责范围，认真负责地履行工作职责。
- 赏罚分明。在明确成员的工作目标和工作标准之后，就可以制定奖惩制度，做到赏罚分明。
- 过程控制与监督。把工作分解，按步骤去完成，增加工作的透明度，以便对成员进行控制和监督。
- 限定完工时间。每一个项目都要限定具体的完工期限，到期必须完成。
- 监督工作质量。在执行方案的过程中，一定要监督成员的工作质量是否符合要求，避免出现质量不过关的情况。

⑥ 股权分配管理　创业团队成立后，面临的关键问题之一就是如何制订团队成员间的股权分配方案。股权分配是对企业利益分配方式的约定，它有助于长期维持团队的稳定和企业的发展。在进行股权分配时，大学生创业者应遵循以下三项原则。

a.重视契约精神：在创业之初，大学生创业者就要把股权分配方案以公司章程的形式确定下来，并以合约的形式明确创业团队成员的利益分配机制，从而保证创业团队的长期稳定。

b.遵循贡献决定权利原则：首先，大学生创业者可以依据出资比例来制订股权分配方案；其次，对于没有注入资金但持有关键技术的团队成员，则可以以技术的商业价值来计算其股权份额。

c.控制权与决策权统一：股权分配本质上是对公司控制权的分配。在创业初期，控制权和决策权的统一至关重要。通过合理的股权结构设计，确保创始人在公司中的绝对或相对控股地位，是创业初期保持股权控制权与决策权统一的有效手段。这不仅有助于公司在初创阶段的稳定发展，也为未来的融资和扩张奠定了坚实的基础。

（3）内部冲突管理

创业团队的内部冲突是指成员间在人际关系或感情方面出现紧张情绪，主要表现为任务冲突、过程冲突以及关系冲突或情感冲突。任务冲突主要是团队成员对工作目标和内容的分歧。过程冲突主要是团队成员关于完成工作任务的手段和方法的分歧。关系冲突或情感冲突更加情绪化，其主要特征是敌对和愤怒。创业团队的内部冲突如果保持在一个合理的水平，是可以满足企业多样化和创造性的需求的。但如果内部冲突超出一定范围，将会给创业团队带来负面影响。因此，为了将内部冲突控制在合理的范围内，大学生创业者在管理团队内部冲突时应注意以下几点。

① 团队内部意见不统一是一种常态，大学生创业者应使团队成员在不统一的意见中寻求合作的可能性，在一些正面的、建设性的冲突中寻找更多可能性，做出最佳决策。

② 强调团队的整体利益和成就，不刻意突出某个成员，在保证团队利益的前提下，根

据业绩分配个人利益。这样做有助于把团队成员间的冲突控制在合理的范围内。

③ 大学生创业者要广泛听取团队成员的意见，但要避免出现"议而不决"的情况，适当的时候要果断拍板。

④ 团队内部竞争是为了团队更好地发展，一切都要以团队整体利益为导向，要避免冲突过大。

⑤ 如果冲突过大，大学生创业者应理性地做出判断，通过成员调整来维持团队的稳定和发展。完善的团队架构不是一蹴而就的，需要经过实践不断地进行调整和整合。

（4）团队激励

创业是充满艰辛的，所以创业团队成员间容易产生分离倾向，管理上稍有松懈很可能会导致团队绩效大幅度下降，因此大学生创业者需要定时对团队成员进行有效激励。激励的核心原则是奖惩分明，并对所有人一视同仁。

① 团队激励原则　团队激励的原则主要有以下5个。

a.公平：公平是创业团队管理中一个非常重要的原则，任何不公平的待遇都会影响团队成员的情绪和工作效率，并会影响激励效果。如果团队成员取得同等成绩或犯了同样的错误，大学生创业者就应给予同样的奖励或惩罚。大学生创业者一定要持公平的态度来处理团队成员问题，在工作中对成员要一视同仁。

b.奖惩及时：奖惩的时效性比奖惩的力度更重要。在创业团队成员有良好表现时，大学生创业者要及时给予奖励，越及时越好，否则奖励的效果就可能大打折扣。

c.灵活：不同的团队成员，其需求不同，而激励效果又往往取决于团队成员的需求满足程度，因此激励策略要具有灵活性。对于期望晋升且能力达标的成员，大学生创业者可以用高职位来激励；对于期望高物质回报的成员，大学生创业者可以用高薪和奖金来激励。

d.差异：因贡献程度的不同，奖励程度也有所不同。贡献大则奖励多，贡献小则奖励少，无贡献则没有奖励。只有这样，才能真正调动团队成员的积极性，才能使他们为获得更多的收益而努力奋斗。

e.适度：奖励和惩罚过度不仅会影响激励效果，还会增加激励成本。奖励过重会使被奖励者产生骄傲自满的情绪，失去进一步提高自己的欲望；奖励太轻则起不到激励效果，甚至会让被奖励者失去工作热情。惩罚过重会让团队成员感到失落，感情受到伤害；惩罚太轻则无法使团队成员认识到错误的严重性，起不到警示作用。因此，适度的奖惩措施也是至关重要的。

② 团队激励方法　团队激励方法主要有以下3种。

a.团队文化激励：大学生创业者可以通过调动团队成员的积极性、主动性和创造性来增强创业团队的竞争力和凝聚力，使团队成员与整个创业团队紧密联系在一起。

b.权力与职位激励：团队成员参与创业不仅是为了追求经济利益，也是为了获得成就感以及权力和地位上的满足感。因此，大学生创业者可以多给予团队成员一些实际的权力，增强其成就感。

c.经济激励：经济激励包括奖金和期权等，其中奖金代表短期经济激励，具有很强的针对性和灵活性；期权代表长期经济激励，未来可能会为团队成员带来丰厚的回报。因此将二者结合起来会使经济激励发挥最大效力。

（5）建设团队文化

一个创业团队要想实现超越，就一定要找到可以传承的团队文化。团队成员可以新老更替，产品也可以更新换代，但创业团队的文化可以不断传承、发扬。一个优秀的创业团队应具备以下3种团队文化。

① 勇气文化　创业过程中会遇到很多意想不到的困难，团队成员要有知难而上的勇气，敢于直面困难，敢于探索未知领域，并勇敢地面对失败。

② 忠诚文化　团队成员只有忠诚于团队，才会为团队的发展贡献全部的才智。也只有通过团队的成功实现个人价值并获得利益后，成员才会更忠诚于团队。因此，大学生创业者应通过建设合理的团队文化来提高团队成员的忠诚度。

③ 学习文化　团队成员在创业过程中需要不断地学习，努力吸收一切对创业有利的知识、技能和经验。只有善于学习的团队才会发展得更好。

3.2.5　企业可持续发展

（1）概念

企业可持续发展是指企业在追求自我生存和长远发展的过程中，既要考虑企业经营目标的实现和提高企业市场地位，又要使企业在已领先的竞争领域和未来扩张的经营环境中，盈利持续增长和能力持续提高，保证企业在相当长的时间内长盛不衰。

实施可持续发展战略，企业可以实现社会、经济、人口、资源和环境的协调以及长期可持续发展，这是一种健康的、公正的发展方式，旨在保证企业在满足当代人需要的同时，不损害后代人的需要。

（2）企业实现可持续发展

企业实现可持续发展需要从以下几个方面着手：

① 确保产品和服务的质量，满足市场需求　企业应关注客户需求，提供高质量的产品和服务，以满足市场的需求和期望，从而赢得客户的信任和忠诚度。

其核心是建立和执行有效的质量管理体系，包括明确质量目标、制定质量策略，建立质量控制流程和程序，以及持续监测和评估质量绩效。通过预防性控制措施，如培训员工、实施严格的检验和测试等，来减少缺陷和不合格产品的产生。此外，质量保证（QA）还强调持续改进和以客户为导向，通过收集和分析质量数据、进行质量审核和评估，以及借鉴最佳实践和经验教训，来识别和推动改进机会，确保产品或服务能够持续地满足客户的期望，并不断超越客户的期望，提供卓越的质量体验。

② 注重环境保护，减少生产过程中的污染　企业应积极采取环保措施，减少生产过程中的污染排放，采用环保材料和技术，推广清洁生产和资源循环利用，促进清洁能源的生产和使用，以及采用资源利用率高、污染物排放量少的工艺、设备。加强环境监测，包括建立环境保护责任制度，明确单位负责人和相关人员的责任，以减少对环境的负面影响。

③ 加强技术创新，提高生产效率　企业技术创新和管理的提升是提高生产效率的关键。这包括但不限于以下几个方面：

a.技术创新：通过引入新技术、新材料、新工艺，企业可以降低生产成本，提高产品质量和生产效率。例如，利用自动化技术和智能制造，减少人工操作，提高生产过程的自动化水平，从而降低人力成本并提高生产效率。

b.原材料成本降低：采用新型的低成本原材料，如生物质能源和太阳能，不仅可以降低生产成本，还有助于减少对环境的污染。同时，改进生产工艺和提高资源利用率，进一步降低原材料采购成本。

c.劳动力成本降低：随着科技的发展，传统劳动密集型产业向自动化、智能化方向发展，减少了对劳动力的需求。提高劳动者的技能水平和素质，也能提高劳动生产率，进而降低劳动力成本。

d.研发成本降低：利用大数据、云计算等技术进行研发创新，可以有效降低研发成本。加强企业内部的技术研发和人才培养，提高自主研发能力，进一步降低研发成本。

e.管理创新：通过引入创新技术，改进生产工艺，优化生产流程，减少人工操作，企业可以降低生产成本，提高生产效率。应用先进的信息技术系统，企业可以实现更高效的库存管理、供应链管理和客户关系管理，提高管理决策的准确性和效率。

通过技术创新和管理创新，企业不仅能够提高生产效率，还能降低成本，增强自身的竞争力，支持产业转型升级和经济提质增效。

④ 积极履行社会责任，提升企业形象　通过积极履行社会责任，企业能够建立与各利益相关方的信任关系，获得客户与公众的认可，从而提升企业的美誉度和偏好度，保持消费者对品牌的忠诚度。此外，企业通过履行社会责任，如参与公益活动、环保行动等，能够展现其积极的社会形象，进而提升企业的文化软实力和社会影响力。

履行社会责任对于企业形象的塑造和提升体现在以下几个方面：

a.建立信任和认可：通过积极参与社会公益活动、环保行动等，企业能够展示其对社会的贡献，从而获得公众的信任和认可。

b.提升品牌知名度与美誉度：通过履行社会责任，企业能够提高其品牌在市场上的知名度和美誉度，进而增强消费者的品牌忠诚度。

c.增强综合竞争力：通过履行社会责任，企业能够与各利益相关方建立良好的关系，提高企业的综合竞争力。

d.提升文化软实力和社会影响力：通过深化企业文化建设，将社会责任理念融入企业战略、愿景等各方面，企业能够提升其文化软实力和社会影响力。

⑤ 追求长期主义，关注员工福祉　在全球共同面临环境危机、经济动荡、公共卫生危机等诸多挑战的背景下，企业应追求长期发展，关注员工的福祉，寻求可持续发展。

a.物质保障：提供有竞争力的薪酬福利待遇，关注员工的住房、子女教育等实际需求，帮助员工减轻生活压力，使员工能够更加安心地投入工作。

b.职业发展：为员工搭建职业发展平台，提供多元化的培训和晋升机会，帮助员工提升职业技能，实现个人价值。

c.身心健康：关注员工的心理健康，建立健全心理疏导机制，帮助员工缓解工作压力，保持积极乐观的心态。如组织健康知识讲座、运动健身活动等。

d.工作与生活平衡：关注员工的财务健康，引入财务健康计划，使员工实现工作与生活的平衡。

通过这些措施，企业不仅能够提高员工的满意度和忠诚度，还能吸引和留住人才，从而增强企业的核心竞争力，实现长期发展。

⑥ 将ESG（环境、社会和治理）融入企业战略　ESG表现良好的公司在财务绩效水平、信用品质和抗风险能力上也会更为优秀。企业应管理自己的ESG风险，让ESG成为企业高质量发展的核心驱动力。

ESG融入企业战略包括以下几个方面：

a.环境责任：企业应关注环境保护，采取措施减少碳排放、提高资源利用效率、推动绿色生产和消费等，以实现可持续发展目标。

b.社会责任：企业应积极参与社会公益活动，关注员工福利、社区发展、消费者权益保护等，以提升企业的社会形象和信誉。

c.公司治理：企业应加强内部管理，提高透明度和问责制，确保公司决策的公正性和合法性，保障利益相关者的权益。

通过将ESG理念融入企业战略，企业不仅能够提升自身的社会形象和信誉，还能够提高经济效益和市场竞争力，实现经济、社会和环境的共赢。

构建可持续发展战略，关注环境、社会与人。企业的价值不仅体现在创造的利润上，更体现在对社会共识的响应和贡献上。企业应将可持续承诺融入日常经营的每一环节，构建以地球与环境、人文与社区、研发与产品为三大支柱的可持续发展战略。

（3）突发事件处置

① 突发事件的概念　突发事件，是指突然发生，造成或者可能造成严重社会危害，需要采取应急处置措施予以应对的自然灾害、事故灾难、公共卫生事件和社会安全事件。突发事件始终伴随着人类社会的发展。

自然环境因素导致的突发事件包括山洪、火灾、地震、陨石、海啸、瘟疫、蝗灾等。

突发事件有的是由文化、民族等各种社会矛盾引发的，有的是由多种自然和环境因素变化造成的。

突发事件根据发生的场所，可分为单位内部事件、公共场所事件、重要地区事件、跨地区或全国性事件。

② 企业突发事件　企业突发事件主要包括打架斗殴、聚众滋事、非法组织活动以及其他影响生产、工作、生活正常秩序的事件。这些事件可能包括但不限于自然灾害、事故灾难、公共卫生事件和社会安全事件。这些事件通常具有突发性、不确定性、破坏性、衍生性和扩散性等特点，需要企业采取应急处置措施，避免或减少它们对企业的正常运营和员工安全造成的负面影响。

企业应对突发事件的工作应当坚持预防为主、预防与应急处置相结合的原则，确保公司的正常经营秩序，提高处置突发事件的能力，最大限度地预防和减少突发事件及其造成的伤害，保障公司的财产安全和员工人身安全，维护公司声誉，促进公司可持续发展。此外，企业还应建立有效的社会动员机制，组织动员企业事业单位、社会组织、志愿者等各方力量依法有序参与突发事件应对工作，增强全民的公共安全和防范风险的意识，提高全社会的避险救助能力。

③ 突发事件对企业的消极影响　突发事件一般属于偶然事件，发生概率是比较低的，但是一旦发生，其破坏性则相当大。

a.影响企业市场营销战略的整体运作：企业的市场营销是一个系统化的过程，包括营销战略的制定、销售网点的选择、广告宣传模式以及营销实施程序等，都有严格的设计。突发事件的发生会破坏这一系列活动的协调性和连贯性，使市场活动瞬间陷入无序状态。

b.降低企业信誉：一旦突发事件爆发，企业可能会面临信誉下降的风险。这种情况通常发生在突发事件破坏了企业的市场营销战略整体运作，使得市场活动瞬间陷入无序状态的情况下。在大众传媒高度发达的今天，突发事件一旦曝光，会迅速传播，导致公众对企业的信任度降低，进而可能拒绝使用该企业提供的产品或服务。

c.破坏企业形象：如果说突发事件对市场营销活动的影响局限于一次活动、一个市场，其后果相对有限的话，那么它对企业形象的影响却是整体性的，其破坏性更大、更深远。企业形象是企业的生命，是企业市场竞争力和对公众吸引力的重要组成部分，是企业最重要的无形资产，一旦遭遇突发事件，企业千辛万苦塑造的形象很有可能毁于一旦。

④ 企业突发事件公关应对策略　公共关系是指一个社会组织为了推进相关的内外公众对它的理解、信任、合作与支持，为了塑造组织形象、创造自身发展的最佳社会环境，利用传播、沟通等手段而努力采取的各种行动，以及由此产生的各种关系。由这个界定可知，公共关系通过传播、沟通活动以协调组织内外关系，从而达到塑造组织形象的目的，这也正是企业突发事件管理应对的精髓所在。从公共关系角度看，到底应如何应对企业突发事件呢？

a.树立突发事件的公关应对意识：做到临危不乱，强化以公众为中心的意识。公众是影响企业生存与发展的关键因素之一，公众对企业的认知、评价决定着企业能否获得更多、更优质的资源。这就要求企业一方面要把以公众为中心的意识作为企业一切工作的逻辑起点，不断检讨、纠正企业自身行为，使之与社会公众的利益和期望相适应，以谋求社会公众的好感、认可、支持与合作；另一方面企业要从更为普遍、广泛、积极的意义上去确认企业的各类公众，以及企业与各类公众之间的关系，学会从各类公众利益的满足中寻找到企业发展的空间和企业形象新的生长点。

- 树立协调公关意识。是指企业要具备调节、平衡和统一各种不同的关系、不同的利益、不同的要素的能力，即能够兼顾企业内外部的矛盾，统筹企业内外部资源为之服务，缓冲公众与企业之间的尖锐矛盾，能够在矛盾中寻求平衡、和谐。具体表现为：其一，重视企业内部成员之间的团结协作，在企业全员中树立统一于企业目标之下的共同价值观；其二，注意保持企业内部各部门的统一性，使之形成全局观念、整体观念；其三，不断加强企业与公众、与社会各界的广泛合作，真诚了解公众的意见和愿望，真诚维护公众利益，竭诚为公众服务。

- 树立全员公关意识。塑造、维护良好企业形象，需要开展的工作纷繁复杂，涉及的部门众多，需要企业全体员工身体力行、共同努力才可能实现。在初创企业中，全员公关意识尤为重要，因为它能够帮助企业在竞争激烈的市场中脱颖而出，建立起独特的品牌形象。通过树立全员公关意识，企业可以更好地与公众沟通，传达企业的价值理念，进而增强公众对企业的认同感和好感度。这种意识包括但不限于形象意识、公众意识、互惠意识、真诚意识、沟通意识和长远意识，这些意识的综合作用有助于企业在公众心中形成积极正面的形象，从而实现企业的长远发展目标。

- 树立企业信誉意识。信誉是现代企业的生命。企业信誉是社会公众在长期消费实践和与企业的社会交往中形成的对企业的信任。企业信誉具体表现为公众对企业心理上的信赖与肯定、行为上的崇尚与追逐。它是企业经济素质、技术素质、人员素质和总体道德水平的综合反映。

通过培育诚信理念和精神，建立诚信制度和规范，强化诚信建设和宣传，可以在企业内部形成强烈的信誉意识，进而在外部树立良好的企业形象和信誉。

b.组建突发事件公关队伍，全面应对突发事件：为了加强对突发事件的管理与应对，在企业内部建立一支训练有素、精干高效的突发事件公关队伍是完全必要的。其成员应包括企业最高决策层、公关部门、生产部门、市场销售部门、技术研发部门、保安部门、人力资源部门等相关部门的人员，以及法律顾问、公关专家等专业人士。在正常情况下，突发事件公关小组负责对企业内外环境进行实时监测，在广泛收集信息的基础上分析发现的问题和存在的隐患；对可能出现的突发事件做出准确预测，根据预测结果制订切实可行的突发事件防范措施，监督指导防范措施的落实，加强对突发事件预警机制的管理；开展对公关人员和全体员工的培训，组织突发事件状况模拟演习等。

当突发事件发生时，突发事件公关小组要起到指挥中心的作用，包括建立突发事件控制中心，制定紧急应对方案，策划方案实施，与媒体进行联系沟通，控制险情扩散、恶化，减弱突发事件的不良影响，化解公众疑虑和敌对情绪等，以便尽快结束突发事件。

c.修复和重塑企业形象：谋求新的发展契机。一方面要如实兑现突发事件中对公众的承诺，做好善后工作。另一方面要对企业形象进行重新设计，准确定位，更新企业战略。谭小芳老师建议企业要弥补突发事件造成的形象损失，重新赢得公众的信任，关键是要更新经营战略，提升管理水平，全面改善产品与服务质量，为客户创造更大的价值，同时为社会公众带来更多的利益。

⑤ 突发事件处置策略

a.应急预案管理：包括应急预案的规划、编制、审批、发布、备案、培训、宣传、演练、评估、修订等工作。应急预案是各级人民政府及其部门、基层组织、企事业单位和社会组织为依法、迅速、科学、有序应对突发事件而预先制定的方案，旨在最大程度减少突发事件及其造成的损害。

b.统一规划、综合协调、分类指导、分级负责、动态管理的原则：这是应急预案管理的基本原则，确保应急预案体系的建设和管理能够适应不同级别和类型的突发事件，同时保持灵活性和适应性。

c.预警机制：建立有效的预警机制，通过意识教育、信息收集和分析以及监测系统，早期发现危机的迹象和警示信号，以便及时采取应对措施。

d.快速反应和决策：在危机发生时，迅速作出反应并做出明智的决策是关键，这要求组织或个人建立灵活的管理结构和决策层级，并确保有效的沟通和信息共享。

e.透明和及时沟通：在危机期间，及时向利益相关者传递透明的信息和事实非常重要，开放和诚实地向公众和媒体解释危机的原因、影响和所采取的措施，有助于维护信任和形象。

f.协调与合作：危机处理需要各方的协调和合作，组织或个人应积极寻求与政府、行业协会、社区和利益相关者的合作，以共同应对和解决危机。

g.有效的团队建设：建立一支高效的危机处理团队至关重要，团队成员应具备相关技能和经验，并在危机发生前进行培训和演练。

h.危机后评估与学习：危机处理后，及时对危机处理过程进行评估和反思，借鉴和吸取教训，并对危机处理策略和程序进行必要的调整和改进。

i.持续监测和管理：建立一个持续的风险管理系统，通过持续监测和管理，确保对突发事件的应对不仅仅是应急反应，而是一个持续的过程。

这些策略共同构成了突发事件处置的综合方法，旨在通过预防、准备、响应和恢复等手段，最大限度地减少突发事件对社会、经济和环境的影响。

第 4 章
高职"挑战杯"竞赛备赛实务

4.1 高职"挑战杯"竞赛流程

（1）"挑战杯"全国大学生课外学术科技作品竞赛

① 参赛对象　在举办竞赛终审决赛的当年6月1日以前正式注册的全日制非成人教育的各类高等院校在校专科生、本科生、硕士研究生（不含在职研究生）可申报作品参赛。

② 赛事安排

a.竞赛分类：按院校层次分类申报，按照团队成员中最高学历确定申报分类，每所学校限参加一类。申报参赛的作品分为自然科学类学术论文、哲学社会科学类社会调查报告、科技发明制作三类。自然科学类学术论文作者限本专科生。哲学社会科学类支持围绕发展成就、文明文化、美丽中国、民生福祉、中国之治等5个组别形成社会调查报告。科技发明制作类分为A、B两类：A类指科技含量较高、制作投入较大的作品；B类指投入较少，且为生产技术或社会生活带来便利的小发明、小制作等。

b.赛程安排：

- 校赛阶段（3月）：各学校组织发动学生参与校级初赛，遴选参加省级复赛的项目。
- 省赛阶段（3—6月）：经校赛选拔推荐的优秀作品，在赛事官方平台上进行审批申报。
- 国赛阶段（10—11月）：国赛入选项目依据作品质量，由省级团委确定名额，进行全国终审决赛。

c.备赛内容：

- 找准项目组别：正式申报前，根据"挑战杯"全国大学生课外学术科技作品竞赛章程和竞赛通知以及自身实际情况，明确项目特色、领域、市场，找到合适组别。
- 团队建设与角色分配：对于指导老师，由校内骨干教师和企业导师组成项目指导团队。对于项目团队成员，专业背景要与项目需求匹配，组织结构分工合理。材料文书、技术开发、市场拓展等成员角色清晰。
- 调研：围绕选题做市场调研，主要是目标市场和竞争对手。目标市场多大、发展前景如何、是否有类似产品、对应优劣势和发展情况等都需要了解。阅读比赛规则，包括比赛通知和本省/校的"'挑战杯'全国大学生课外学术科技作品竞赛章程"，尤其是章程文件，其中对本省要求、比赛流程、时间节点、参赛限制、要求等都有详细说明。

了解评分要点，以本省发布的评审要点为准。组织团队成员反复学习、领会评分要点，并在参赛材料和路演中落实、体现。

- 研发测试：根据选题把项目向下做实，技术创新类研发测试突出成果；服务创新类扩大服务案例积累成果。
- 固化知识产权：撰写论文发表，申请知识产权专利等。
- 撰写参赛材料：根据调研结果、测试研发结果等撰写项目申报书、项目研究报告。
- 打磨作品：通过评审标准了解评委关注重点、得分要点，根据评审标准优化打磨项目，让项目竞争力更强。

- 模拟路演、模拟答辩：比赛前建议项目团队严格按照比赛流程多次模拟练习，确保熟悉路演字稿、路演PPT，并根据模拟情况做优化调整。这样正式比赛时才能克服紧张，减少出错概率。

团队可提前预设评委可能会问的问题并准备答案。寻求专家导师从评委角度给项目做答辩模拟，更有针对性。

- 参赛：项目团队根据竞赛文件，做好参赛过程的各项准备工作。如比赛期间的吃穿住行、路演的设备网络、证件、资料等，正式比赛时放平心态，自信参赛，展现出项目的实力亮点。

d.奖项设置：参赛的自然科学类学术论文、哲学社会科学类社会调查报告、科技发明制作三类作品各设特等奖、一等奖、二等奖、三等奖。各等次奖分别约占各类报送作品总数的5%、10%、20%和55%。科技发明制作类中A类和B类作品分别按上述比例设奖。

竞赛以学校为单位计算参赛得分，团体总分按名次排列。竞赛设最高荣誉"挑战杯"两项，分别授予团体总分第一名的普通高校和职业院校，如遇团体总分并列第一，以获特等奖的数量排序，以此类推至三等奖；设"优胜杯"，分别授予团体总分第二至第十一名的普通学校，以及团体总分第二至第五名的职业院校；设"鼎力杯"授予对"挑战杯"竞赛作出突出贡献的单位或个人。

(2)"挑战杯"大学生创业计划竞赛

① 参赛对象 当年6月1日以前正式注册的全日制非成人教育的各类普通高等学校在校专科生、本科生、研究生（不含非全日制研究生）和全日制职业教育本科、高职高专在校学生。

② 报名形式 以学校为单位统一申报，以项目团队形式参赛，每个项目只能在1个单位申报，团队人数原则上不超过15人，每个项目指导教师原则上不超过5人。参赛学生只能报名一个项目，不论是作为团队负责人还是团队成员，都只能在一个项目团队内报名参赛。

③ 赛事安排

a.竞赛分类："挑战杯"大学生创业计划竞赛分不同组别进行，分别是科技创新和未来产业、乡村振兴和农业农村发展现代化、社会治理和公共服务、生态环保和可持续发展、文化创意和区域合作，详见表4.1。

表4.1 "挑战杯"创业计划竞赛组别介绍

组别	内容
科技创新和未来产业	围绕创新驱动发展战略，推动数字经济健康发展，在智能制造、信息技术、大数据、人工智能、生命科学、新材料、军民融合等领域，结合实践观察设计项目
乡村振兴和农业农村发展现代化	围绕实施乡村振兴战略，在农林牧渔、电子商务、乡村旅游、城乡融合等领域，结合实践观察设计项目
社会治理和公共服务	围绕国家治理体系和治理能力现代化建设，在政务服务、消费生活、公共卫生与医疗服务、金融与财经法务、教育培训、交通物流、人力资源等领域，结合实践观察设计项目
生态环保和可持续发展	围绕可持续发展战略和碳达峰、碳中和目标，在环境治理、可持续资源开发、生态环保、清洁能源应用等领域，结合实践观察设计项目

组别	内容
文化创意和区域合作	突出共融、共享，紧密围绕"一带一路"和京津冀地区、长三角地区、粤港澳大湾区、成渝地区双城经济圈、长江中游城市群等区域合作，在工业设计、动漫广告、体育竞技和国际文化传播、对外交流培训、对外经贸等领域，结合实践观察设计项目

b. 赛程安排：

校赛阶段（3—4月）：各学校组织发动学生参与校级初赛，遴选参加省级复赛的项目。

省赛阶段（5—6月）：经校赛选拔推荐的优秀作品参加省级复赛。

国赛阶段（11—12月）：国赛入选项目依据作品质量，由省级团委确定名额，进行全国终审决赛。

c. 备赛内容：

- 找准项目组别：正式申报前，明确项目特色、领域、市场，找到合适组别。如果项目是用科技手段解决社会问题，且有较突出成果，科技创新和未来产业组、社会治理和公共服务组都可以报，但后者相对优势较大。
- 团队建设与角色分配：对于指导老师，无论是老师主动找同学还是同学找老师，一定要明确角色分工多交流，同学担任实践角色，老师担任建议指导角色。

对于团队成员，专业背景要与项目需求相匹配，组织结构分工合理。材料文书、技术开发、市场拓展等成员角色清晰，备赛期间多沟通交流，效率更高！

- 调研：围绕选题做市场调研，主要是目标市场和竞争对手。目标市场多大、发展前景如何、是否有类似产品、对应优劣势和发展情况等都需要了解。

阅读比赛规则。包括比赛通知和本省/校的"挑战杯大学生创业计划竞赛章程"，尤其是章程文件，对本省要求、比赛流程、时间节点、参赛限制、要求等都有详细说明。

了解评分要点，以本省发布的评审要点为准。组织团队成员反复学习、领会评分要点，并在参赛材料和路演中落实、体现。

- 研发测试：根据选题把项目做实，如果是技术创新类就开始研发测试突出成果，如果是服务创新类那就扩大服务案例积累成果。
- 固化知识产权：针对技术类参赛项目，可通过撰写论文、申请知识产权专利等方式保护技术。

注意：如果项目使用他人知识产权，报名时需提交具有法律效力的发明、创造或专利所有人的书面授权许可，同意项目用来参赛才可以。

- 寻找商业合作伙伴：商业合作伙伴关乎参赛项目的生态系统建设、资源共享、市场拓展以及风险共担等多个方面。合作伙伴之间的合作模式，可以是战略联盟、股权合作，也可以是供应链合作。
- 撰写参赛材料：根据调研结果、测试研发结果、商业推广、市场营销等撰写项目申报书、创业计划书。
- 打磨作品：通过评审标准了解评委关注重点、得分要点，根据评审标准优化打磨项目，让项目竞争力更强。
- 模拟路演、模拟答辩：比赛前建议项目团队严格按照比赛流程多次模拟练习，确保熟悉路演字稿、路演PPT，并根据模拟情况做优化调整。这样正式比赛时才能克服紧张，减少出错概率。

团队可提前预设评委可能会问的问题并准备答案。寻求专家导师从评委角度给项目做答辩模拟，更有针对性。

- 参赛：项目团队根据竞赛文件，做好参赛过程的各项准备工作。如比赛期间的吃穿住行、路演的设备网络、证件、资料等，正式比赛时放平心态，自信参赛，展现出项目的实力亮点。

d.奖项设置：竞赛设金奖、银奖、铜奖，分别约占全国决赛获奖项目的10%、20%、70%。全国组委会可视各省份、各学校、学生参与情况，设置组委会活动单项奖。竞赛设学校集体奖，以学校为单位计算参赛得分并排序评选。金奖项目每个计100分，银奖项目每个计70分，铜奖项目每个计30分。竞赛设"挑战杯"，授予团体总分最高的学校；设"优胜杯"若干，授予除"挑战杯"获得高校之外团体总分靠前的学校。

4.2 "挑战杯"竞赛参赛项目选择

4.2.1 "挑战杯"竞赛创新创业项目选题原则与步骤

（1）"挑战杯"竞赛创新创业项目选题原则

创新创业项目的筛选原则主要包括创新性和探索性原则、优势原则、自主实践和兴趣驱动原则、政策鼓励和投资性原则、过程导向原则。

① 创新性和探索性原则　项目的选题思路新颖，目标明确，具有创新性和探索性。团队应该对研究方案及技术路线进行可行性分析，并在实施过程中不断调整优化，以确保项目的创新性和实用性。

② 优势原则　选择项目时要突出团队的优势，做团队擅长的事，做团队最熟悉的领域，做团队资源最多的项目。选择的项目应最能突出团队在专业知识、专业技能、人脉关系、市场资源、行业经验等方面的优势，即团队做这个项目时最有优势。如果团队负责人是计算机专业的，那么做电子信息类项目或互联网项目就比较适合；如果团队负责人是学电子商务和物流专业的，那么电商平台类项目就比较适合。

③ 自主实践和兴趣驱动原则　项目应基于团队的兴趣和爱好，并且是由项目团队自主进行实践和管理的。这样的原则有助于激发团队成员的积极性和创造性，同时也确保了项目的质量和效果。

④ 政策鼓励和投资性原则　选择的项目一定要符合国家政策、产业政策和地方政策。在国家、产业和地方扶持政策的背后都有资金和税收等方面的支持。一定要有市场需求，最好有刚性需求和紧迫性需求。例如，随着人工智能技术的快速进步和发展，对于智能驾驶和智能机器人会有许多新的市场需求，孕育了很多的创新创业机遇。

项目要满足投资规模不大、投资周期不长、投资回报率高、投资回收期短且投资风险小的要求。这一原则确保了项目的可行性和可持续性，使得项目更容易启动和实施，同时保证了较高的回报率和较低的风险。

⑤ 过程导向原则　重视项目的实施过程，鼓励团队在项目实施过程中不断学习、调整和优化，从而提升团队的综合素质和项目的创新性。

(2)"挑战杯"竞赛创新创业项目选题步骤

"挑战杯"竞赛创新创业项目的选题步骤主要包括以下几个阶段：

① 理解竞赛要求　首先，详细阅读"挑战杯"竞赛创新创业项目的官方章程和要求，了解竞赛的目的、宗旨、参赛资格以及评审标准。这有助于参赛者明确参赛方向，确保选题符合竞赛的主题和要求。

② 确定研究领域和方向　根据竞赛的主题和要求，参赛者需要确定研究领域和方向。这可能涉及对当前行业趋势、技术发展、社会问题等方面的研究和分析，以便找到有创新潜力的研究课题。

评估项目是否有政策优势，是否在国家政策、产业政策和地方政策的风口上。如果这个项目符合国家鼓励扶持方向，符合产业发展政策，符合地方重点发展规划，那么就有可能借政策之力来发展。

③ 进行市场调研与分析　在确定了研究领域后，进行深入的市场调研和技术分析是必要的，包括了解市场需求、技术可行性、竞争对手分析等，以确保项目的创新性和实用性。

a.寻找市场痛点，从市场服务需求入手：需要考虑这些需求是属于刚性需求还是属于一般需求，是属于紧迫需求还是属于潜在需求。如果确实存在刚性和紧迫的需求，那就有购买服务的市场机会，可能就是创业项目的一个机会点；如果是潜在需求，可能市场还需要培育一段时间，不要急于启动这个项目。例如，我国已经迈入中度老龄社会，老年人的医疗保障、日常护理需求、交通出行需求属于刚性需求；又例如，我国汽车保有量为3.45亿辆，居全球第一，交通安全、出行顺畅属于刚性需求。

b.分析和研究项目的市场容量、市场空间：不仅要分析本地市场，还要分析国内市场和国际市场，评估市场规模的大小、增长率和市场份额，以及市场的变化方向和速度，从而预见市场的未来发展。确定目标客户群休，并详细了解他们的需求、偏好和消费习惯，以便更好地满足市场需求。

c.评估项目具备哪些优势：项目优势大，项目成功率就会高。

- 技术优势。首先评估项目在技术方面是否具有优势。采用的技术较市场上竞争对手的技术水平是高于他们还是和他们差不多。如果技术水平高于市场上的竞品，并且还有进一步技术升级的可能，并且有自主知识产权保护，那么在技术层面还是具备一定优势的。

- 团队优势。创新创业项目能否顺利开展和实施，创业团队是关键。我们需要评估创新创业团队在专业性、互补性、创新性、协作性、执行力、学习力等方面的优势。如果各项指标都不太理想，说明团队能力较弱，需要慎重考虑是否启动这个项目。

- 信息优势。需要评估能掌握多少市场信息，能了解到多少市场资讯，能拿到多少市场情报，能对市场上已经存在的竞争对手有多少了解，包括竞争对手的技术水平、产品研发计划、生产加工能力、产品制造成本、知识产权情况、企业品牌现状、存在的不足和问题、发展的瓶颈等。

- 销售渠道优势。需要评估在销售渠道方面是否具有一定的优势。直销渠道的优势在于能够直接接触客户，快速了解客户需求，实现个性化销售，并且对销售团队有直接的控制力。然而，这种渠道的劣势包括成本较高，需要投入大量的人力和时间资源，且拓展速度较慢，覆盖范围有限。经销商渠道的优势在于能够迅速扩大销售范围，降低企业运营成本和风险；但这种渠道的劣势在于难以控制经销商的销售行为和服务质量，存在合作风险，如逾期付款或售后问题。网络销售渠道的优势在于覆盖范围广，能够全天候在线销售，适应消费者网购趋势；然而，这种渠道的劣势在于竞争激烈，需要投入大量资源进行线上推广，且客户信任度相对较低。零售渠道的优势在于能够将产品直接展示给消费者，提升产品知名度，增加产品曝光率；然而，这种渠道可能无法直接控制零售商的服务质量。

d.评估项目盈利性：选择创新创业项目时，还要评估项目的盈利性，看看是否能挣钱，在盈利性方面是否具备优势。可以将项目所有可能的支出项列出来，包括人工费用、房租费用、研发费用、材料费用、生产费用、办公费用、营销费用、各种税费和其他费用等，计算出拟支出总和，另外再核算一下项目产品的年销售额、年净利润额、年利润率等主要财务指标，大致就可以判断出项目的盈利情况了。如果项目产品的年利润率可以达到25%以上，盈利性还是不错的，如果项目产品的年利润率可以达到50%，那这个项目的盈利性就很好了，属于高附加值的项目。

e.评估项目投资可行性：评估项目的投资回报情况，如能够达到投资少、回收快、附加值高的要求，那么项目的投资性就比较好。可以采用项目的投资额、投资回收期、投资收益率、内部收益率等指标来分析评估项目的投资性。一般创业企业的生存期为三年，投资回收期一般在三年内，最好在两年内。投资收益率能够达到30%甚至40%最好。投资性除了评估财务指标外，还需要评估项目风险。一般创业公司面临的风险包括政策风险、技术风险、市场风险、资金风险、管理风险、人才风险等，如果能分析清楚项目存在哪些风险，并能提出应对风险的措施和预案，就可以综合评估投资性的优劣。

f.评估项目市场竞争性：评估竞争力时，可以从资源、能力和战略三个方面进行分析。首先，评估项目所拥有的资源，包括物质资源、技术资源、人力资源等，以确定项目相对于竞争对手的资源优势。其次，评估项目所具备的关键能力，如研发能力、生产能力、市场营销能力等，以确定项目相对于竞争对手的能力优势。最后，评估项目的战略定位和市场定位，以确定项目相对于竞争对手的战略优势。

在分析项目的市场竞争态势时，重点是要了解目前市场做同类产品的竞争对手有多少，竞争对手的竞品情况是怎样的，竞争对手的实力如何。如果市场竞争不激烈，竞争对手不多，竞争实力不强，就给了我们一个抢占市场的机会；反之，如果竞争对手很多，竞争实力还很强，可能还会冒出一些新的竞争对手，我们就要谨慎了。

通过分析项目的优势（strengths）、劣势（weaknesses）、机会（opportunities）和威胁（threats），我们可以全面了解项目相对于竞争对手的优势和劣势，并确定项目所处环境中的机会和威胁。在进行SWOT分析时，需要注意对项目优势和劣势的客观评估，以及对市场机会和威胁的准确判断。

评估竞争对手，可对竞争对手的战略、产品、市场份额、品牌形象、产品差异化、营销策略等方面进行分析，以确定项目相对于竞争对手的优势和劣势，并确定自身的竞争策略。

④ 形成创意和概念　基于调研结果，参赛者需要形成具体的创新创意或商业概念。通过阅读学习、头脑风暴、思维导图、反思和总结等活动，将创意具体化。

广泛阅读和学习：阅读书籍、文章、博客、研究报告等，了解不同领域的知识和观点。跨学科的知识融合往往能碰撞出独特的创意火花。

头脑风暴：与团队成员或朋友进行头脑风暴，围绕相关主题或问题自由发表想法，不评判、不限制。头脑风暴能够激发更多的思维火花。

思维导图：使用思维导图工具将想法和概念以图形化的方式展现出来，有助于理清思路，发现新的联系和创意点。

反思和总结：回顾团队的调研、研发经历、初步成果，进行反思和总结，有助于发现其中的规律和趋势，从而提炼出更有价值的创意。

⑤ 撰写项目方案　将创意或概念形成详细的项目方案，包括项目背景、目标市场、技术方案、实施计划、预期成果等。项目方案是评估项目可行性和创新性的重要依据。

⑥ 团队组建和分工　根据项目需求，组建合适的团队并进行任务分工。一个多元化的团队能够带来不同的视角和专业知识，有助于项目的顺利实施。

双创团队由不同类型的成员组成，包括创始人、技术专家、市场专家和财务专家。各自承担着不同的职责，共同推动项目的进展。

创始人：作为创业项目的发起者和核心驱动力，创始人需要对创业项目有深入的了解和独到的见解，同时还需要具备良好的沟通和管理能力。

技术专家：负责产品或服务的研发和技术支持，需要拥有丰富的技术知识和实践经验，能够将创业项目的技术需求转化为创新产品或服务。

市场专家：负责市场调研和市场推广，需要熟悉市场环境和竞争对手，能够为创业项目提供准确的市场定位和营销策略。

财务专家：负责财务管理和投资筹措，需要有良好的财务分析能力和投资决策能力，能够为创业项目提供可行性分析和财务规划。

在团队成员之间进行明确的角色分工是至关重要的。每个团队成员都应该清楚自己的职责和任务，以确保团队的高效运作。

⑦ 完善和优化项目　在团队内部进行多次讨论和修改，不断完善和优化项目方案，确保项目的创新性和实用性达到最佳状态。

4.2.2 "挑战杯"全国大学生课外学术科技作品竞赛项目选择

挑战杯学术科技竞赛分为主体赛与专项赛，每类赛事下分设不同类目的比赛。

（1）主体赛类型

主体赛包括自然科学类学术论文、哲学社会科学类社会调查报告和学术论文、科技发明制作三类，申报类目不同，作品内容与考核要点也不同。

① 自然科学类学术论文（限本专科生）　侧重考核基础学科学术探索的前沿性和学术性，作品主题围绕机械与控制、信息技术、数理、生命科学、能源化工五类展开。

② 哲学社会科学类社会调查报告和学术论文　作品类型可以是调查报告也可以是学术论文，可以围绕发展成就、文明文化、美丽中国、民生福祉、中国之治和战疫行动六个组别展开，也可围绕哲学、经济、社会、法律、教育、管理六个学科展开。

③ 科技发明制作（A/B类）　A类作品大多是科技含量较高、研发周期较长、生产投入较大的作品；B类作品研发周期相对较短，作品大多是为生产技术、出行生活带来便利的小发明，侧重作品应用价值与转化前景。

（2）专项赛类型

第十八届挑战杯全国大学生课外学术科技作品竞赛专项赛包括红色专项活动、"揭榜挂帅"、"黑科技"。

① 红色专项活动

a.活动内容：贯彻落实《共青团中央关于全团认真学习宣传贯彻党的二十大精神的通知》《关于深入学习宣传贯彻党的二十大精神 团结引领广大青年在全面建设社会主义现代化国家进程中建功立业的决议》等文件精神，充分发挥高校基层团组织的引领力和组织力，广泛组织发动学生开展理论学习、实践活动、交流分享，鼓励每个团支部完成以下活动：

- 上好一堂红色课。通过理论宣讲、培训教学等方式，组织大学生团员认真学习党的二十大精神和党章，延伸阅读辅导材料，深入理解大会精神和战略安排，对中国式现代化、全过程人民民主、全人类共同价值等重要概念和教育、科技、人才等相关论断有深刻认识，树立投身国家重大战略和到祖国最需要的地方建功立业的职业观、事业观。

- 组建一支实践团。支持重走红色足迹、追溯红色记忆、访谈红色人物、挖掘红色故事、体悟红色文化活动，感受党的红色精神伟力。着重用好新时代伟大成就、伟大变革的鲜活思想引领教材，引导青年通过返回家乡看变化、重走故地看新颜、深入乡村看振兴、走进一线看发展等活动，深刻理解"两个确立"的决定性意义，以实际行动学习宣传贯彻党的二十大精神。鼓励学生观察奋进新时代的"贵州缩影"，为贵州在新时代西部大开发上闯新路建言献策。

- 形成一件好作品。青年学子应在社会实践中受到教育、坚定信念，围绕党的二十大做出的战略部署，结合对新时代以来国家发展成就的所见所闻所感所思，形成有真情实感的心得体会、有理论深度的调研报告、感染力强的视频作品等实践成果。实践成果要充分体现所在实践团队和团支部的集体智慧，将作品的形成过程变为开展实践教育的生动历程。

- 开展一次交流营。通过主题团日活动、座谈交流、征文演讲、成果展览等多种形式，组织参与活动的学生讲述实践故事、实践收获，分享当代青年的坚定理想信念、爱党爱国情怀和对国情社情的正确认识；将实践成果转化为红色教材，根据实际搭建"云上展厅"，引导更多学生成长为有理想、敢担当、能吃苦、肯奋斗的新时代好青年。

b.推选安排：

- 学校班级组织发动阶段（2023年2月—8月中旬）。各高校"挑战杯"竞赛组织协调机构广泛发动学生参与理论学习、实践调研和交流分享。以团队或个人形式形成实践成果。团队学生人数不超过10人，指导教师人数不超过3人。学生实践成果可以是心得体会、调研报告、视频作品或其他形式。

  支持学生依托近两年内（2021年7月至今）参加过的符合要求的自身实践经历，经过沉淀提炼、深度思考，完成新的实践成果，参加到活动中来。

  8月20日前，每所高校可推荐本校40%的优秀学生实践成果到省级团委"挑战杯"竞赛组织协调委员会，推荐的作品应该是既有短视频又有调研报告（两者为一件整体作品）的优秀作品。学生参加活动的报备及作品提交方式另行告知。

- 省级展示推荐阶段（2023年8月下旬—9月上旬）。省级通过优秀作品选拔、协调媒体传播等方式，宣传推广学生们的实践经历和成果作品。

9月10日前，各省从省域内高校推荐的作品中，择优推荐40%参加全国交流活动。推荐作品的基本要求为：短视频时长5分钟以内，应避免简单性叙述实践过程，着意于对新时代发展成就的理解、实践过程的收获以及对党的情感认同，致力于使同龄人引起共鸣、共同教育、共同成长，鼓励围绕发展故事、典型人物深度挖掘，形成有温度、易传播的视频（视频格式：MP4；视频分辨率：1280×720、1920×1080）；调研报告应既有事实叙述，也有观点论述，符合真实性、思想性、简洁性的特征要求，字数在5000字至10000字。

● 全国展示交流阶段（2023年9月中旬—10月）。针对各省推荐的作品，组委会将组织专家评审遴选出500件左右红色教育意义强，创新性、学术性、感染力、传播力好的优秀作品，评出其中约50%为三等奖作品，其余约50%进入答辩问询环节。短视频和调研报告的考查权重分别为55%、45%。

组委会将组织专家评委开展答辩问询，作品负责人应向评委介绍实践过程和成长体会，展示实践成果。结合答辩情况，从500件左右优秀作品中选出约5%为特等奖作品、约15%为一等奖作品、约30%为二等奖作品。

此外，组委会将搭建云上"红色课堂"，将500件左右优秀作品中的短视频在云上集中展示，向青少年提供"红色教材"，支持视频创作者与青少年、青少年之间云上互动交流，着力将评论区转化为"红色课堂互动区"，将评论交流过程转化为红色精神碰撞学习过程。组委会将适时根据视频点赞数、评论数以及精华评论情况等评定100件"最具感染力奖"作品。

c.活动要求：各省级团委"挑战杯"竞赛组织协调委员会、各高校"挑战杯"竞赛组织协调机构要充分认识红色专项活动的育人功效和重要意义，力争做到在校学生通过各种方式参加活动。

各省级团委"挑战杯"竞赛组织协调委员会、各高校"挑战杯"竞赛组织协调机构应在活动过程中，组织学生深入学习并广泛宣传《习近平与大学生朋友们》，要让大家深刻领会习近平总书记提倡的年轻人要"自找苦吃"；一定要多接触社会，补上社会实践这一课等殷殷嘱托背后对青年一代的关怀期望，提升学生们参加红色专项活动、参加社会实践的自觉性和积极性。

为了激励学生广泛参与，支持各省级团委"挑战杯"竞赛组织协调委员会、各高校"挑战杯"竞赛组织协调机构以本层级名义奖励学生优秀作品。各省份在奖励学生作品时，可不局限于调研报告和短视频，针对两者分别予以奖励；各校在奖励学生作品时，也可对调研报告、短视频及其他丰富形式分别予以奖励。同一作品不得同时参加主体赛事自然科学类学术论文、哲学社会科学类调查报告、科技发明制作作品评比，往届报送过的作品不得重复报送。

②"揭榜挂帅"

a.活动内容：为深入学习贯彻习近平新时代中国特色社会主义思想，贯彻落实党的二十大关于实施科教兴国战略，强化现代化建设人才支撑的战略部署，教育引导大学生面向国家重大需求，踊跃投身科研攻关第一线，加速大学生科技创新成果向现实生产力转化，汇聚磅礴青春力量加快建设科技强国，在第十八届"挑战杯"全国大学生课外学术科技作品竞赛框架下特举办"揭榜挂帅"专项赛。

坚持聚焦"卡脖子"技术，解决实际问题，构筑大学生投身关键核心技术攻坚战的阵地；坚持不唯地域、不唯学校、一视同仁、唯才是用，拓展大学生公平展示才华的舞台；

坚持团队合作、协同创新、敢于亮剑、攻坚克难，搭建培养磨砺大学生科技自立自强精神的擂台。

2022年12月—2023年1月，组委会面向中央部委、地方政府、行业协会、科研机构、企事业单位等广泛征集选题。经资格审查、专家评审，最后遴选出21个前沿性、应用性和可赛性较强的选题。

b.推选安排：2023年6月1日以前正式注册的全日制非成人教育的各类高等院校在校专科生、本科生、硕士研究生（不含在职研究生）均可申报作品参赛，以个人或团队形式参赛均可，每个团队不超过10人，每件作品可由不超过3名教师指导完成。可以跨专业、跨校、跨地域组队。每件作品仅由1所高校推报。每个学校选送参加专项赛的作品数不设限制。

- 2023年2月—6月。各参赛团队选择榜单中的题目开展研发攻关，各高校"挑战杯"竞赛组织协调机构要积极组织学生参赛，安排有关老师给予指导，为参赛团队提供支持保障。
  6月15日前，各参赛团队向组委会提交作品，具体提交要求详见作品提交方式；6月15日—6月30日，对提交作品开展资格审核。
- 2023年7月—8月。组委会和出题单位共同开展初评和复评，并根据评审标准评选出拟授特等奖、一等奖、二等奖和三等奖的团队，获得特等奖的团队晋级最终"擂台赛"。
- 2023年9月—10月。晋级团队完善作品，准备参加终审决赛"擂台赛"，通过现场展示和答辩，从中产生1个项目"擂主"。

"挑战杯"竞赛将"揭榜挂帅"专项赛获奖情况按照适当分值计入学校团体总分，"揭榜挂帅"专项赛"擂主"作品每件计35分，特等奖作品（不含"擂主"作品）每件计25分，一等奖作品每件计15分，二等奖作品每件计10分，三等奖作品每件计5分。同一学校最多取获奖等次最高的3件作品计入总分。

c.活动要求：挑战杯"揭榜挂帅"竞赛的参赛要求主要包括参赛资格、参赛形式、作品原创性、参赛团队组成、年龄限制、报名截止时间等方面。

参赛资格：参赛者必须是2023年6月1日以前正式注册的全日制非成人教育的各类高等院校在校专科生、本科生、硕士研究生，以及具有一定科研热情和科研能力的在职青年科技工作者或在读博士。

参赛形式：参赛者可以个人或团队形式参赛，团队人数不超过7人，指导教师人数不超过2人。每名学生只可参加一个项目，同一作品不得同时参加挑战杯竞赛主体赛事的不同类别。

作品原创性：参赛作品必须是原创作品，参赛团队应对其所提交的作品负全部责任。一旦发现参赛作品有侵权、抄袭等行为，大赛组委会有权取消其参赛资格。

参赛团队组成：允许跨专业、跨高校、跨地区组队，每支队伍不超过10人。团队成员须事先协商明确项目的申报单位，每件作品仅由1所高校推报。

年龄限制：参赛人员年龄应在18至35周岁之间，即1989年6月1日至2006年6月1日期间出生。符合高校学生赛道报名条件的在读博士不得参加青年科技人才赛道比赛；高校青年教师在指导学生参赛的同时，不得以参赛人员身份参加同一选题比赛。

报名截止时间：2023年5月10日16：00，参赛者须在此之前完成报名。

此外，参赛者在报名时需提供姓名、年龄、民族、电子照片、身份证号、联系电话、科研经历及相关学术科研成果信息，并遵守赛事组委会的规定，对参赛作品享有完全知识产权，无权利瑕疵及权属争议。

③"黑科技"

a.活动内容：全日制非成人教育的各类高等院校在校学生均可以个人或团队形式参加。支持跨地区、跨校组队，支持国外高校及港澳台地区高校学生单独或与境内高校学生联合报送作品。团队学生人数不超过10人，指导教师人数不超过3人。

- 前沿作品。参赛作品或围绕"卡脖子"问题，或针对前沿领域，或具有高精尖色彩，或会改变人们的生产生活方式，是对现有科技成果具有一定颠覆性、超越性的，让人感觉出人意料、震撼的，具有前瞻性、创新性、应用性（或应用前景）的实物或者技术。其中包括但不限于人工智能、生命健康、脑科学、生物育种、新材料、新能源等前沿领域。

- 创意作品。充满奇思妙想、脑洞大开的，灵活创新运用学习接触到的科学知识的，体现了严谨的、开放性的科学思维的，能够巧妙地、创造性地解决"小"问题的，具有一定创意性、趣味性的实物或者技术。

评选出"星系"级作品（10%）、"恒星"级作品（20%）、"行星"级作品（30%）、"卫星"级作品（40%）等4类优秀作品若干。

b.推选安排：

2月发布"英雄帖"，继续打磨完善作品。

6月开始上报作品，可以是视频或者图文。

7月、8月进入评审环节。

9月，优秀作品线上展览。

10月，在"挑战杯"竞赛终审决赛期间，将在全国赛现场（贵州大学）择优展示部分作品，并公布所有优秀作品"级别名号"。

c.活动要求：诚信第一，作品必须具有完全知识产权；作品实物或者技术能够通过视频或者图文形式进行展示，获奖作品需能够进行现场展示；同一作品不得同时参加主体赛事自然科学类学术论文、哲学社会科学类调查报告、科技发明制作作品评比，往届报送过的作品不得重复报送。

（3）"挑战杯"全国大学生课外学术科技作品竞赛主体赛选题

主体赛包括自然科学类学术论文、哲学社会科学类社会调查报告和学术论文、科技发明制作三类。

① 自然科学类学术论文选题　自然科学类侧重考查论文在基础学科学术探索中是否具有前沿性和学术性，所以在选题前，一定要大量阅读数据库中的文献，并积极询问校内的专业老师，这些是我们撰写论文的基础。一个好的选题应该具有多个维度的价值，如满足生产实践需要、学科交叉渗透、前沿热点追踪等。

a.立足专业：作为学术性论文，参赛作品更多应以专业性、学科性基础作为支撑。

b.工作实践：可以通过学校课题工作或者学校课程实践，找到选题切入点。

c.导师指导：可以和专业老师进行沟通，在思维碰撞中诞生出新的创意。

d.佳作学习：参赛作品示例见表4.2。

表4.2　自然科学类学术论文参赛作品

项目名称	复杂环境下多智能体编队建模及控制理论研究
获奖	第十八届"挑战杯"国赛特等奖
参赛类别	自然科学类学术论文
项目团队简介	该项目指导教师为湖北工业大学机械工程学院商巍讲师、张道德教授、林林副教授，项目团队共有7名成员（均为本科生），其中主要发起人为机器人工程专业2020级本科生邹宇晗，其余成员也是机器人工程专业2019级和2020级本科生，分别为陈天龙、郑重重、刘周、荆国豪、郭永达、张国伟
项目亮点介绍：	该项目贡献在于实现多智能体编队的两大突破：解决了编队在通信链路失效下的避障避碰问题和在非对称约束下的姿轨一体化控制问题，并提高了编队系统的三项性能；将多智能体编队在复杂环境下系统抗干扰能力提高25.39%，收敛速度提高76.59%，避障半径缩短25.26%。该项目能降低智能体集群失控概率、实现复杂环境的数据收集和任务执行、大幅度提高运输效率、降低潜在人身伤害风险等，可应用于环境测绘、森林防火、物流运输、军事打击等多种场景。该团队在相关领域发表SCI论文8篇，EI会议论文1篇，在投SCI论文3篇，并且受理国家发明专利4项。该项目为复杂环境下多智能体编队在国防及民用方向的工程应用提供理论支撑，有助于未来海、空、天三位一体的集群智能体系的建立
参赛感悟收获	习近平总书记指出："青年人才是国家战略人才力量的源头活水。"项目团队备受鼓舞，团队成员表示，第十八届"挑战杯"竞赛不仅打开了大学生探索科技前沿之门，提升了团队协作、克难攻关、临场应变等综合能力，更提振了青年投身科技创新的信心和决心。团队成员聚焦多智能体系统在各种不确定复杂环境下实现编队控制的问题，改进了多智能体编队在通信链路失效下的避障问题和在非对称约束下的姿轨一体化控制难题。未来，团队成员将胸怀"国之大者"，持续打好关键核心技术攻坚战，用实际行动在科技强国建设中跑出最美"青春加速度"

② 哲学社会科学类社会调查报告和学术论文选题　选题应具有理论意义和实际应用空间，紧扣社会热点问题，具有前瞻性、创新性。一般我们可以从以下几个维度来选题：

现实维度：选题贴近社会生活，关注社会热点。

普遍维度：去找寻涉及面广的问题，越带有社会普遍性的问题，就越有价值。

创新维度：选题的视角和提出的方案要具有创新性。

可行维度：提出的措施和方案要做到行得通、做得到，具有可操作性。

以下是2023年"大挑"国赛获奖的一些选题，可以参考一下，开拓思路。

a.第一组：发展成就组。

这一组的选题着眼于我国经济发展、社会主义市场经济体制建设、市场主体改革创新、对外开放等。

选题案例：

双碳背景下村镇分布式光伏推广：困境、成因及对策——基于4省17市国家级光伏发电试点地区的实证研究。

b.第二组：文明文化组。

这一组的选题着眼于社会文明建设、公共文化服务等。

选题案例：

寻窟拾遗：中小型石窟创造性新生——基于陕北613座中小型石窟和106位修复师的实

地走访调研；

让中国文字"活"起来——数字赋能甲骨文保护传承研究。

c.第三组：美丽中国组。

这一组的选题着眼于环境质量改善、资源利用效率提升、"绿水青山就是金山银山"理念践行等。

选题案例：

"双碳"目标下城市群智慧能源韧性优化调查报告及对策——基于长株潭城市群的实证调研。

d.第四组：民生福祉组。

这一组的选题着眼于脱贫攻坚成果、乡村振兴战略实施、教育就业民生发展保障等。

选题案例：

乡村振兴视阈下非物质文化遗产的生产性保护研究——以四川泸州分水油纸伞为例；

乡村振兴视角下特色产业发展现状研究——基于陇南市安化镇花椒产业发展状况调查；

文旅融合赋能乡村振兴研究——以卓尼县博峪村为例。

e.第五组：中国之治组。

这一组的选题着眼于社会治理、法治建设等。

选题条例：

基于盲文的无障碍环境建设现状及建议。

佳作学习见表4.3。

表4.3　哲学社会科学类社会调查报告案例

项目名称	中国刺绣"非遗"的传承与发展——基于湖北省武汉、荆沙、洪湖地区汉绣流派的调查研究
获奖	第十二届"挑战杯"作品国赛银奖，省赛特等奖
参赛类别	哲学社会科学类社会调查报告和学术论文
项目简介	通过对湖北省武汉、荆州、洪湖地区汉绣三大流派的社会学考察、文献研究、市场调研、比较分析，追踪其历史变迁规律，研究其文化内涵，把握其现实生存状况及面临的问题。进一步结合汉绣的衰落现象分析其深层次文化原因，探讨汉绣遗产传承与发展的价值及必要途径，为汉绣走向文化产业提供理论支撑和实践指导，为汉绣乃至中国刺绣"非遗"的传承与发展提供理论与实践方面的参考和借鉴
撰写的基本思路	通过对武汉、荆沙、洪湖地区不同流派汉绣遗产的田野考察、文献资料研究、市场考察、历史考察、文化考察，以及同姊妹艺术进行比较分析。在把握历史和现状的基础上，提出了汉绣目前存在二元并存现象的观点，即"雅"与"俗"二元文化并存，"汉"与"苏"二元市场并存；进一步研究了汉绣遗产传承与发展问题，首先研究了汉绣遗产的传播方式，然后提出了传播策略，旨在完成文化的统一；又提出了传承发展的必要途径，即结合文化学研究、结合设计艺术学、结合纺织服装学、结合经济管理学、结合国家非物质文化遗产保护工作、结合企业市场运作的"六个结合原则"，进一步通过传承与发展刺绣遗产，实现最终的有效保护工作
科学性先进性独特之处	通过社会考察、比较分析等方法，结合专家访谈，融合提炼观点，理论依据、方法正确，具有科学性。目前重视"俗文化"，忽视"雅文化"，课题结合姊妹绣种研究，重新考察，展开文化差异研究，提出汉绣"二元并存"现象，制定出一套科学、可行的途径，具有先进性。从文化变迁追溯汉绣历史变迁，区别于工艺美术视角判断；思考"二元并存"现象，区别"俗文化"；考虑非遗多学科性，提出传承发展途径，具有独特性

应用价值现实意义	实际价值：有助于认识汉绣真实面貌，"世俗性"成为汉绣发展的重要瓶颈；有助于推动汉绣文化产业培养，重新认识汉绣，展示汉绣魅力，必然将汉绣培养为文化产业。 现实意义：有助于指导地域性传统文化传承，作为地域性传统文化，蕴含着荆楚地域文化，在弘扬地域文化方面发挥积极作用；有助于指导非物质文化遗产的传承与发展，文化和途径探索对传承发展汉绣有着重要现实指导意义

③ 科技发明制作选题　从发明创造的成果形态分，有产品发明和方法发明两大类。

产品发明又可以分为物品发明（如合金、玻璃、水泥、油墨、染料、涂料、农药、食品、饮料、调味品、药物、纸、焊料等）、设备发明（如各种机器、仪器、器械、装置等）、配置或线路发明（这是指由空间和时间起作用的工作手段，如电压调节器、放大器，带有分支和闸门的管道系统等）。

方法发明可以分为产品制造方法发明（包括产品的机械制造方法、化学制造方法、生物制造方法）和非产品制造方法发明（如通信方法、分析测试计量方法、修理方法、消毒方法等）。

科技发明制作选题，要着重考虑市场需求和新技术运用，特别是交叉学科知识与技术的应用。如核技术，用于医学很平常，用于海关集装箱货物不开箱查验，则是近年来的一大创新。

选择发明创造课题，应考虑先进性、实用性和可行性。

- 先进性：能反映当今科学技术的发展水平，能代表某一个学科领域的发展方向或是在某一学科领域中处于先进地位。作品立意越高、越深远，在竞赛中获胜的概率就越大。先进性还反映在作品具有先进生产力发展方向的特征上。在某一个领域，别人还未去研究，或是在研究过程中还没有成果出现，而你的作品恰好能反映先进技术在这一领域中的应用，这就说明你的作品具有先进性。

- 实用性：作品能为人们的生产或生活服务，解决人们生产或生活中的某一个问题或给人们生活的某一方面带来好处。实用性还表现在：当今人们生活中急需解决某一个难题，而又没有这样的产品，而你的作品却能应运而生，急人们之所急，这就突出了你的作品的实用性。这就需要细心地观察生活、体验生活，了解人们生活中急需解决的问题，然后从实际出发，发挥聪明才智，设计产品，解决问题。这样，我们的科技发明制作一定具有很强的实用性。

- 可行性：作品不仅在理论上是先进的，而且在实际中也行得通。我们在选择科技发明制作时，要综合考虑实际中各方面的因素，各种情况的变化以及各种制约因素的限制，既保证作品在理论上可靠，又使其在设计制作和使用方面可行。

科技发明样品制作是完成发明作品的重要环节。技术方案确定之后，应考虑样品制作的工艺方法。动手制作之前，要将总体构思理顺，对整个系统有粗略的认识。我们要明白我们需要做哪些工作，第一步做什么，第二步做什么。只有这样，发明作品的制作工作才能有条不紊地进行。

佳作学习如表4.4所示。

表4.4　科技发明制作案例

项目名称	混合动力汽车蓄电池组管理系统
获奖	第十一届"挑战杯"国赛三等奖，省赛特等奖
参赛类别	科技发明制作A类
项目简介	电池管理系统是混合动力汽车和纯电动汽车的关键部件，它是汽车动力电池组安全运行的保障；它是保证电池性能、防止电池提前损坏的"警察"；它是驾驶者掌控电动车续航里程的数据来源；它是在异常情况发生时及时提醒使用者的"审计官"。电池管理系统的基本功能有：①为整车的能量控制策略提供重要的数据，如SOC、单体电压、总电压、电流、温度等；②监控功能：实时监控电池的充放电状态，防止电池组过充、过放；当电池温度超过安全极限时，启动散热风机；③安全保护功能：对电池组进行监测，当测量参数超出设定极限值时，管理系统立刻报警；④自诊断功能：当出现异常报警时，管理系统能进行自诊断并显示故障原因；⑤通信功能：能将监测到的电池组的各项数据，通过RS-232接口和CAN总线与外界通信；能通过监控软件进行参数的初始化并提供人机友好交流界面
科学性 先进性 独特之处	① 强大的功能。一般的电池管理系统，只具有监测电池电压、温度、电流的简单功能。本电池管理系统除了监测以上参数外，还具有精确估算电池荷电状态（SOC）、通信、电池故障诊断、安全保护等强大功能。 ② 采用卡尔曼算法估算SOC。目前国内实际应用的估算SOC的方法大多采用以电流积分为主，辅以不同的电压修正的方式，但是传统SOC估算方法的估算精度已不能满足混合动力汽车的发展需求。本项目采用卡尔曼滤波算法估算电池组的SOC。该方法适用于各种电池，尤其是电流波动比较剧烈的混合动力汽车电池SOC的估计。 ③ 良好的社会经济效益。本电池管理系统为整车的能量控制策略提供重要依据，使混合动力汽车能实现30%的节油效果（与纯燃油车相比）。混合动力电动汽车在纯电动行驶模式下具有零排放的效果，能有效减少尾气排放。电池管理系统能促进电动汽车产业链的形成，带动整个国民经济的发展
应用价值现实意义	对缓解能源危机和环境问题具有实际的社会意义，该研究成果能提供混合动力汽车能量控制策略所必需的数据，将在电动车辆、后备电源等场合得到广泛应用。从经济成本上分析，蓄电池管理系统能将检测、估算到的数据与整车控制器通信，防止电池因过充、过放而提前损坏，降低了运行成本。本电池管理系统在东风的EQ6110HEV混合动力电动市客车上得到应用，与同类型纯燃油车相比较，EQ6110HEV混合动力客车能够实现30%的节油效果，具有很好的燃油经济性

4.2.3 "挑战杯"全国大学生创业计划竞赛项目选择

（1）"挑战杯"全国大学生创业计划竞赛项目类型

"挑战杯"全国大学生创业计划竞赛项目分为以下几个组别：

① 科技创新和未来产业　这个组别鼓励参赛者探索和开发新技术、新产品或新服务，以应对未来产业的发展趋势和需求。

② 乡村振兴和农业农村现代化　此组别关注农业领域的创新和发展，旨在推动农业农村现代化，提高农业生产效率和农民收入。

③ 社会治理和公共服务　这个组别鼓励参赛者提出改善社会治理和公共服务的创新方案，以提高社会服务的质量和效率。

④ 生态环保和可持续发展 该组别强调环保和可持续发展的重要性，鼓励参赛者提出解决环境问题的创新方案和技术。

⑤ 文化创意和区域合作 这个组别鼓励文化创意产业的发展，同时促进区域间的合作与交流，以推动文化和经济的发展。

参赛者根据自己的兴趣和专业背景，选择适合自己的组别参赛。每个组别的设置都是为了鼓励大学生将科技创新与社会需求相结合，提高解决实际问题的能力，同时培养创业精神，为未来的创新创业打下坚实的基础。此外，竞赛还强调团队合作和实践操作，要求参赛者提交一份完整的创业计划，包括市场分析、商业模式、技术实现、财务预测等，以全面展示项目的可行性和市场潜力。

(2) "挑战杯"全国大学生创业计划竞赛赛事安排与参赛要求

① "挑战杯"全国大学生创业计划竞赛赛事安排 竞赛分为校赛、省级复赛、全国决赛三个阶段。

a.校赛（3月—4月）。大赛组委会组织开展校赛，组织开展培训和项目辅导，推荐优秀作品参加省级比赛。校赛具体时间将根据省赛有关安排确定。

b.省赛（5月—6月）。入围省赛的团队进一步完善作品，参加省级复赛。

c.国赛（11月—12月）。"挑战杯"中国大学生创业计划竞赛全国评审委员会对各省（区、市）报送的参赛作品进行复审，评出参赛作品总数的90%左右进入决赛。

竞赛决赛设金奖、银奖、铜奖，各等次奖分别约占进入决赛作品总数的10%、20%和70%，各组参赛作品获奖比例原则上相同。

竞赛设20个左右的省级优秀组织奖和进入决赛高校数30%左右的高校优秀组织奖，奖励在竞赛组织工作中表现突出的省份和高校。

② "挑战杯"全国大学生创业计划竞赛参赛要求 在举办竞赛决赛的当年6月1日以前正式注册的全日制非成人教育的各类普通高等学校在校专科生、本科生、硕士研究生（不含在职研究生）可参加。参赛项目应有较高的立意，积极践行社会主义核心价值观。应符合国家相关法律法规规定和政策导向。应为参赛团队真实项目，不得侵犯他人知识产权，不得借用他人项目参赛；存在剽窃、盗用、提供虚假材料或违反相关法律法规行为的，一经发现将取消参赛资格并自负一切法律责任。

已获往届"挑战杯"中国大学生创业计划竞赛、"创青春"中国青年创新创业大赛全国金奖（特等奖）、银奖（一等奖）的项目，不可重复报名。

参赛项目涉及知识产权的，在报名时须提交具有法律效力的发明创造或专有技术所有人的书面授权许可、项目鉴定证书、专利证书等。

对于已工商注册的项目，在报名时需提交相关证明材料（含单位概况、法定代表人情况、营业执照复印件、税务登记证复印件、组织机构代码复印件、股权结构等材料）。已工商注册项目的负责人须为企业法定代表人。企业法定代表人在通知发布之日后变更的不予认可。

参赛项目可提供项目实践成效、预期成效等其他相关材料（包括项目的社会效益、经济效益、带动就业情况等）。

(3) "挑战杯"全国大学生创业计划竞赛项目选题

① 选题来源

a.选题前充分了解市场，找到一个有潜力和发展空间的领域，并且能够满足市场需求的选题，以确保项目的可持续性和成功。

b.参考往届项目：参考同类专业往届优秀项目介绍，了解参赛项目的基本特点，基于市场的需求、创新性和可行性等多种因素，结合团队的专业背景和兴趣选出适合的选题。

c.科研成果转化：根据现有科研成果（如重要论文、重点课题、基金项目、学科竞赛、专利等）整合梳理出项目选题。

d.结合社会实践和志愿服务项目：在社会实践和志愿服务中善于发现问题、深入思考问题，针对市场需求和社会需求提出可行性方案，形成商业计划。

②"挑战杯"全国大学生创业计划竞赛五个组别选题推荐

a.科技创新和未来产业：科技创新和未来产业的创业项目核心价值点聚焦于推动技术突破与产业升级。这样的项目应当致力于通过前沿科技的开发和应用来引领行业变革，开拓新的市场领域，并通过智能化、网络化和数据驱动等手段提升整个产业的效率和竞争力，最终实现经济结构的优化和未来产业的可持续发展。

佳作学习见表4.5。

表4.5 科技创新和未来产业创业项目竞赛案例

项目名称	"源梦210"——国内燃烧剂领域引领者
获奖	第十三届"挑战杯"中国大学生创业计划竞赛全国决赛金奖
参赛类别	科技创新和未来产业
项目简介	导弹等武器系统的发展，迫切要求作为动力源的固体推进剂具有大比冲、高燃速等特性，燃烧剂作为固体推进剂的重要组成部分，开发新型高效的燃烧剂可以直接满足国家的战略需求。本团队在发现燃烧剂在应用过程中的两大痛点问题后，历经5年的技术创新，首创了高取代度硝化壳聚糖制备技术，开发了系列高性能纳米燃烧剂，采用了先进的声共振制备技术，有效解决了相关问题。 本团队主要由西北大学化工学院在读博士、硕士研究生组成，在教授团队的指导下，充分利用陕西兵器、航天军工单位云集的资源优势，加强合作，努力攻克新技术、研发新产品。团队成员近年来在国家自然科学基金、国防科技基础计划项目等的支持下，申请国家发明专利5项，以第一作者发表高水平论文20余篇，产品已应用于多种武器预研以及重大军工项目研究。团队负责人万冲作为化工学院2022级博士研究生，近年来已取得包括国家奖学金在内的多项国家级、省级荣誉。本团队怀着"拥抱科技、服务国防"的理想，致力于将"源梦210"打造成国内燃烧剂领域的引领者，为国家发展及国防建设贡献西大青春力量

b.乡村振兴和农业农村现代化：对于乡村振兴和农业农村现代化的创业项目，最有价值的核心点是综合可持续发展。这包含使用创新和环保的农业技术促进高效、可持续的食品生产；推动农村经济多元化和农产品增值来提升农民收入；同时强化社区发展，确保社会效益和文化遗产的传承。这一点集环境保护、经济利益和社会责任于一体，反映了乡村振兴的全面性和深远影响力。

乡村振兴和农业农村现代化是国家战略，政府给予了大量的政策支持和资源投入。这些选题紧密结合了社会需求和技术创新，不仅能够解决实际问题，带来显著的社会和经济效益，还体现了青年一代的创新能力和社会责任感，符合可持续发展和政策导向，所以相关的创新项目更容易获得关注和认可。

例如：智能水产养殖系统，利用物联网技术，开发智能水产养殖系统，实现水质实时监测、自动投喂和疾病预防等功能，提高养殖效率和产品质量。

现代农业知识教育平台打造线上线下结合的现代农业知识教育平台，让农民学习先进的农业生产技术，提高农业生产效率。

5G远程医疗服务系统利用5G的高速数据传输和低延时特性，为偏远地区提供高质量的远程医疗服务，如远程手术等。

佳作学习如表4.6所示。

表4.6　乡村振兴和农业农村现代化创业项目竞赛案例

项目名称	智慧农田——旱地多功能自动精准作业机器人
获奖	第十三届"挑战杯"中国大学生创业计划竞赛全国决赛金奖
参赛类别	乡村振兴和农业农村现代化
项目简介	该项目从五个"全面"出发，致力于解决农民长期处于温室大棚中导致身体健康受损、化肥农药利用率低的问题，自主研发了可同步进行路径自动规划、作物杂草精准识别、机械臂自主喷洒的轻量化智能农作机器人。通过采集不同地区和不同生长周期的植物图像、优化算法，可实现作物杂草精准识别，采用智能喷洒方式至少提高40%的农药使用率，实现除草、除虫、施肥一体化智能作业，助力改革我国温室大棚人工农作方式，为推进乡村振兴和促进化肥农药"双减"政策贡献"科大智慧"

c.社会治理和公共服务：对于社会治理和公共服务的创业项目，最具价值的点是提升社会参与度与服务效能。这意味着项目旨在通过创新方法增强公共服务的透明度、可访问性和响应能力，同时促进公民的积极参与和社会组织的协同工作，以实现更加高效和包容的社会治理。

社会治理和公共服务与公众生活密切相关，能够直接解决与市民生活息息相关的实际问题，同时受益于政策支持、技术应用的广泛性，这些因素共同作用使得该项目不仅具有高度的创新性和实用性，而且易于评估效果，易于获得评委和公众的认可，从而增加了获奖的可能性。

如智能交通管理系统，开发基于大数据和人工智能的智能交通管理系统，优化城市交通流量，减少拥堵，提升交通效率。

城市空间再利用，将城市废弃工厂、仓库等通过设计改造成文化艺术或社区活动中心，促进城市更新和提高社区活力。

佳作学习如表4.7所示。

表4.7　社会治理和公共服务类创业项目竞赛案例

项目名称	居安思危——城市老旧房屋安全守护先行者
获奖	第十三届"挑战杯"中国大学生创业计划竞赛全国决赛金奖
参赛类别	社会治理和公共服务
项目简介	"居安思危"团队是全国领先的老旧房屋检测评估加固一体化解决方案提供团队。当前，我国老旧房屋抗风险能力弱，事故频发。团队依托众多国家级科研平台提出"居安思危 3i 解决方案"，用信息化、智能化、低干预的方式实现老旧房屋快速巡检、精准评估和高效加固。团队研发了房屋信息快速识别软件和智慧普查评估系统平台，为各省市政府和企业提供老旧房屋排查方案，并对有加固需求的房屋提供低干预加固方案。目前，"居安思危3i解决方案"在全国十余个城市得到应用推广，获得社会广泛认可

d.生态环保和可持续发展：生态环保和可持续发展的创业项目的核心价值点是促进环境保护与经济增长的协调。项目应当通过创新技术或服务来减少环境足迹，提倡资源的可持续使用，并推动绿色经济，以实现经济活动对生态环境影响的最小化，同时确保社会经济发展的长期稳定。

生态环保和可持续发展与全球关注的环境保护和资源可持续利用议题高度契合，受到政策支持和社会关注，同时具有显著的环境效益和长远的社会影响，加之易于评估的实际成果和符合评审标准的创新性，使得这类项目不仅能够吸引广泛的支持，也更易获得评委的认可和青睐。

例如，生物多样性智能化监测系统，利用大数据和人工智能技术，在景区如张家界或湿地公园建立生物多样性监测系统，保护濒危物种，促进生态平衡。

针对城市食物浪费问题，打造临期食品销售平台，通过网络低价处理临期食品，减少浪费，优化资源配置。

佳作学习如表4.8所示。

表4.8 生态环保和可持续发展类创业项目竞赛案例

项目名称	蓝天卫士——新型绿色催化技术助力"双碳"目标下的烟气治理
获奖	第十三届"挑战杯"中国大学生创业计划竞赛全国决赛金奖
参赛类别	生态环保和可持续发展
项目简介	致力于工业烟气治理，其研发产品"炭净零"为一款新型碳基脱硫脱硝催化剂，"炭净零"基于独创的三大技术，实现了反应温度、使用活性、原料加工上的三大突破，能同时脱除SO_2和NO_x（二氧化硫和氮氧化物）两种污染物。大幅度降低反应温度，可直接在烟气的出口温度下进行反应，无须燃烧过多化石能源。使用椰壳、木屑、竹子等生物质原材料，减少二氧化碳排放。可广泛应用于水泥、钢铁等非电力行业烟气治理，有效解决了工业烟气治理"减污降碳两难"的市场痛点。团队成员申请专利10项，以第一作者身份发表SCI论文8篇，该技术入选2021年科技部、生态环境部《先进污染防治技术汇编》。目前团队已与山东金正大、成都达奇等多家公司合作，生产制备的催化剂已投入工程运用

e.文化创意和区域合作：文化创意和区域合作的创业项目核心价值点是推动文化多样性与经济共融共生。这类项目旨在通过文化创意激发新的经济活力，同时促进跨区域的文化交流与经济合作，以丰富区域文化特色、促进文化产品的市场化，并加强不同区域间的经济联系和文化共识。

佳作学习如表4.9所示。

表4.9 文化创意和区域合作类创业项目竞赛案例

项目名称	起舞元宇宙——基于计算机视觉动作捕捉的虚拟人创作平台
获奖	第十三届"挑战杯"中国大学生创业计划竞赛全国决赛金奖
参赛类别	文化创意和区域合作
项目简介	该项目旨在对数字人动作驱动进行探索尝试。在动作迁移技术支撑下，用灵动的舞蹈动作，赋予数字人优美的姿态，打造高效、智能、易操作的数字人动作创作工具和云服务平台。用户只需要使用动作库中拆分标注好的舞蹈动作，或者购买平台上其他用户上传的动作进行编排组合，一个随着音乐、翩翩起舞的数字人，瞬间活灵活现。 将艺术与技术充分融合，致力于赋能虚拟人行业，以舞蹈创意的形式传播中华优秀传统文化

4.3 "挑战杯"竞赛参赛学生团队及指导团队组建

4.3.1 "挑战杯"竞赛参赛学生团队组建

（1）如何寻找参赛团队伙伴

① 志同道合　作为项目创始人，在寻找团队伙伴时，一定要找志同道合、个人素质修养较好的人，人生观、价值观和世界观一致的人，"三观"一致奠定较好的团队基础，统一团队的思想和理念。若一个人具备一定的前瞻性和视野，有较大的格局和较好的心态，也是不错的人选。

② 专业相近　专业成员能更有效地利用时间和资源，提升工作效率，从而更快地完成任务。专业背景和技能使团队成员能从不同角度看待问题，提出更全面和有效的解决方案。专业成员间的交流和合作可以激发新的想法和解决方案，促进创新和创造力，推动团队创新。专业团队能更高效地工作，为组织创造更多价值和收益，从而在市场上保持竞争优势。团队初期，一般有2~3名与项目专业密切相关的成员。

③ 专业互补　"挑战杯"项目涉及产品研发、市场运营、财务管理等岗位，这需要胜任上述岗位的人实现专业互补。其次，在性格、经验和性别等方面也需要能互补，还要配备擅长写作、演讲、创意及技能（如PPT制作）的成员。一个搭配合理的多元化团队，成员各自擅长不同的领域，能够共同应对各种挑战，形成一个完整而强大的整体。

④ 彼此了解　团队成员对彼此的情况比较熟悉，对彼此的做事风格和思维习惯比较了解，对彼此的性格和秉性比较熟悉，比较容易快速度过团队的磨合期。

（2）组队步骤

① 确定参赛项目　根据自身专业和兴趣，确定参赛项目，并了解该项目的"挑战杯"赛事情况。

② 寻找队友　通过各种渠道寻找合适的队友，如创新协会、学生会等。

③ 初步磨合　组队后，团队成员应尽快熟悉彼此，了解各自的专业和技能，初步磨合团队。

④ 确定目标和分工　在初步磨合后，团队成员共同确定目标，并根据各自的优势进行分工。

（3）组队注意事项

① 避免与有矛盾的成员组队，以免影响比赛情绪和团队氛围。

② 充分了解队友的技能和经验，避免组队后发现不合适而影响比赛。

③ 在组队过程中，多听取他人的建议和意见，不要急于下结论。

（4）团队建设与维护

① 定期聚会　团队成员之间应定期聚会，加强感情交流，增进彼此之间的了解和信任。

② 鼓励沟通　鼓励团队成员之间进行沟通，分享经验和学习心得，共同进步。

③ 解决矛盾　遇到矛盾和分歧，应及时沟通解决，避免影响团队氛围和战斗力。

④ 关心队友　彼此关心队友的生活和工作情况，给予适当的帮助和支持。

4.3.2 "挑战杯"竞赛指导团队组建

指导教师团队通常由具有丰富学术和实践经验的骨干教师以及具有丰富实践经验的企业导师等组成，他们具备深厚的专业知识和科研能力以及实践经验。在竞赛准备过程中，指导教师团队会为学生提供全面的指导，包括选题、研究方案设计、实验实施、数据分析、论文撰写、作品制作等。他们还会帮助学生了解竞赛的最新要求、流程安排以及答辩技巧，确保学生在竞赛中能够充分展示自己的研究成果。

企业导师具有以下作用：①帮助团队发现具有市场前景的竞赛项目；②指导团队开展项目培育与研究；③帮助团队进行市场调研和项目测试；④帮助优秀创新成果迅速转化为企业的效益，为竞赛项目落地实施创造条件。

4.4 "挑战杯"竞赛团队培训体系及日常管理机制

4.4.1 构建"四位一体"培养核心体系

以竞赛为抓手构建"四位一体"培养核心体系，包括：①以"挑战杯"竞赛为抓手，建立以"学生自我管理"为主的导师制梯队培养管理体系；②以"挑战杯"竞赛为抓手，建立以"自主—兴趣—动机"为标准的创新团队选拔体系；③以"挑战杯"竞赛为抓手，建立以"基础—综合—实践—创新"为过程的创新团队递进式长线培养体系；④以"挑战杯"竞赛为抓手，建立学生"发现问题—分析问题—解决问题"的创新能力激发与锻炼培养体系。

（1）导师制梯队培养管理体系

在以"学生自我管理"为主的导师制梯队培养管理体系中，团队指导老师为总负责人，由导师及团队学生总负责人组成核心层，团队学生总负责人由老队员推选，新队员投票，并经指导老师考察通过成为正式总负责人，"以老带新"形成导师制梯队培养管理体系。

（2）创新团队选拔体系

在以"自主—兴趣—动机"为标准的创新团队选拔体系中，由组长提出组队条件，组长与组员双向选择，自愿组队，减少团队合作磨合期。团队成员通过"预备队员—实习队员—正式队员"的选拔过程，每位正式团队成员都有两个月的预备期，预备期学习了解竞赛项目，掌握相关基础知识，听老队员讲解竞赛项目报告，拓宽视野。两个月预备期结束后，根据自愿原则加入团队，或选择退出团队。此选拔体系的构建有利于促进学生在交往中学习提高，也有利于自主学习内驱力的形成。

（3）创新团队递进式长线培养体系

以"基础—综合—实践—创新"为过程的创新团队递进式长线培养体系可分四个阶段。第一个阶段：大一新生进入大学生科技创新实验室平台，在导师引导下组织学习专业基础知识、了解竞赛平台，开拓视野，跟随学长完成子任务（约2个月）。第二个阶段：选择专业综合性较强但相对容易的比赛项目子任务（约3个月），此过程帮助学生初步实践"发现问题—分析问题—解决问题"的自主学习方式，在此过程中收获成长。第三个阶段：对比赛涉及的实践等进行总结、归纳与提升，撰写软件著作权、专利、论文等，进一步形成创新成果

（约3个月时间）。第四个阶段：总结参赛经历，在下次竞赛中担任负责人。递进式长线培养体系遵循终身教育的理念，符合人类"由浅入深、由简入繁、由旧知新"的知识与能力认知发展规律，实现团队成员课内理论与实践融为一体，达到专业知识融会贯通的教学目标，继而提高学生解决复杂科学问题的能力及创新创业实践能力。

（4）创新能力激发与锻炼培养体系

团队成员相互交流，遇到困难共同坚守，满足学习过程中心理和情感方面的需求；学生在不断实践"发现问题—分析问题—解决问题"的过程中，形成"输出倒逼输入"的逆向学习思维方式，从而培养与提升自主学习与终身持续学习的能力。在培养体系中，学生处于主体地位，导师是其学习知识的引路人，在从教到学的思维转变中实现创新创业教育。在团队合作过程中逐步形成师生之间、学生与学生之间的学习共同体，更有利于创新、创业素质与能力的培养。

4.4.2 "挑战杯"竞赛团队管理机制

（1）协同培养机制

采取了"校企双导师""多导师"制。指导范围涵盖了机电、计算机、营销等专业方向，使学生能够同时接受多个教师的指导，这有利于理论联系实际，加强学生知识、能力的全面性，促进学生全面均衡地发展。

（2）协同创新机制

在竞赛组织管理上，积极吸收引进了车辆、计算机、机电、营销、财会等专业的优秀学生，在日常交往与学术交流中形成了多角度、多层次的学术讨论与交流的气氛，促进团队成员相互学习、相互进步。

（3）竞争激励机制

加强过程考核，促进学生之间的公平竞争，增强学习和研究的积极性，更好地调动学生的积极性与主动性。

（4）保障管理机制

通过计划总结制度让团队成员有目标、有导向地研究、学习与总结；通过定期的学术专题报告会议发现问题、提高认识、拓宽视野；通过日常管理制度明确学生设备管理、资料管理、安全卫生管理的职责与习惯。这些制度的建立与完善有效地保障了团队的发展，为培养学生提供了高质量的平台。

4.4.3 "挑战杯"竞赛团队培训管理

（1）建设线上双创教育平台

线上双创教育平台包括教育教学板块、学生自主学习板块、师生交流反馈板块。教育教学板块，教师指导团队结合学生需求，开展相关的线上教学活动，丰富传统的教育形式。学生自主学习板块，让学生完成自主学习，进一步了解竞赛的标准、规则等，同时上传与竞赛相关的知识，促进学生综合能力发展，做好竞赛前准备。师生交流反馈板块增进师生交流，确保教育平台的有效性和针对性，实现学生综合能力和素养的发展。

（2）开展线上线下结合的培训

教师指导团队围绕竞赛标准和参赛学生情况开展相关的培训教育活动。在线上培训中，可将竞赛相关资料制作成自学微课、讲义等教学资料，并将其上传到团队学习网站，让学生完成学习任务，并留下在学习中的思考；在线下培训阶段，主要是导师结合学生线上学习情况，开展针对性的引导和培训。侧重学生基础知识和技能的培养，可模拟与竞赛类似的情境，让学生围绕项目进行实践，促使学生专业能力以及素养的提升。通过线上与线下结合的方式，能够进一步实现双创培训目标。

（3）加强过程评价和有效激励

第一，围绕学生的线上学习情况，如学习任务完成情况、学习时长、交流互动等进行评价，将这些内容记录。第二，在线下教学中，教师针对学生的合作情况、参与积极性、调研成果、完成项目任务等进行评价，并将这些内容记录。第三，项目目标管理情况、平时时间进度管理情况综合评价。

通过榜样激励、信任激励、尊重激励、情感激励、文化激励，激发团队成员内在的动力和积极性，促进团队成员成长，实现团队奋斗目标。

4.4.4 "挑战杯"竞赛指导教师指导策略

（1）竞赛团队初建时

团队初建时，尚未形成凝聚力，难免存在分歧。指导教师首先确定学生负责人并明确各自职责。负责人的职责主要包括研究工作规划、实施统筹、任务分解、后期统稿、团队内部及与指导教师沟通协调等，团队成员的主要职责包括按时保质完成任务、主动提出建议以及配合组长和其他成员完成任务等。

（2）项目选题时

在指导学生项目选题时，适宜采用"指导教师明确选题来源→学生提出备选题目→指导教师与学生共同讨论决定选题"的基本方法。这种指导方法的优点在于：一方面，可教会学生如何选题，同时能充分发挥学生的主观能动性，有效避免"课题化"或"命题化"的问题；另一方面，指导教师可以发挥自身的优势，帮助学生判断选题价值性和可行性，提高研究选题的质量。第一，指导教师明确选题的主要来源。选题主要来源包括：一是国家社科基金项目等国家级、省部级项目提供的选题指南，指南中的选题均是近期党和国家关注的重要问题，从中提取感兴趣的选题进行细化，确保选题的社会价值和科学价值；二是各级政府尤其是国务院发布的重要政策文本，这些是国家瞄准经济社会发展中重点领域的施政举措，从中提取关键词然后展开研究，具有重要的社会价值和实践意义；三是从其他渠道收集正在发生且持续存在的热点问题，这类问题是具有前瞻性的研究选题。第二，学生根据兴趣提出备选题目。在明确选题来源之后，学生团队经过一定时间的广泛阅读、信息收集和内部讨论，基于兴趣和客观条件提出备选题目。第三，共同讨论确定最终的研究选题。在形成备选题目后，指导教师与学生团队一起讨论，确定合适的研究选题。在这个过程中，指导教师重点要把握选题的价值性和可行性，同时指导学生确定题目大小、范围以及具体表述。

（3）项目研究方法培训时

研究方法培训重点：一是调查方法与统计分析方法，主要包括调查法的分类、重要统计分析方法及工具、问卷设计方法等；二是计量经济学建模的方法，主要包括计量经济学模型的类别、各类模型对数据的要求等；三是具体研究方法的选择，在提供了方法和工具包之后，要协助学生结合选题和研究重点选择适宜的方法，然后才能进入调研对象选择、问卷设计等环节，以便将数据需求全面融入调查过程。研究方法培训的重点是给出可使用的方法以及每种方法的使用条件和优缺点。

（4）制定和实施研究计划时

指导教师协助学生团队做好各个时间节点安排及项目实施方案，并督促学生按照时间节点完成子任务。与团队成员一起研讨实施过程中可能遇到的困难与解决措施，着重强调安全保障事宜。

（5）作品撰写时

指导教师对作品撰写的辅导，重点应放在以下几方面。第一，作品的逻辑框架构建。构建逻辑清晰合理的框架是进行作品撰写的前提，如果作品完成后发现问题再来调整，将严重影响备赛的进度。第二，学术道德与学术规范。无论是调研报告还是学术论文，都需要对既有研究成果进行梳理和总结，而学生并不熟悉文献引用的方法、格式，在作品撰写开始前，需要指导教师在学术道德和学术规范上做仔细的辅导。

（6）团队有摩擦或有困难时

在备赛过程中，学生团队有时会出现摩擦，或者在遇到困难时出现情绪波动。在这个阶段，指导教师的主要工作是化解摩擦以及在学生情绪低落时提供精神激励，保持项目团队的情绪稳定和备赛动力。

围绕如何更好地投入竞赛、缓解赛前紧张情绪、调节心理压力、提高应赛信心等内容进行心理辅导，通过理论讲授及现场互动活动，帮助参赛选手合理释放竞争压力、适度控制竞赛焦虑，放松心态，针对性解决心理问题。

（7）参加复赛路演前

指导教师需要对项目的路演内容、主讲人的语言表达与逻辑、项目内容呈现等进行全面指导，使评委能快速抓住项目核心亮点。同时指导教师从比赛规则、作品逻辑结构、汇报PPT、文本表述等方面进行深入指导，提出注意事项及建议。最后嘱咐参赛队员保持平和的心态，发挥水平，取得好成绩。

（8）赛后总结时

与项目团队成员一起总结比赛经验，分析项目的成功和不足之处，以便为未来的比赛提供参考和努力方向。

指导学生保持平和的心态，无论获奖与否都要正确看待比赛结果，从中吸取经验和教训。

如果作品有机会推送到更高层次的竞赛，安排相关人员根据评审专家建议进行修改、完善和提升。

对于在比赛中表现突出的团队成员，给予鼓励和支持，帮助他们将项目成果转化为实际应用或为下一次参赛做准备。

第 5 章
"挑战杯" 竞赛项目申报书撰写

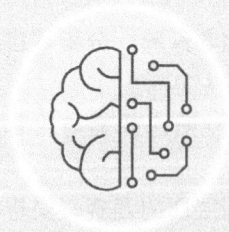

5.1 "挑战杯"大学生课外学术科技作品竞赛申报书

"挑战杯"大学生课外学术科技作品竞赛主体赛包括自然科学类学术论文、哲学社会科学类社会调查报告和学术论文、科技发明制作三类，如表5.1所示。申报类别不同，作品内容与考核要点也不同。

表5.1 "挑战杯"大学生课外学术科技作品竞赛主体赛类别

类别	自然科学类学术论文	哲学社会科学类社会调查报告和学术论文	科技发明制作
内容	学术论文和科技建议	社会调查报告和学术论文	科技发明和技术开发
要求	论证严密、文字简洁、有说服力，经得起理论推敲和实践检验。综合考虑作品的科学性、先进性、现实意义等方面因素，侧重考核基础学科学术探索的前沿性和学术性	围绕发展成就、文明文化、美丽中国、民生福祉、中国之治和战疫行动等6个组别形成社会调查报告，也可以按照哲学、经济、社会、法律、教育、管理6个学科报送社会调查报告和学术论文	A类指科技含量较高、制作投入较大的作品；B类指制作投入较小，给生产技术或社会生活带来便利的小发明、小制作等
备注	论文作者仅限本科生	调查报告类每篇在15000字以内；学术论文类每篇在8000字以内	须有实物或模型参赛

5.1.1 自然科学类学术论文赛项申报书撰写

（1）自然科学类学术论文赛项组别

"挑战杯"大学生课外学术科技作品竞赛自然科学类学术论文一共有五个组别：

A.机械与控制，包括机械、仪器仪表、自动化控制、工程、交通、建筑等；

B.信息技术，包括计算机、电信、通信、电子等；

C.数理，包括数学、物理、地球与空间科学等；

D.生命科学，包括生物、农学、药学、医学、健康、卫生、食品等；

E.能源化工，包括能源、材料、石油、化学、化工、生态、环保等。

自然科学类学术论文赛项以先进性、现实意义、科学性作为评审的三个维度。

（2）自然科学类学术论文赛项选题原则

作品名称要求简明确切，能反映论文内容、研究范围和深度。

论文的选题是参赛作品解决"研究什么"的问题。由于自然科学类作品侧重考查论文在基础学科学术探索中是否具有前沿性和学术性，因此在选题前一定要大量参考数据库中的权威文献，并积极询问校内的专业老师，可以从以下三种途径出发：

① 遵循创新性、可行性原则 选题必须具有新意，让人眼睛一亮，同时必须具有适当的难度，在可接受的人力投入、时间投入和资源投入下，在可承受的风险程度上能够产出预

期的成果。

② 立足自身所学，从专业出发　学术性论文作品更多应以专业性、学科性作为支撑。

③ 从身边出发，从实践中找到灵感　通过学校研究课题或者课程实践，找到选题切入点，同时多关注本校或者本专业老师现有的科研题目，跟着老师做科研实践，在思维碰撞中诞生出新的想法。题目一般不超过20个汉字，避免使用非常见的缩略语、字符、代号和公式等。参赛的学生要多关注社会生产、现实生活以及科学发展的各个领域，留意生活细节；关注各级科研管理部门公开的科技发展指南，关注国家大事和行业发展趋势。

（3）自然科学类学术论文赛项申报书撰写指南

自然科学类学术论文赛项申报书撰写详见表5.2～表5.5。

表5.2　自然科学类学术论文赛项申报书撰写1

作品全称	
作品分类	（　）A.机械与控制（包括机械、仪器仪表、自动化控制、工程、交通、建筑等） B.信息技术（包括计算机、电信、通信、电子等） C.数理（包括数学、物理、地球与空间科学等） D.生命科学（包括生物、农学、药学、医学、健康、卫生、食品等） E.能源化工（包括能源、材料、石油、化学、化工、生态、环保等） 根据作品名称，选择作品类型

表5.3　自然科学类学术论文赛项申报书撰写2

作品撰写的目的和基本思路	"为什么研究""如何研究" 撰写的目的：即为什么要研究、研究它有什么价值； 基本思路，即如何研究。主要可概括为：采用什么样的研究方法；提出什么样的观点；解决什么样的问题；达到什么样的效果
作品的科学性、先进性及独特之处	作品的科学性主要体现在：数据真实（一手调查、引用权威）；方法得当（比如运用问卷调查、个案访谈、文献研究等多种研究方法相结合）；逻辑严密；论据充分等。 作品的先进性及独特之处体现在，研究在前人工作基础上有所完善（或突破）的地方。如：切入点的独特、学科上的交叉融合、视角上的新颖等
作品的实际应用价值和现实意义	简单介绍作品＋对解决什么问题提供了理论依据；对当前同类课题的研究具有哪些借鉴意义等

表5.4　自然科学类学术论文赛项申报书撰写3

学术论文文摘	其主要是从论文中提炼出来的，由研究背景目的、方法、结果几部分构成。具体地讲就是在什么样的背景下，采用了什么方法，研究了什么内容，达到了什么效果
作品在何时、何地、何种机构举行的会议上或报刊上发表及所获奖励	主要是作品在何时、何地、何种机构举行的重要会议上或报刊上发表及所获奖项
鉴定结果	主要是作品在何时、何地、何种机构举行的评审、鉴定活动中获奖及鉴定结果

表5.5 自然科学类学术论文赛项申报书撰写4

请提供对于理解、审查、评价所申报作品具有参考价值的现有技术及技术文献的检索目录	主要提供参考文献和技术文献（包括学术期刊、博士学位论文、优秀硕士学位论文、工具书、重要会议论文、年鉴、专著、报纸、专利、标准等）
申报材料清单（申报论文一篇，相关资料名称及数量）	主要包括已发表的学术论文名称和数量

5.1.2 哲学社会科学类社会调查报告和学术论文赛项申报书撰写

社会调查报告是指针对社会生活中的某一情况、某一事件、某一问题，进行深入细致的调查研究，把调查研究得来的情况真实地表述出来，以反映问题，揭露矛盾，揭示事物发展的规律，向人们提供经验教训和改进办法，为教育科研和政府部门提供研究资料和社会信息的书面报告。

（1）哲学社会科学类社会调查报告和学术论文选题技巧

① 关注热点 选题最好是要契合当下的热点问题，并且佐以创新与创意，开拓一条新的路径；

② 跨专业优势互补 项目团队的构成可以融合多个学科，跨学院、跨专业实现交叉、互补。

③ 整理形成案例库 把每一届的优秀作品留存下来，形成丰富的案例库。

（2）哲学社会科学类社会调查报告和学术论文选题定位建议

① 具有实时性，应弘扬正能量，践行社会主义核心价值观。

② 具有普遍性，涉及面越广的问题，越带有社会普遍性的问题，就越有价值。

③ 具有可行性，有一定前期技术基础，具体的调查方案应在实际生活中行得通、做得到，具有可操作性。项目进度安排、经费预算合理。

④ 具有创新性，在某一学科领域有新发现、新观点或对解决实际问题有新方法、新途径。

⑤ 具有针对性，调查报告是为急需解决的某些问题而作的，因此，应及时反映情况，揭露存在的问题，提出迫切需要解决的问题，回答人们最关心的问题，才能做到有的放矢。

⑥ 具有时效性，要顺应瞬息万变的形势，讲究时间效益，及时捕捉各种信息，并做到及时反馈。

（3）哲学社会科学类社会调查报告和学术论文赛项申报书撰写指南

哲学社会科学类社会调查报告和学术论文赛项申报书撰写详见表5.6～表5.8。

表5.6 哲学社会科学类社会调查报告和学术论文赛项申报书撰写1

作品名称	
作品所属领域	（ ）A.哲学 B.经济 C.社会 D.法律 E.教育 F.管理 根据作品名称，选择作品所属领域

表5.7 哲学社会科学类社会调查报告和学术论文赛项申报书撰写2

作品撰写的目的和基本思路	"为什么研究""如何研究" 撰写的目的：即为什么要研究、研究它有什么价值； 基本思路，即如何研究。主要可概括为：采用什么样的研究方法；提出什么样的观点；解决什么样的问题；达到什么样的效果
作品的科学性、先进性及独特之处	作品的科学性主要体现在：数据真实（一手调查、引用权威）；方法得当（比如运用问卷调查、个案访谈、文献研究等多种研究方法相结合）；逻辑严密；论证充分等。 作品的先进性及独特之处主要体现在，研究在前人工作基础上有所完善（或突破）的地方。如：切入点的独特、学科上的交叉融合、视角上的新颖等
作品的实际应用价值和现实指导意义	简单介绍作品＋提供什么样的政策建议，解决什么样的社会（生活）等实际问题等

表5.8 哲学社会科学类社会调查报告和学术论文赛项申报书撰写3

作品摘要	其主要是从论文中提炼出来的，由研究背景目的、方法、结果几部分构成。具体地讲就是在什么样的背景下，采用了什么方法，研究了什么内容，达到了什么效果
作品在何时、何地、何种机构举行的会议或报刊上发表登载、所获奖励及评定结果	作品在何时、何地、何种机构举行的重要会议上或报刊上登载及所获奖项
请提供对于理解、审查、评价所申报作品，具有参考价值的现有对比数据及作品中资料来源的检索目录	提供参考文献和技术文献（包括学术期刊、博士学位论文、优秀硕士学位论文、工具书、重要会议论文、年鉴、专著、报纸、专利、标准等）
调查方式	□走访　　□问卷　　□现场采访　　□人员介绍　　□个别交谈 □亲临实践　□会议　　□图片照片　　□书报刊物　　□统计报表 □影视资料　□文件　　□集体组织　　□自发　　　　□其他 根据作品实际情况，勾选
主要调查单位及调查数量	省（市）_____县（区）___乡（镇）____村（街）_____单位_____ 邮编_____姓名_____电话_____调查单位____个___人次 根据作品实际情况，填写

5.1.3 科技发明制作赛项申报书撰写

科技是科学技术的简称。其中科学是反映自然、社会和思维等客观规律的知识体系，它在本质上具有三个特征：①用经验判断结果所能阐明的理论特征；②观察、实验考证加以证实的验证特征；③科学家在实践中得到验证和承认，并使之规范化的复证特征。技术是人与自然之间进行物质、能量和信息交换的手段和媒介，是根据实践经验和自然科学原理而发展起来的各种工艺操作方法和技能，以及生产工具、物资设备等。同时，技术创新还可进一步装备科学，作为科学理论、原理的检验工具。

发明是应用自然规律解决技术领域中特有的问题而提出创新性方案、措施的过程和成果。运用科学技术知识进行发明制作，是"挑战杯"竞赛寄予大学生课外科技创新的厚望。科技发明制作类作品更加注重的是应用有关的科学理论知识解决技术领域中特有的问题而提出创新性方案、措施的过程和成果。

科技发明制作作品通常包含以下几个方向：

A.机械与控制（包括机械、仪器仪表、自动化控制、工程、交通、建筑等）。

B.信息技术（包括计算机、电信、通信、电子等）。

C.数理（包括数学、物理、地球与空间科学等）。

D.生命科学（包括生物、农学、药学、医学、健康、卫生、食品等）。

E.能源化工（包括能源、材料、石油、化学、化工、生态、环保等）。

（1）提升作品吸引力的诀窍

① 立论求实，具有先进性　论文的基本观点必须来自材料的分析和研究，所提出的问题在本专业学科领域内有一定的理论意义或实际意义，并通过独立研究，提出自己的认识和看法。

② 论据翔实，富有科学性　做到旁征博引、多方佐证。所用论据要表明自己持何看法，有主证和旁证；论文中所用的材料应做到言必有据，准确可靠，精确无误。

③ 结合实际，富有现实意义　论文能够结合生活生产实际，能针对具体社会现象、生产问题，具有一定的经济效益与社会效益，可以是社会推广实践，附带一些实践证明。

（2）科技发明制作作品选题基本原则

① 新颖性原则　选题必须具有新意，让人眼前一亮。

② 挑战性原则　努力挑战最佳的选题方向。

③ 实用性原则　研以致用，预期的研究成果要有应用价值或学术价值。

④ 可行性原则　必须具有合适的难度，在可接受的人力投入、时间投入和资源投入下，在可承受的风险程度上能够产出预期的成果。

（3）科技发明制作作品申报书撰写指南

科技发明制作作品申报书撰写详见表5.9～表5.12。

表5.9　科技发明制作作品申报书撰写1

作品全称	
作品分类	（　）A.机械与控制（包括机械、仪器仪表、自动化控制、工程、交通、建筑等） B.信息技术（包括计算机、电信、通信、电子等） C.数理（包括数学、物理、地球与空间科学等） D.生命科学（包括生物、农学、药学、医学、健康、卫生、食品等） E.能源化工（包括能源、材料、石油、化学、化工、生态、环保等） 根据作品名称，勾选

表 5.10　科技发明制作作品申报书撰写 2

作品设计、发明的目的和基本思路，创新点，技术关键和主要技术指标	作品设计、发明的目的：为什么要研究、研究它有什么社会价值和经济价值。语言准确，依据充分，论证体系完善且条理清晰。 基本思路：可概括为采用什么样的研究方法；提出什么样的观点；解决什么样的问题；达到什么样的效果。 创新点： ① 研究思路上的创新。在研究思路上另辟蹊径，在科学研究上选取一个全新的角度去看待问题，是对作品最重要的创新要求。 ② 研究内容上的创新。对于普遍研究的热点问题，从侧面入手研究其相关的其他问题。 ③ 研究方法上的创新。比如同样解决视频数据检索问题，不是像别人那样用视频标注的方法，而是采用为视频建立概念索引的方法，这就是手段上的创新，它是作品应该具备的一个基本条件。 要在查阅大量国内外文献资料，广泛调研的基础上，根据作品的实际情况，明确地体现出作品在研究思路、研究内容和技术方法上的创新，尽可能展现作品的特色和创新之处。 技术关键和主要技术指标：关键技术一般是围绕项目的创新点

表 5.11　科技发明制作作品申报书撰写 3

作品的科学性、先进性（必须说明与现有技术相比，该作品是否具有突出的实质性技术特点和显著进步。请提供技术性分析说明和参考文献资料）	作品的科学性、先进性须与现有技术进行比较，说明该作品具有突出的实质性技术特点和显著进步，在进行对比时，要选用已被广泛承认的，并与本作品的用途、技术特征和效果相接近的已有技术作为对照，对照主要应从以下几方面进行：①技术原理；②主要技术指标；③应用情况。 一般文献参考最好控制在 10 篇以上，参考文献要注意引用文献发表的时间及杂志的权威性，时间越靠近现在的文献也就越能体现现有的研究水平
作品在何时、何地、何种机构举行的评审、鉴定、评比、展示等活动中获奖及鉴定结果	1.作品在何时、何地、何种机构举行的评审、鉴定活动中获奖及鉴定结果。 2.作品在何时、何地、何种机构举行的评比、展示等活动中获奖及鉴定结果
作品所处 阶　段	（　）A.实验室阶段　B.中试阶段　C.生产阶段　D._____（自填） 根据作品实际情况，勾选
技术转让方式	技术转让方式主要包括有偿转让和无偿转让两大类。 有偿转让，即技术贸易，是最主要的技术转让形式，具体包括许可证贸易、工程承包、合资经营、补偿贸易、合作生产、咨询服务等多种形式。近年来，国内的技术转让也已全面转向有偿的技术贸易方式，成为市场经济中科学技术知识传播、扩散和科技成果推广应用的基本形式。 无偿转让则主要包括政府间的无偿技术援助和学术界技术交流中的赠送。 根据作品实际情况，填写
作品可展示 的形式	□实物产品　□模型　□图纸　□磁盘 □现场演示　□图片　□录像　□样品 根据作品实际情况，勾选

表5.12 科技发明制作作品申报书撰写4

使用说明及该作品的技术特点和优势，提供该作品的适用范围及推广前景的技术性说明及市场分析和经济效益预测	使用说明及该作品的技术特点和优势：结合结构图说明技术特点和优势，思路清晰，简明扼要，图文并茂； 适用范围：需对作品适用领域进行简要的描述，分析作品市场推广的可行性及目标市场。在撰写作品的这部分内容时，要尽量扩大作品的适用范围，并且要尽量向目前新、精、尖的领域靠拢。 推广前景： ① 对作品本身特征及其目标市场进行分析； ② 确定作品的市场定位和目标人群； ③ 了解目前市场的发展阶段和需求状况； ④ 新兴的市场，需要分析本作品能否满足其需求，推广可行性有多大； ⑤ 已经较成熟的旧市场，则应分析本作品是否对现有作品有所改进，更能满足市场的需求
专利申报情况	□提出专利申报 申报号_____ 申报日期　　年　月　　日 □已获专利权批准 批准号_____ 批准日期　　年　月　　日 □未提出专利申请 根据作品实际情况，勾选并填写

（4）科技发明制作作品申报书案例参考

案例参考由两部分组成：表5.13的申报作品情况及当前国内外同类课题研究水平概述。

表5.13 申报作品情况（科技发明制作）

作品全称	基于人机交互的乘用车落水多重逃生智能装置研究
作品分类	（B）（每件作品仅限申报1个类别） A.机械与控制（包括机械、仪器仪表、自动化控制、工程、交通、建筑等） B.信息技术（包括计算机、电信、通信、电子等） C.数理（包括数学、物理、地球与空间科学等） D.生命科学（包括生物、农学、药学、医学、健康、卫生、食品等） E.能源化工（包括能源、材料、石油、化学、化工、生态、环保等）
作品设计、发明的目的和基本思路，创新点，技术关键和主要技术指标	一、作品设计 本设计方案针对汽车现有落水逃生装置的研究，自主设计出一款具备实时自动感知车辆落水、实时示警驾乘人员、自动开启不同逃生通道、通过人机交互系统科学指挥车内人员逃生、增设辅助逃生工具助力安全高效逃生等功能的智能落水逃生装置。 二、发明目的 据公安部统计，截至2022年12月底，全国机动车保有量达4.17亿辆，其中汽车保有量为3.19亿辆。汽车保有量增加的同时，车辆落水事件每年不断发生。据不完全统计，我国每年平均车辆落水事件达500余起，车内驾乘人员获救者不足10%。当车辆不慎驶入池塘、河流等地时，车辆会较快下沉至水底，不仅有巨大财产损失，更有人员死伤事件的发生。根据文献检索、专家咨询，汽车落水造成驾乘人员死亡主要有三大原因：

| | （1）水压过大导致车门无法打开，无法及时逃生；
（2）车辆落水后逃生时间极短，目前尚无指挥车内人员科学逃生的系统，从而错失有限的黄金逃生机会；
（3）缺氧窒息或溺水死亡。
经市场调研、文献检索，目前针对车辆落水的逃生装置存在以下问题：
（1）无法实时监测车辆是否落水；
（2）落水后无法自动开启不同逃生通道；
（3）落水后无法科学指挥车内人员进行逃生；
（4）落水后无法实时示警驾乘人员；
（5）未配备必要的辅助逃生工具。
因此，为提高落水车辆车内人员的安全成功逃生概率，本项目设计研发一种适配于市面上99%以上的车型，并具有五合一落水逃生功能的智能装置，具有重大的经济效益和社会效益。
三、基本思路
本项目主要设计了一种基于人机交互的乘用车落水多重逃生智能装置，分为六个步骤：方案设计—结构设计—方案论证—软件设计—仿真测试—方案优化。
（一）方案设计 |
| 作品设计、发明的目的和基本思路，创新点，技术关键和主要技术指标 | 通过对现有文献资料的整理研究，从多方面进行分析：对车辆头部与尾部不同落水情况分析；对软件程序和硬件设备的难点分析；对装置研究内容可行性分析；对传感器、控制器、执行器的选用及安装位置分析。设计了基于人机交互的乘用车落水多重逃生智能装置的方案。
技术路线图如图1所示。
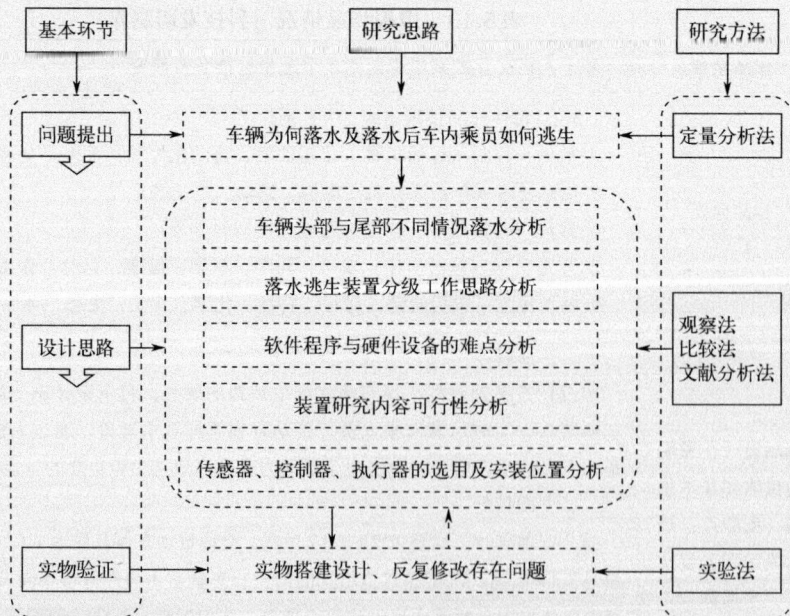
图1 技术路线图 |

选取仿真软件，对上述方案进行仿真测试，检验方案的可行性及存在的问题，对设计方案进行改良完善。

（二）结构设计

基于人机交互的乘用车落水多重逃生智能装置主要由胎压传感器、车载蓄电池、短路保护器、人机交互系统、前置摄像头、后视觉传感器模组、天窗电机、超级电容、多功能靠垫、车载顶灯、多功能安全锤、锁孔、电磁锁匙、T-Box、后备厢门锁电机、后置摄像头和座舱域控制器等零部件组成。如图2所示。

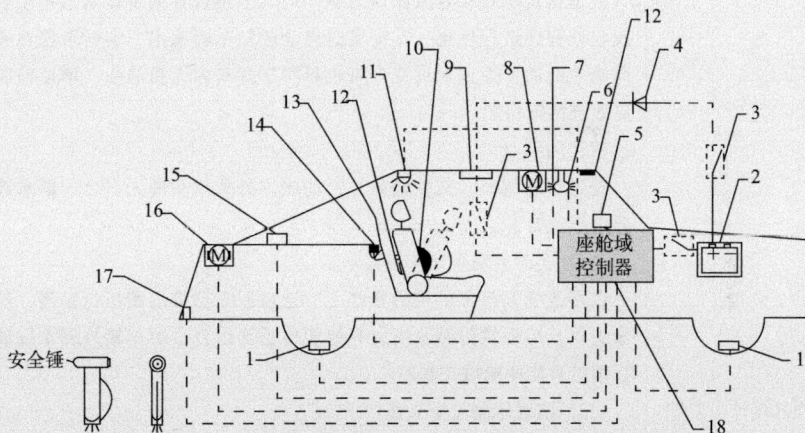

图2　乘用车落水逃生装置结构图

1—胎压传感器（4个）；2—车载蓄电池；3—短路保护器；4—二极管；5—人机交互系统；
6—前置摄像头；7—后视觉传感器模组；8—天窗电机；9—超级电容；10—多功能靠垫；
11—车载顶灯；12—多功能安全锤；13—锁孔；14—电磁锁匙；15—T-BOX；16—后
备厢门锁电机；17—后置摄像头（2个）；18—座舱域控制器

（三）方案论证

通过文献收集，发现车辆落水后，车内人员共有3次有效黄金逃生机会且逃生时间均比较短暂：

（1）车辆刚落水时，可以推开车门进行逃生；

（2）车辆外部水位达到车身高度一半时，利用安全锤击碎车窗玻璃进行逃生；

（3）在车辆完全没入水面后，打开车窗，抱住漂浮物迅速离开汽车，并迅速游向水面。

因事发紧急，这三种逃生方案不能被所有的驾乘人员有效采用，而本方案设计的智能落水逃生装置可以在车辆落水后实时自动感知车辆落水、实时示警驾乘人员、自动开启不同逃生通道、通过人机交互系统科学指挥车内人员逃生、增设辅助逃生工具助力安全高效逃生。

本装置通过合众新能源汽车股份有限公司的试用发现：

（1）智能控制单元性能稳定，无误判情况出现；

（2）模拟轿车落水时，智能控制单元正常工作；

（3）人机交互系统能视情开展落水逃生播报。

左栏（合并单元格）：作品设计、发明的目的和基本思路，创新点，技术关键和主要技术指标

作品设计、发明的目的和基本思路，创新点，技术关键和主要技术指标	（四）软件设计 在初期的设计方案得到充分论证后，本项目选用 C 语言为程序设计语言进行控制程序开发，并以此开发具有五合一功能的乘用车智能落水逃生装置。 （五）仿真测试 在落水逃生装置软件流程图设计完毕后，借助 KeiL 5 代码编写软件和 Proteus 仿真软件实现智能落水逃生装置功能的仿真测试，测试结果良好。 （六）方案优化 根据仿真测试和专家团队意见，对本方案设计的智能落水逃生装置的结构、功能以及软件程序进行优化，实现实时自动感知车辆落水、实时示警驾乘人员、自动开启不同逃生通道、通过人机交互系统科学指挥车内人员逃生、增设辅助逃生工具助力安全高效逃生等功能。 四、创新点 经过市场调研、文献检索，目前国内外乘用车尚无五合一落水逃生功能，本项目主要创新点如下： （一）实时自动感知车辆落水 在不改变原汽车结构的基础上，通过原车自带的胎压传感器、前置摄像头、后置摄像头以及后视觉传感器模组等智能传感器组合，对车辆外部水位情况实时监测，实时反馈给智能座舱域控制器。 （二）实时示警驾乘人员 当确定车辆落水时，通过人机交互系统及时示警驾乘人员，提醒驾乘人员及时采取逃生措施。 （三）自动开启不同逃生通道 车辆落水后，本装置自动开启车窗、后备厢、天窗等不同逃生通道，车内人员择机从不同逃生通道安全逃生。 （四）通过人机交互系统科学指挥车内人员逃生 车辆落水后，本装置通过人机交互系统科学有序指挥车内人员在黄金逃生时间段内选取最合理的逃生通道，最终实现成功逃生。 （五）增设辅助逃生工具助力安全高效逃生 本项目装置增设了多功能安全锤（具有破窗、照明、定位及示警多重功能）、多功能靠垫（内含 EPE 珍珠棉材料，起到救生衣功能，避免逃到车外的人员溺水死亡）等辅助逃生工具，能进一步实现高效安全逃生。 本装置具有五合一落水逃生功能，可以在第一时间自动监测到乘用车落水，实时警示驾乘人员，立即开启不同的逃生通道并启用人机交互系统，科学指挥车内人员通过最合理的逃生通道，携带多功能靠垫迅速安全脱离落水车辆，具有较高的安全性和可靠性。 五、技术关键 （1）对摄像头安装位置优化以及摄像头、胎压传感器参数优化。 （2）以 AT89C51 单片机为控制核心，进行功能软件的开发及优化。 （3）人机交互系统的科学播报控制程序优化。 六、主要技术指标 （1）汽车落水后智能传感器响应：在 3 秒内判断车辆落水阶段。

作品设计、发明的目的和基本思路，创新点，技术关键和主要技术指标	（2）车辆落水后，控制器在5～10秒内通过人机交互系统确认车辆是否落水。 （3）车辆落水后，在15秒内自动开启不同逃生通道，并科学指挥车内人员逃生。 （4）本装置的多功能安全锤具有破窗、照明、定位及示警多重功能，多功能靠垫内含EPE珍珠棉材料，起到救生衣的作用，避免逃到车外的人员溺水死亡

作品的科学性、先进性（必须说明与现有技术相比，该作品是否具有突出的实质性技术特点和显著进步。请提供技术性分析说明和参考文献资料）

一、作品的先进性

（一）项目先进性总体介绍

通过智能座舱域控制器收集原车所配备的胎压传感器、前置摄像头、后置摄像头以及后视觉传感器模组的检测信号，并判断车辆是否落水，落水后，打开不同的逃生通道，快速高效地进行逃生。通过增设多功能安全锤（具有破窗、照明、定位及示警多重功能）、多功能靠垫（内含EPE珍珠棉材料，起到救生衣功能，避免逃到车外的人员溺水死亡）等辅助逃生工具，进一步实现高效安全逃生。

（二）项目的科学性、先进性

（1）汽车落水后本装置智能传感器实时响应：在3秒内判断车辆落水状况。

（2）车辆落水后，本装置控制器在5～10秒内通过人机交互系统确认车辆是否落水。

（3）车辆落水后，本装置控制器在15秒内自动开启不同逃生通道，并科学指挥车内人员逃生。

（4）本装置的多功能安全锤具有破窗、照明、定位及示警多重功能，多功能靠垫内含EPE珍珠棉材料，具有救生衣功能，避免逃到车外的人员溺水死亡。

本项目设计的"基于人机交互的乘用车落水多重逃生智能装置"方案与其他车辆落水逃生装置方案的功能对比（如表1所示）。

表1　本装置与其他车辆落水装置对比分析

项目	能否实时监测落水状态	能否自主判断所处落水阶段	分阶段开启落水逃生功能	科学指挥车内人员逃生	综合性能
车窗自动打开和浮力气囊装置	不能	不能	不能	不能	良
落水浮力气囊装置	不能	不能	不能	不能	良
落水报警供气装置	不能	不能	不能	不能	良
后备厢逃生装置	不能	不能	不能	不能	良
本方案	能检测	能	能	能	优

<table>
<tr><td rowspan="1">作品的科学性、先进性（必须说明与现有技术相比，该作品是否具有突出的实质性技术特点和显著进步。请提供技术性分析说明和参考文献资料）</td><td>

本项目装置的适配性高，包括乘用车（轿车）、多用途车（MPV）、运动型多用途车（SUV）、专用乘用车和交叉型乘用车（面包车）以及新能源范畴内的增程式、混动式、燃料电池式、客车、公交车等应用车型。

二、技术性分析说明

本装置主要由胎压传感器、车载蓄电池、短路保护器、人机交互系统、前置摄像头、后视觉传感器模组、天窗电机、超级电容、多功能靠垫、车载顶灯、多功能安全锤、锁孔、电磁锁匙、T-Box、后备厢门锁电机、后置摄像头和座舱域控制器等部件组成。

本项目对车辆整体结构进行分析设计，车载蓄电池与车内所有用电部件相连接，具体安装情况如下：

（一）智能传感器部分

胎压传感器安装在车辆四个车轮内部；前置摄像头安装在车内后视镜背面；后向视觉传感器模组安装于车内后视镜正面；后置摄像头安装在车辆后保险杠内；胎压传感器、前置摄像头、后向视觉传感器模组、后置摄像头的输出端均与所述座舱域控制器相连接。

（二）控制器部分

座舱域控制器安装在驾驶室中控台内部，通过内部独有复杂算法、调用数据库数据比对，精准控制落水逃生装置可靠工作。

（三）执行器部分

人机交互系统安装在中控台内部；锁孔、电磁锁匙安装在车内后备厢的后隔板上；后备厢门锁电机与车内后备厢的门锁相连接；车载顶灯安装在车内阅读灯饰板内侧；T-Box安装在车辆后排座椅与后备厢的后隔板上端；天窗电机安装在车内阅读灯饰板内侧；人机交互系统、电磁锁匙、后备厢门锁电机、车载顶灯、T-Box和天窗电机均与所述座舱域控制器的输出端相连接。

（四）电源供给部分

车载蓄电池安装在发动机舱中；超级电容安装在车内阅读灯饰板内侧；二极管安装在车载蓄电池与超级电容的充电连接线上，短路保护器分别安装在车载蓄电池与超级电容、座舱域控制器的充电连接线上，以及超级电容与座舱域控制器的充电连接线上。

（五）水上救生工具部分

多功能靠垫为内置漂浮板及记忆棉的靠垫，靠垫两侧有弹性背带，分别安置在车辆各个座位上，具有靠垫和漂浮板双重功能；多功能安全锤分别安装在前排乘客座位背面和前排乘客遮光板背面，具有破窗、照明、定位、示警作用。

三、参考文献

[1]吕超颖，刘洋，杨欣怡.轿车落水后备箱通道逃生装置的设计研究[J].南方农机，2022，53（09）：148-150，156.

[2]郭兴华，王皆佳，闫甜甜，孙亚楠.一种汽车落水自助逃生装置的设计构想[J].科学技术创新，2021（08）：165-166.

[3]林振楠，蔡承均.汽车落水逃生呼吸器[J].青少年科技博览，2020（03）：15-16.

[4]张佳新，孙立书，张翰康，黄鑫，杨健.一种紧急汽车落水逃生系统[J].汽车零部件，2019（10）：1-4.

[5]陆方舟，陈立旦，沈挺健.一种基于后备箱通道的轿车落水逃生装置的设计[J].丽水学院学报，2018，40（02）：59-63.

[6]李涛.基于信息融合的汽车落水防沉装置研发[D].洛阳：河南科技大学，2017.

</td></tr>
</table>

续表

作品的科学性、先进性（必须说明与现有技术相比，该作品是否具有突出的实质性技术特点和显著进步。请提供技术性分析说明和参考文献资料）	[7]喻梓宸，龙奕丞，蔡宗林.让逃生更成功——仿鸟呼吸式汽车落水再生制氧生命保障装置的研制[J].发明与创新（初中生），2021（10）：10-13. [8]郭兴华，王皆佳，闫甜甜，孙亚楠.一种汽车落水自助逃生装置的设计构想[J].科学技术创新，2021（08）：165-166. [9]吴乐甫.汽车后备箱紧急逃生盖注塑工艺仿真与模具设计研究[D].扬州：扬州大学，2020. [10]林振楠，蔡承均.汽车落水逃生呼吸器[J].青少年科技博览，2020（03）：15-16. [11]张芹，何友军，司文豪.汽车智能破玻逃生装置的设计与研究[J].内燃机与配件，2019（22）：220-221.
作品在何时、何地、何种机构举行的评审、鉴定、评比、展示等活动中获奖及鉴定结果	（1）获评浙江经济职业技术学院第十八届"挑战杯"大学生课外学术科技作品竞赛一等奖； （2）获2023年浙江经济职业技术学院校级大学生创新创业重点培育项目立项
作品所处阶段	（B） A.实验室阶段 B.中试阶段 C.生产阶段 D._____（自填）
技术转让方式	无
作品可展示的形式	☑实物、产品　□模型　□图纸　□磁盘 □现场演示　☑图片　□录像　□样品
使用说明及该作品的技术特点和优势，提供该作品的适用范围及推广前景的技术性说明及市场分析和经济效益预测	一、使用说明 　　通过智能座舱域控制器收集原车所配备的胎压传感器、前置摄像头、后置摄像头以及后视觉传感器模组的检测信号，并判断车辆是否落水，落水后，打开不同的逃生通道，快速高效地进行逃生。通过增设多功能安全锤（具有破窗、照明、定位及示警多重功能）、多功能靠垫（内含EPE珍珠棉材料，起到救生衣功能，避免逃到车外的人员溺水死亡）等辅助逃生工具，进一步实现高效安全逃生。 二、该作品的技术特点和优势 本项目在不改变原车整体结构的基础上增加以下功能： （1）实时自动感知车辆落水； （2）车辆落水后实时示警驾乘人员； （3）车辆落水后自动开启不同逃生通道； （4）车辆落水后通过人机交互系统科学指挥车内人员逃生； （5）增设辅助逃生工具，助力安全高效逃生。 三、推广前景的技术性说明 本项目设计方案适配市面上99%以上的车型，正与汽车整车制造厂、汽车软件公司以及汽车保险公司等车企进行合作模式协商，通过汽车前端与后端市场拓宽本项目的

使用说明及该作品的技术特点和优势，提供该作品的适用范围及推广前景的技术性说明及市场分析和经济效益预测	销售合作渠道，迅速占领市场份额。 **四、市场分析** 据不完全统计，我国平均每年汽车落水事件多达500起，死伤人数高达1500人。目前市面上暂无五合一智能落水逃生装置，每年新车销售量2000多万辆，市场空间广阔。 **五、经济效益预测** 已知目前产品总成本为2006元，产品定价2599元，本项目装置的适配性能高达99%以上，可以应用于乘用车（轿车）、多用途车（MPV）、运动型多用途车（SUV）、专用乘用车和交叉型乘用车（面包车）以及新能源范畴内的增程式、混动式、燃料电池式、客车、公交车等车型。我国每年汽车销量达2000万辆，若其中10%新车安装五合一智能落水逃生装置，可带来近50亿元的产值规模。 **六、社会效益** 本项目装置能有效带动汽车行业就业发展。预计未来每年针对落水逃生智能装置的就业岗位将新增50~70个，带动汽车后服务市场持续发展；预计未来每年针对落水逃生智能装置及相关产品制造岗位100~150个，推动汽车工业持续健康发展。 据不完全统计，我国平均每年汽车落水事件多达500起，死伤人数高达1500人，就有1500多个家庭不完整。通过安装本装置，每年挽救近千条生命，具有显著的社会效益
专利申报情况	□提出专利申报 申报号_____ 申报日期　　年　月　日 □已获专利权批准 批准号_____ 批准日期　　年　月　日 □未提出专利申请
科研管理部门签章	年　月　日

说明：

1. 必须由申报者本人按要求填写；

2. 本部分中的管理部门签章视为对申报者所填内容的确认。

C.当前国内外同类课题研究水平概述

通过对现有文献资料的查阅和整理得出，对目前国内外市面上汽车落水逃生的现状进行了相关研究设计。

一、国内对汽车落水逃生装置的设计主要有四个方向

（一）车窗自动打开和浮力气囊装置

江苏科技大学电子信息学院张佳新和孙立书等设计的一种集车体浮起和逃生于一身的紧急汽车落水逃生系统，该设计的整体思路为当车辆落水后，自动打开浮力系统，并通过语音提示车内驾乘人员解开安全带，点亮救护灯，开启蜂鸣器向外界发出求救信号，同时将车窗自动打开并发送定位给警方，以此提高车内乘员生还的概率，但是该设计忽略了落水环境以外的各种不确定因素以及缺少相对应的其他车内人员逃生通道，功能比较单一，实用性不够强。

（二）落水浮力气囊装置

江苏航运职业技术学院航海技术学院郭兴华和王皆佳等设计，由监测单元、控制单元、动力单元和执行单元组成的一种汽车落水自助逃生装置的设计构想，该设计构想主要是在汽车落水后，浮力开关泡在水中经过一系列的机械运动打开浮力气囊使车辆上浮，从而使得车辆上浮至水面，车内人员可在浮于水面的车内等待救援或自行进行脱险，但是忽略了车辆落入水中，水中可能存在锋利杂物，很有可能会刮破浮力气囊，因而仍旧存在一定的安全隐患。

（三）落水报警供气装置

重庆文理学院樊安玲和潘远均等设计，由汽车落水监测、单片机、逃生救护报警和电源供电等四部分组成的汽车落水应急救护系统，该系统主要针对汽车落水检测，落水后为车内人员供气而缺少相应车辆落水后对车内驾乘人员的救援措施。南昌工程学院蔡三星和廖华丁等设计的新型汽车落水逃生装置，该装置设计的整体思路是在车辆落水后，为车内受困驾乘人员提供足够的氧气，增大救援成功概率，但是该装置缺少必要的逃生措施，且忽略了汽车落水深度这一不确定因素以及呼吸导管的坚韧性和气密性。

（四）后备厢逃生装置

陕西服装工程学院吕超颖和刘洋等设计，由信号信息模块、执行模块和处理模块组成的轿车落水后备厢逃生装置，该设计中仅设置了后备厢一条逃生通道，且无语音提示如何逃生和自动落水定位发送的功能。首先，当车辆落水后，车内驾乘人员大多产生慌乱、不知所措的心理，此时若没有科学的逃生指南播报，车内人员无法有序且快速地逃生；其次，后备厢逃生通道对后排乘客逃生比较便利，而对于前排人员却比较麻烦；再者，车辆落水后，若仅靠语音报警器向四周报警，而无向紧急联系人远程报警和发送落水定位的功能，效果不够理想。

二、国外对汽车落水逃生装置的设计主要有两个方向

（一）新型被动安全装置——汽车落水自动浮起和扶正系统

当此系统采集到一定的压力和转速信号后，打开驱动机构，利用气体发生器给气袋充气，打开塑料泡沫控制器，利用气袋和塑料泡沫的浮力使汽车浮在水面上或者使汽车自动扶正。论文设计出了汽车落水自动浮起和扶正系统的总体方案和控制系统，对汽车落水的各种情况进行了分析，对组成控制系统的各种组件进行了阐述，并结合汽车的实际需要，设计出来了其各个组件以及在汽车上的具体安装位置，着重对气袋的特性和充气过程进行了分析，并且阐述了此系统与汽车上蓄电池、ABS系统以及其他系统的一些关系。汽车落水自动浮起和扶正系统的设计使汽车落水后能够自动浮到水面上，使乘员能够安全逃生，从而保证人们的安全。

（二）水陆两栖车辆落水逃生安全装置

此装置广泛应用于如车用物资的运送、边防严酷环境的执勤巡逻、救灾救难、探测等专业领域。目前两栖汽车尚未广泛应用，并且整车设计的改动需要较大的改装成本。

三、对比总结

综上所述，相对于目前国内外现有方案，本项目的五合一智能落水逃生装置可以实现实时自动感知车辆落水、实时示警驾乘人员、自动开启不同逃生通道、通过人机交互系统科学指挥车内人员逃生、增设辅助逃生工具助力安全高效逃生等功能，从而在车辆落水后第一时间科学指挥车内驾乘人员通过不同逃生通道安全逃生。本装置具有较高的适配性，能有效提高落水车辆驾乘人员生还概率，具有显著的经济效益和社会效益。

5.2 "挑战杯"中国大学生创业计划竞赛申报书

"挑战杯"中国大学生创业计划竞赛设科技创新和未来产业、乡村振兴和农业农村现代化、社会治理和公共服务、生态环保和可持续发展、文化创意和区域合作五个赛道。

5.2.1 科技创新和未来产业赛道申报书

（1）科技创新和未来产业赛道申报书主要内容

"挑战杯"大学生创业计划竞赛科技创新和未来产业赛道申报书主要包括作品简介、社会价值、实践过程、创新意义、发展前景、团队协作六部分，每部分字数限制在500字以内，如表5.14所示。

表5.14　科技创新和未来产业赛道申报书

作品简介 （500字内）	
社会价值 （500字内）	
实践过程 （500字内）	
创新意义 （500字内）	
发展前景 （500字内）	
团队协作 （500字内）	

（2）科技创新和未来产业赛道申报书评分指标

科技创新和未来产业赛道评分标准如表5.15所示。

表5.15 科技创新和未来产业赛道评分标准

评审点	评审指标
社会价值	（1）项目结合社会实践、社会观察，履行社会责任的做法与成效，在科技创新方面的社会贡献度。 （2）项目直接提供就业岗位的指导和质量。项目间接带动就业的能力和规模。未来在持续吸纳、带动就业方面的能力等
实践过程	项目通过深入社会、行业、实验场所、实训基地，开展调查研究试点运营、试验论证，形成可靠的一手材料，强调实地调查和实践检验
创新意义	（1）具有原始创新或技术突破，取得一定数量和质量的创新成果（专利、创新奖励、行业认可等）。 （2）项目在科学技术、社会服务形式、商业模式、管理运营、应用场景等方面的创新程度。 （3）创新成果对于赋能传统产业、解决社会问题，助力形成新产业、新业态、新模式有积极意义
发展前景	（1）项目在商业模式、营销策略、财务管理、发展战略等方面设计完整、合理、可行。 （2）目标定位、市场分析清晰、有前瞻性。 （3）盈利能力推导过程合理，能够实现可持续发展，前景乐观
团队协作	（1）团队成员了解社会现状、关注社会民生，具备一定解决社会问题的能力和水平。 （2）团队成员的专业背景、创业意识、创业素质、价值观念与项目需求相匹配。 （3）团队组织架构与分工情况

（3）科技创新和未来产业赛道申报书撰写要点

申报书撰写要点如表5.16所示。

表5.16 科技创新和未来产业赛道申报书撰写要点

作品简介 （500字内）	核心点：社会问题是什么、解决方案是什么、实践成果有哪些。 概述：为什么要做？怎么做的？达到了何种程度（做得如何）/实践成果如何/做得怎么样
社会价值 （500字内）	核心点：对社会的贡献，产生的积极变化、凸显有价值成效和社会影响力。 概述：用了你的解决方案，解决了某种/哪些问题，带来了怎样的经济发展，为农村群众、弱势群体、社区治理、乡村建设等带来了怎样有效的变化等
实践过程 （500字内）	核心点：对于关键的时间点、核心事迹要重点描述，可以时间点/时间区间+事迹的方式。 概述：说明项目过程中进行的各项主要实践活动（包括产品研发、营销策略、调研实践、技术研究、社会服务等）以及形成的产业链等
创新意义 （500字内）	核心点：技术、模式、管理、内容的创新性，凸显创新程度，你们提出的创新点可以促进目前哪些内容的升级、优化和提升等。 概述：技术或模式创新要体现创新程度如何，有怎样的提升，带来了哪些有效改变等

发展前景 （500字内）	**核心点**：技术或模式有优势、市场可行和容量大、政策有支持、资金和人员可持续。 **概述**：技术或模式具有的优势＋市场优势比同类产品更具竞争力；贯彻政策支持，能为解决当下社会问题作出贡献
团队协作 （500字内）	**核心点**：团队成员简要介绍，包括2～3个学生和1～2位指导教师的介绍，专业教育和创新创业教育的契合度等。 **概述**：团队成员具体分工和负责什么事项、专业特长、相关领域有什么成绩（核心成员和指导老师取得的成绩都是要和项目研究的领域有关的）

① 社会价值　科技创新和产业创新深度融合对于推动社会发展和经济增长具有深远的意义，主要体现在以下几个方面：

促进新质生产力的发展：科技创新和产业创新深度融合是发展新质生产力的基本要求。这种融合不仅为产业高质量发展拓展空间，还深度赋能产业发展，同时产业发展也为科技创新提供转化载体和应用场景，两者互为牵引、互促共进，从而推动产业创新发展。

推动经济发展方式的转变：科技创新的出现会深刻地重塑生产力基本要素的配置方式与组合，催生新产业新业态。通过运用科技创新带来的新技术、新工艺等加速已有产业的转型升级，推动生产力向更高级、更先进的质态演进，从而发展壮大新质生产力。

赋能中国高质量发展：以科技创新赋能中国智能化、低碳化转型，助力更多中国的实体企业实现高质量发展，同时也在引领行业变革、增进民生福祉、推动绿色发展的过程中，不断创造和贡献社会价值。

② 实践过程　事件（过程）可包括如下内容：

a.问题发现；

b.问题调查、分析、论证；

c.方案提出、评估、优化；

d.方案实施（技术研发）；

e.技术实现/产品制作、试验、评估、优化；

f.产品1.0版本完成（学术研究严谨性）/申请专利、资质许可；

g.在×××单位进行试用，得到反馈效果怎么样；

h.意向订单、融资意向，成立公司/合作生产企业（产品量产）；

i.销售额、利润额等荣誉认可或其他。

③ 创新意义　科技创新和未来产业创新主要体现在：

加强科技创新与产业创新的深度融合：通过科技创新引领产业创新，特别是在量子信息、人工智能、新能源、新材料等领域，实现技术革命性突破和生产要素创新性配置，以促进产业深度转型升级，形成新质生产力。

推动未来产业创新能力建设：面向新一轮科技革命和产业变革，强化未来产业创新能力，构建未来产业创新体系。未来产业以原创性和颠覆性技术创新为驱动力，促进新质生产力的发展，特别是在未来制造、未来信息、未来材料、未来能源、未来空间和未来健康等重点领域实现突破。

探索科技创新与产业创新深度融合的路径：通过加强创新资源统筹和力量组织，推动科技创新和产业创新融合发展，包括转向高质量发展阶段的内在要求，加快培育以科技创新为引领的新增长动能及提升产业链安全韧性的战略选择。

④ 发展前景　科技创新和未来产业的发展前景非常广阔。随着科技的不断进步，未来产业如人工智能、物联网、智能制造、智慧城市等正在不断发展和完善，这些领域的发展将深刻影响未来的产业格局。

a.人工智能：作为未来产业的重要组成部分，人工智能将在医疗保健、金融、工业、零售、教育等领域得到广泛应用。人工智能技术的发展将带来更高的效率和更低的成本，从而推动未来产业的发展。

b.物联网：物联网作为一个重要的未来产业，将实现设备之间的互联，改变零售业、制造业、农业、医疗保健等行业，使它们更加智能化，从而推动经济发展。

c.智能制造：智能制造是实现自动化制造、提高生产效率、降低成本并提高产品质量的关键技术。它将改变传统的制造模式，提高制造行业的效率，推动经济发展。

d.智慧城市：智慧城市技术将实现城市管理的高效化，提高城市的可持续性。智慧城市技术将改变城市规划和管理方式，提升城市的整体功能和居民的生活质量。

未来产业的发展还涉及量子科技、新能源、新材料等领域，这些领域的创新和发展将为经济增长提供新的动力，同时也将在国际竞争中发挥重要作用。国家层面通过出台相关政策和措施，如《关于推动未来产业创新发展的实施意见》，加快未来产业的发展，提升国家竞争力。

5.2.2　乡村振兴和农业农村现代化赛道申报书

（1）乡村振兴和农业农村现代化申报书主要内容

"挑战杯"大学生创业计划竞赛乡村振兴和农业农村现代化申报书主要包括作品简介、社会价值、实践过程、创新意义、发展前景、团队协作六部分，每部分字数限制在500字以内。

（2）乡村振兴和农业农村现代化赛道申报书撰写要点（如表5.17所示）。

表5.17　乡村振兴和农业农村现代化赛道申报书撰写要点

作品简介 （500字内）	核心点：涉及乡村振兴和农业农村现代化等社会问题的哪些方面、解决方案是什么、实践成果有哪些。
	概述：为什么要做？怎么做的？达到了何种程度（做得如何）/实践成果如何/做得怎么样
社会价值 （500字内）	核心点：对乡村振兴和农业农村现代化等社会问题的贡献度，对农村组织和农民增收、地方产业结构优化等产生的积极变化，对促进乡村就业、教育、医疗、养老、环境保护与生态建设等凸显有价值成效，有效提高就业岗位的数量和质量。
	概述：用了你的解决方案，解决了哪些问题，为乡村振兴和农业农村现代化、社会就业等带来了怎样有效的变化等
实践过程 （500字内）	核心点：对于关键的时间点、核心事迹要重点描述，可以时间点/时间区间＋事迹的方式。
	概述：说明项目过程中进行的各项主要实践活动（包括调研实践、产品研发、营销策略、技术服务、社会服务等）以及形成的产业链等
创新意义 （500字内）	核心点：技术、模式、管理、内容的创新性，凸显创新程度，你们提出的创新点可以促进目前哪些内容的升级、优化和提升等。
	概述：技术或模式创新要体现创新程度如何，有怎样的提升，带来了哪些有效改变等

发展前景 （500字内）	**核心点**：技术或模式有优势、市场可行和容量大、政策有支持、资金和人员可持续。 **概述**：技术或模式具有的优势＋市场优势比同类产品更具竞争力；贯彻政策支持，能为解决当下社会问题作出贡献
团队协作 （500字内）	**核心点**：团队成员简要介绍，包括2～3个学生和1～2位指导教师的介绍，专业教育和创新创业教育的契合度等。 **概述**：团队成员具体分工和负责什么事项、专业特长、相关领域有什么成绩（核心成员和指导老师取得的成绩都是要和项目研究的领域有关的）

① 社会价值　乡村振兴和农业农村现代化的社会价值主要体现在促进城乡融合发展、传承和弘扬中华农耕文明、提升农村公共服务水平、改善农民生活质量、促进乡村治理现代化等方面。

通过实施乡村振兴战略，可以加快构建城乡融合发展新格局，为城市核心功能提供战略空间，承接更多元和高能级的经济发展功能。

在传承和弘扬中华农耕文明方面，乡村振兴通过加强农村公共文化建设，深入实施公民道德建设工程，建设幸福家庭、友爱乡村、和谐社会，提升乡村社会的文明程度。

提升农村公共服务水平、改善农民生活质量是乡村振兴的另一个重要方面。通过完善基础设施、发展特色产业、提高农民的教育水平和健康保障水平，可以有效提升农民的生活质量，缩小城乡差距，促进社会公平正义。

通过加强基层组织建设，解决乡村社会"散"的问题，建立健全党委领导、政府负责、社会协同、公众参与、法治保障的现代乡村社会治理体制，从而提高乡村治理能力和水平，确保乡村社会充满活力。

乡村振兴和农业农村现代化的推进，不仅能够促进经济发展，还能够推动社会进步和文化传承，提升农民的生活质量，缩小城乡差距，实现共同富裕，对于全面建成小康社会、实现中华民族伟大复兴的中国梦具有重要意义。

② 实践过程　事件（过程）可包括如下内容：

a.问题发现；

b.问题调查、分析；

c.方案提出、评估、优化；

d.方案实施（试点运营）；

e.实施、评估论证、优化；

f.资质许可／签订合作协议；

g.社会效益和经济效益。

③ 创新意义　乡村振兴和农业农村现代化方面的创新主要体现在：

a.现代化大农业的发展：通过引入先进的农业机械和自动化设备，提高农业生产的效率和精度。生物技术的应用，如转基因作物和生物肥料，能增强作物的抗病虫害能力，提高产量和品质。

b.科技创新与智慧数字的应用：建立农业大数据中心，收集和分析农业生产、市场供需、气候变化等数据，为农民提供科学的种植建议。物联网技术的应用实现了农业环境的智能监控，自动调节灌溉系统，优化资源配置。农业电子商务的发展为农产品的销售提供了新渠道，缩短供应链，提高效率。参与国际农业合作项目，拓展国际合作伙伴，为农产品的国际化铺平道路。

推动农业与二三产业的深度融合，发展农产品深加工，提升产品附加值。建立农业产业链上下游协同机制，形成闭环管理。发展特色农业和品牌农业，打造具有地域特色的农产品品牌，提升市场认知度。

c.富民共创：通过政策扶持和财政补贴，鼓励农民参与到农业产业链的各个环节。建立农民合作社和家庭农场，提高农民的组织化和规模化经营水平。开展农民技能培训和创业指导，提高农民的自我发展能力和市场适应能力。

④ 发展前景　由于市场前景大（需要的人多）、产品技术有优势（产品能比得过竞品）、销售策略好（能把产品卖得多），所以发展前景广阔。

乡村振兴和农业农村现代化的发展前景是积极乐观的，主要体现在：

首先，农业农村现代化被视为实施乡村振兴战略的总目标，旨在实现到2050年乡村全面振兴，农业强、农村美、农民富的目标。这一战略方向和步骤体现了从传统农业社会向现代工业社会过渡的城乡格局变迁与社会发展模式转型的历史发展趋势。

乡村振兴和农业农村现代化通过科技引领、政策支持、社会共同参与以及农民自身的努力，推动农村实现全面、协调、可持续的发展，为全面建设社会主义现代化国家奠定坚实基础。

5.2.3　社会治理和公共服务赛道申报书

（1）社会治理和公共服务赛道申报书主要内容

"挑战杯"大学生创业项目竞赛社会治理和公共服务赛道申报书主要包括作品简介、社会价值、实践过程、创新意义、发展前景、团队协作六部分，每部分字数限制在500字以内。

（2）社会治理和公共服务赛道申报书撰写要点（如表5.18所示）

表5.18　社会治理和公共服务赛道申报书撰写要点

作品简介 （500字内）	核心点：涉及社会治理和公共服务的问题是什么、解决方案是什么、实践成果有哪些。
	概述：为什么要做？怎么做的？达到了何种程度（做得如何）/实践成果如何/做得怎么样
社会价值 （500字内）	核心点：对国家治理体系和治理能力现代化建设，政务服务、消费生活、医疗服务、教育培训、交通物流、金融服务等方面有突出贡献度，提供的有效就业岗位的数量和质量。
	概述：采用了项目解决方案，解决了哪些问题，为社会治理和公共服务、社会就业等带来了怎样有效的变化等
实践过程 （500字内）	核心点：对于关键的时间点、核心事迹要重点描述，可以时间点/时间区间+事迹的方式。
	概述：说明项目过程中进行的各项主要实践活动（包括调研实践、方案设计、营销策略、技术研究、社会服务等）以及形成的产业链等

创新意义 （500字内）	**核心点**：项目实施中已取得原始创新或技术突破，取得一定数量和质量的创新成果，并在科学技术、社会服务形式、商业模式、管理运营、应用场景等方面取得创新突破，赋能了传统产业、解决社会问题，助力形成新产业新业态。
	概述：技术或模式创新要体现哪些方面的创新，有怎样的提升，在社会治理和公共服务方面带来了哪些有效改变等
发展前景 （500字内）	**核心点**：项目在商业模式、营销策略、财务管理、发展战略等方面设计完整、合理、可行。目标定位、市场分析清晰，能够实现可持续发展。
	概述：管理或模式或策略设计卓越，市场定位准确清晰，具有竞争力；能对社会治理和公共服务作出突出贡献
团队协作 （500字内）	**核心点**：团队成员简要介绍，包括2~3个学生和1~2位指导教师的介绍，专业教育和创新创业教育的契合度等。
	概述：团队成员具体分工和负责什么事项、专业特长、相关领域有什么成绩（核心成员和指导老师取得的成绩都是要和项目研究的领域有关的）

① 社会价值　社会治理和公共服务的社会价值主要体现在维护社会稳定、促进公平正义、提升民众福祉等方面。社会治理通过多元主体的合作与协商，有效引导和规范社会事务，化解社会矛盾，构建和谐社会秩序，为社会稳定和民众安居乐业提供基础，同时社会治理强调公共利益的最大化，推动社会福利保障和民生改善，促进社会公平正义，确保改革发展成果惠及全体人民。公共服务作为社会治理的重要组成部分，通过优化资源配置，提供基本公共服务，支持教育、就业、医疗等领域，进一步回应社会需求，提升民众生活质量和幸福感。

② 实践过程　事件（过程）可包括如下内容：

a.问题发现；

b.问题调查、分析；

c.方案提出、评估、优化；

d.方案实施（试点运营）；

e.实施、评估论证、优化；

f.资质许可/签订合作协议；

g.社会效益和经济效益。

③ 创新意义　在社会治理和公共服务方面创新需要构建全民共建共享的社会治理格局，并健全利益表达、利益协调、利益保护机制。需要适应新形势，增强风险意识，深化对社会治理规律的认识，以理念思路、体制机制、方法手段创新为动力，提高社会治理和公共服务的现代化水平。

在社会治理方面，要创新社区治理机制，充分调动政府、社会组织、企业和居民等多元主体的力量，通过界定角色定位和职责范畴、建立健全协商合作机制以及创新激励机制等方式，提升社区治理的整体效能。

在公共服务方面，要注重服务的多元化、个性化，满足居民需求，并加强公共安全、环保等领域的治理创新，提高公共服务的质量和效率。

④ 发展前景　社会治理方面，未来将更加注重多元化、开放性的治理模式，鼓励社会各方面力量参与，形成多元化的治理主体。同时，法治化和规范化的建设也将得到加强，以

确保治理行为的合法性和公正性。科技化和信息化的手段也将被广泛应用，以提高社会治理的效率和水平。

公共服务方面，将呈现"六化"：服务受众的全面化、服务主体的多样化、服务内容的丰富化、服务供需的科学化、服务渠道的便利化以及服务感知的清晰化。为了进一步增强公共服务的均衡性和可及性，将不断优化配置，提升服务质量，以满足人民日益增长的美好生活需要。

5.2.4　生态环保和可持续发展赛道申报书

（1）生态环保和可持续发展赛道申报书主要内容

"挑战杯"大学生创业计划竞赛生态环保和可持续发展赛道申报书主要包括作品简介、社会价值、实践过程、创新意义、发展前景、团队协作六部分，每部分字数限制在500字以内。

（2）生态环保和可持续发展赛道申报书撰写要点（表5.19）

表5.19　生态环保和可持续发展赛道申报书撰写要点

作品简介 （500字内）	① 我们从事生态环保和可持续发展，能提供什么产品或方案。 ② 介绍行业政策，团队整合了什么资源，由哪些专业人才组成，依托怎样的实验室（或其他），在哪些方面有何优势。 ③ 简要介绍团队现有成果。 ④ 介绍公司情况，阐明未来规划
社会价值 （500字内）	**核心点**：对社会的贡献，产生的积极变化，凸显有价值成效和社会影响力。 **概述**：用了你的解决方案，解决了某种/哪些问题，带来了怎样的经济发展，在可持续发展战略，在环境治理、可持续资源开发、生态环保清洁能源应用等方面带来了怎样有效的变化等
实践过程 （500字内）	**核心点**：对于关键的时间点、核心事迹要重点描述，可以时间点/时间区间+事迹的方式。 **概述**：说明项目过程中进行的各项主要实践活动（包括调研实践、产品研发、营销策略、技术服务、社会服务等）以及形成的产业链等
创新意义 （500字内）	**核心点**：技术、模式、管理、内容的创新性，凸显创新程度，提出的创新点可以促进目前哪些内容的升级、优化和提升等。 **概述**：技术或模式在生态环保和可持续发展方面有哪些创新，创新程度如何，有怎样的提升，带来了哪些有效改变等
发展前景 （500字内）	**核心点**：技术或模式有优势、市场可行和容量大、政策有支持、资金和人员可持续。 **概述**：技术或模式具有的优势+市场优势（比同类产品更具竞争力）；贯彻政策支持，在绿色能源市场、循环经济与废物管理、可持续农业与有机食品等方面作出贡献
团队协作 （500字内）	**核心点**：团队成员简要介绍，包括2~3个学生和1~2位指导教师的介绍，专业教育和创新创业教育的契合度等。 **概述**：团队成员具体分工和负责什么事项、专业特长、在生态环保和可持续发展领域有什么成绩（核心成员和指导老师取得的成绩都是要和项目研究的领域有关的）

① 社会价值 生态环境是人类生存和发展的基础，提供人类生存必需的空气、水、食物等资源。生态环境保护关乎人类健康，"绿水青山就是金山银山"，体现了环境与经济的紧密联系和相互促进的关系。可持续发展强调人口、经济、生态环境、资源、社会保障等全方位协调发展，以提升社会整体福祉。

② 实践过程 事件（过程）可包括如下内容：

a. 问题发现；

b. 问题调查、分析；

c. 方案提出、评估、优化；

d. 产品研发／方案实施（试点运营）；

e. 实施、评估论证、优化；

f. 资质许可／签订合作协议；

g. 社会效益和经济效益。

③ 创新意义 生态环保和可持续发展目标的实现，离不开创新科技和环保策略的推动。具体来说：

科技创新在生态环保中的应用：通过生物反应和处理技术，将生化污染物转化为淡水和微生物有机肥，实现了环境与经济的双赢。同时，可再生能源的广泛应用，如太阳能、风能、水能等，降低了对传统能源的依赖，减少了碳排放。

环保策略与模式的创新：生态环境导向的开发模式（EOD模式）以生态保护和环境治理为基础，推动生态环境治理项目与关联产业的有效融合，实现了生态环境治理带来的经济价值内部化，是生态环境治理模式的重大创新。

绿色低碳技术与产业的发展：将绿色发展理念纳入企业社会责任体系，通过创新绿色低碳技术、培育绿色低碳产业，推动我国绿色发展迈上新台阶。

④ 发展前景 环保与可持续发展的前景广阔，包括但不限于：

a. 绿色能源市场：随着清洁能源技术的快速发展，太阳能、风能、地热能等可再生能源的市场份额将持续扩大。

b. 循环经济与废物管理：通过回收利用废弃物、减少资源消耗、降低环境污染等手段，可以创造新的商业模式和就业机会。

c. 绿色建筑与智能家居：使用环保材料、节能技术和智能家居系统，为用户提供更加舒适、健康和节能的生活环境。

d. 可持续农业与有机食品：随着人们健康和环保意识的提高，有机食品和可持续农业逐渐受到消费者的青睐。

5.2.5 文化创意和区域合作赛道申报书

（1）文化创意和区域合作赛道申报书主要内容

"挑战杯"大学生创业计划竞赛文化创意和区域合作赛道申报书主要包括作品简介、社会价值、实践过程、创新意义、发展前景、团队协作六部分，每部分字数限制在500字以内。

（2）文化创意和区域合作赛道申报书撰写要点（如表5.20所示）

表5.20 文化创意和区域合作赛道申报书撰写要点

作品简介 （500字内）	① 我们从事文化创意和区域合作，能提供什么产品或方案。 ② 介绍行业政策，团队整合了什么资源，由哪些专业人才组成，依托怎样的实验室（或其他），在哪些方面有何优势。 ③ 简要介绍团队现有成果。 ④ 介绍公司情况，阐明未来规划
社会价值 （500字内）	核心点：在"一带一路"和"京津冀""长三角""粤港澳大湾区""成渝经济圈"等经济合作带建设，在工艺与设计、动漫广告、体育竞技和国际文化传播、对外交流培训、对外经贸、就业等方面的贡献度。 概述：用了你的解决方案，解决了某种／哪些问题，带来了怎样的经济发展，在可持续发展战略，在工艺与设计、动漫广告、体育竞技和国际文化传播、对外交流培训、对外经贸、就业等方面带来了怎样有效的变化等
实践过程 （500字内）	核心点：对于关键的时间点、核心事迹要重点描述，可以时间点／时间区间＋事迹的方式。 概述：说明项目过程中进行的各项主要实践活动（包括产品研发、营销策略、调研实践、技术服务、社会服务等）以及形成的产业链等
创新意义 （500字内）	核心点：技术、模式、管理、内容的创新性，凸显创新程度，提出的创新点可以促进目前哪些内容的升级、优化和提升等。 概述：技术或模式在文化创意和区域合作方面有哪些创新，创新程度如何，有怎样的提升，带来了哪些有效改变等
发展前景 （500字内）	核心点：技术或模式有优势、市场可行和容量大、政策有支持、资金和人员可持续。 概述：技术或模式具有的优势＋市场优势（比同类产品更具竞争力）；贯彻政策支持，在文化创意和区域合作等方面作出贡献
团队协作 （500字内）	核心点：团队成员简要介绍，包括2～3个学生和1～2位指导教师的介绍，专业教育和创新创业教育的契合度等。 概述：团队成员具体分工和负责什么事项、专业特长、在文化创意和区域合作领域有什么成绩（核心成员和指导老师取得的成绩都是要和项目研究的领域有关的）

① 社会价值　文化创意和区域合作在推动社会价值方面具体体现在以下几个方面：

a.促进区域文化传承与创新：文化创意产业通过挖掘和整合区域文化资源，不仅保护和传承了地方特色文化，还通过创新设计使其焕发新的生机，增强了区域文化的吸引力和影响力。

b.提升城市品牌形象：将地域文化应用到地方文创设计中，有助于塑造和推广独特的城市品牌形象，加深外界对城市的认知和印象，从而推动城市的社会价值提升。

c.满足情感需求与社会认同：文化创意产品往往蕴含深厚的文化内涵，能够满足目标受众的情感需求，增强社会认同感和归属感，进而促进社会和谐与稳定。

② 实践过程　事件（过程）可包括如下内容：

a.问题发现；

b.问题调查、分析；

c.方案提出、评估、优化；

d.产品研发/方案实施（试点运营）；

e.实施、评估论证、优化；

f.资质许可/签订合作协议；

g.社会效益和经济效益。

③ 创新意义 创新通过促进技术创新、文化遗产的创新性利用，以及文旅文创的融合发展，在文化创意和区域合作中发挥着不可或缺的作用，为区域的发展注入新的活力，推动社会和经济的进步。

创新在文化遗产的保护和利用中扮演着关键角色，包括利用数字化技术如大数据、人工智能、3D扫描等前沿科技手段深度处理文化遗产，构建数字博物馆、数字档案等创新平台，以及利用虚拟现实（VR）与增强现实（AR）技术提升观众的参与感和体验感。

创新在文旅文创融合发展中发挥着重要作用。通过创意赋能，推动中华文明传承创新，建设文化强国，包括利用创意和科技的力量，打造沉浸式体验的文旅场景，推动文旅产业的创意属性充分彰显，以及通过创意驱动、美学引领、艺术点亮等方式，使优秀传统文化活起来、旺起来、潮起来，从而提升文旅产业的竞争力和创新能力。

通过跨区域创新合作，可以实现区域间优势资源的有效整合，如科技、人才、资金等，从而提升整体竞争力。通过技术创新、产品创新、品牌创新等，可以培育新的市场和顾客群，突破传统的经营理念，引导新市场的开发和形成。这种创新型创业模式不仅能够为区域合作带来新的增长点，还能够通过培育市场来营造商机，不断满足顾客的现有需求及开发其潜在需求，在促进优势互补、资源共享、激发合作活力以及挖掘和发挥区域特色优势等方面，对于推动区域协同发展、提升区域竞争力具有重要意义。

④ 发展前景 文化创意和区域合作市场规模持续扩大：2023年我国文创行业市场规模已达880.53亿元，同比增长6.9%，显示出强劲的市场增长潜力。

政策支持力度加大：国家出台了一系列相关政策，推动文化创意产业的发展，为区域合作提供了政策保障。随着全球化的进程和文化交流的加深，不同区域之间的文化创意合作日益紧密，有助于形成资源共享、优势互补的发展格局。数字化、互联网等新技术的应用为文化创意产业带来了更多的发展机遇，也促进了区域间的技术合作与创新。

第6章

"挑战杯"竞赛项目申报材料撰写

6.1 大学生课外学术科技作品竞赛项目申报材料撰写

6.1.1 自然科学类学术论文撰写

自然科学类按照学科专业划分了五个不同的参赛组别,包括机械与控制、信息技术、数理、生命科学和能源化工,如表6.1所示。

表6.1 自然科学类组别及内容

自然科学类组别	包含内容
机械与控制	机械、仪表仪器、自动化控制、工程、交通、建筑等
信息技术	计算机、电信、通信、电子等
数理	数学、物理、地球与空间科学等
生命科学	生物、农学、药学、医学、健康、卫生、食品等
能源化工	能源、材料、石油、化学、化工、生态、环保等

参赛作品根据自己专业和参赛选题,撰写一篇切合主题、层次分明、逻辑严密、条理清楚的自然科学类学术论文。

(1) 自然科学类学术论文选题来源

自然科学类侧重考查论文在基础学科学术探索中是否具有前沿性和学术性,在选题前,一定要大量阅读数据库中的文献,并积极询问校内的专业老师,这是我们撰写自然科学类学术论文的基础。选题方向有几条原则:

① 立足专业 作为学术性论文,参赛作品应更多以专业性、学科性基础作为支撑;

② 工作实践 可以通过学校课题或者学习课程实践,找到选题切入点;

③ 导师指导 可以和专业老师进行沟通,在思维碰撞中诞生出新选题;

④ 创新且可行 选题必须具有新意,同时必须具有适当的难度,在可接受的人力、时间和资源投入下,在可承受的风险程度上能够产出预期的成果。

一个好的选题应该具有多个维度的价值,如满足生产实践需要、学科交叉渗透、前沿热点追踪等。历届获奖的"大挑"优秀项目选题,如表6.2所示。

表6.2 历届获奖的"大挑"优秀项目选题

选题名称	获奖
二维材料的可控制备及其性质探索	第十五届特等奖
仿生特殊浸润性界面用于流体传递的优化及应用	第十六届一等奖
锂二氧化碳电池高效均相催化剂及机理研究	第十七届特等奖
红色光质精细可调的植物生长LED用荧光粉的研究	第十七届一等奖
基于TDC技术和自适应PI控制的高速响应数字LDO芯片设计	第十七届三等奖

(2) 自然科学类学术论文撰写

自然科学类学术论文结构一般由标题、署名、摘要与关键词、前言、正文、结论、参考文献等部分组成。

① 论文标题　一般不超过20个汉字，题目设计应注重科学性、准确性和简洁性，以确保读者能够快速理解论文的研究方向和主要内容。

题目应准确反映文章的特定内容，提供有价值的信息。用词应贴切、准确，不能含糊其词，以免产生歧义。题目的命名应尽可能使用科学语体，用最恰当、最简明的词语组合，不要轻易使用缩略词、缩写字、字符、代号和公式等。外文题名一般不超过10个实词。如果题名太长或语意未尽，可采用正副题名，正标题标示整体范围，副标题标示具体内容或阶段性结果。

② 摘要与关键词　摘要和关键词在文献中起着至关重要的作用，它们不仅帮助读者快速了解文献的主要内容，还促进了文献的索引、检索和传播。

摘要通常位于署名之后，用于文献的索引和检索，是对文献内容简短而全面的概述。其主要目的是让读者快速了解文献的主要研究内容、方法、结果和结论，以便决定是否进一步阅读全文。

摘要的长度因文献类型和出版要求而异，但一般应控制在一定字数范围内，如200～300字。

摘要通常包含以下几个要素：

a.研究背景：简要介绍研究的背景、目的和意义。

b.研究方法：概述研究所采用的方法、技术或实验设计。

c.研究结果：总结研究的主要发现或结果。

d.研究结论：阐述基于研究结果得出的结论或建议。

关键词是从文献标题、摘要或正文中选取的，是能够反映文献主题内容、研究领域的词或词组。每篇论文选取3～8个词作为关键词，尽量用《汉语主题词表》提供的规范词。

关键词的选择应遵循以下原则：

a.准确性：关键词应准确反映文献的主题内容。

b.规范性：尽量使用学科领域内的标准术语或规范词汇。

c.简洁性：每个关键词都应简洁明了，避免使用冗长的词组或句子。

③ 前言　也称为引言或绪论，是文章、书籍、报告或研究论文等文献的一个重要组成部分。它通常位于正文之前，用于为读者提供一个关于文章主题、背景、目的、研究方法、重要性以及预期贡献的简要概述。前言一般包含以下几个方面：

a.研究背景：介绍研究主题所处的更广泛的领域或背景，说明为什么这个问题或现象值得研究。这可以包括历史背景、当前的研究状况、存在的问题或争议点等。

b.研究目的与意义：明确阐述研究的具体目的，即希望通过这项研究解决什么问题或达到什么目标。同时，说明研究的重要性，包括理论意义和实践价值。

c.文献综述：简要回顾与本研究相关的前人研究成果，指出已有研究的贡献与不足，从而为本研究定位。文献综述有助于读者了解该领域的研究现状，并理解本研究的创新之处。

d.研究方法：概述研究采用的方法论、技术路线、数据来源、实验设计等，以便读者了解研究是如何进行的。前言中的研究方法介绍应简明扼要，具体细节可在后续章节中详细阐述。

e.预期贡献：阐述本研究预期能够带来的新见解、理论贡献或实践应用，以及可能对未来研究的影响。

前言的写作语言应简洁明了，应具有吸引力和逻辑性，既要激发读者的兴趣，又要清晰地传达研究的核心内容和价值。

④ 正文　这是论文的主体部分，包括研究方法、实验设计、数据分析等，是论文的核心和重点，用于详细阐述研究过程和结果。

a.方法与材料：详细描述研究所采用的方法和材料。这部分应包括实验设计、数据收集和分析的方法，使用的仪器设备、材料原料等。清晰的方法描述有助于提高论文的可信度和可重复性。

b.结果：应客观地报告实验或研究的结果。可以使用图表来直观地展示数据，但应确保图表清晰、分辨率高，并配有简洁明了的图注。结果的描述应准确无误，避免引入个人主观判断。

c.讨论：讨论部分是对结果的解释和评价，应与引言和结果部分的内容相呼应。对结果进行深入分析，探讨其意义和影响，并与已有的研究进行对比。讨论部分应展示对研究领域的理解和对结果的独到见解。

⑤ 结论　论文结论部分不仅是对全文研究成果的总结，也是展示研究意义、贡献及未来研究方向的关键部分。

a.明确总结研究成果
- 精练概括：用简洁明了的语言总结研究的主要发现或实验结果。确保结论部分能够清晰地反映出研究的核心内容。
- 数据支持：尽量引用具体的数据或图表来支持你的结论，这样可以增强结论的说服力。

b.强调研究意义
- 理论意义：阐述你的研究在理论上的贡献，比如填补了某个领域的空白、修正了现有的理论模型或提出了新的理论框架。
- 实践意义：说明研究成果在实际应用中的价值，比如为政策制定、工业生产、医疗健康等领域提供了哪些新的见解或解决方案。

c.对比与讨论
- 与前研究对比：将研究结果与已有研究进行对比，指出你的研究在哪些方面有所创新或不同，以及这些差异的原因。
- 讨论局限性：诚实地讨论研究的局限性，比如样本量不足、实验条件限制等，这不仅能提升论文的可信度，还能为未来的研究提供方向。

d.提出未来研究方向
- 基于当前研究：根据你的研究结果和讨论，提出未来可能的研究方向或需要进一步探索的问题。
- 跨学科视角：考虑从跨学科的角度提出新的研究思路，这有助于拓宽研究领域，促进学科交叉融合。

e.保持客观与准确
- 避免夸大：在撰写结论时，务必保持客观和准确，避免夸大研究成果或过度解读数据。

● 逻辑清晰：确保结论逻辑清晰，条理分明，使读者能轻松理解研究结论和贡献。

⑥ 参考文献　自然科学学术论文的参考文献部分，是确保论文学术严谨性和可读性的重要环节。遵循学术规范、准确引用原文、筛选高质量文献、注意文献的时效性和相关性，可以帮助你撰写出规范、准确、简洁的参考文献部分，为学术论文增色添彩。

a.遵循学术规范：在撰写参考文献时，务必遵循期刊或会议的格式要求。这包括作者姓名、文章标题、期刊名称、出版年份、卷号、期号、页码等信息的正确排列和格式。

b.准确引用原文：对于直接引用的原文内容，必须准确无误地标注出处，并加上引号。同时，在参考文献列表中详细列出该文献的信息，以便读者查阅。对于间接引用，即转述文献中的观点或数据，也需要在参考文献中列出相关文献。

c.筛选高质量文献：在撰写参考文献时，应优先选择高质量、权威性的文献，以增强论文的学术性和可信度。

d.注意文献的时效性和相关性：尽量选择近期发表的文献，以反映该领域的最新研究进展和趋势。同时，确保引用的文献与研究主题紧密相关，能够为论点提供有力支持。

6.1.2　哲学社会科学类社会调查报告撰写

哲学社会科学类按照学科专业划分了六个不同的参赛组别，包括发展成就、文明文化、美丽中国、民生福祉、中国之治、战疫行动，如表6.3所示。

表6.3　哲学社会科学类组别及内容

哲学社会科学类组别	包含内容
发展成就	着眼于我国经济发展、社会主义市场经济体制建设、市场主体改革创新、对外开放等
文明文化	着眼于社会文明建设、公共文化服务等
美丽中国	着眼于环境质量改善、资源利用效率提升、绿水青山就是金山银山理念践行等
民生福祉	着眼于脱贫攻坚成果、乡村振兴战略实施、教育就业民生发展保障等
中国之治	着眼于社会治理、法治建设等
战疫行动	着眼于疫情防控、疫后重振等

也可围绕哲学、经济、社会、法律、教育、管理6个学科形成社会调查报告和学术论文，参赛时自选上述6个组别与6个学科中的一个进行申报，形成有深度、有思考的社会调查报告。

（1）哲学社会科学类社会调查报告选题

哲学社会科学类社会调查报告的选题可以从多个维度进行考虑，包括现实维度、普遍维度、创新维度、可行维度和针对维度。

① 现实维度　强调选题应贴近社会生活，关注社会热点，这意味着选题应该反映当前社会的重要问题和挑战，如环境问题、经济发展、文化变迁等。

② 普遍维度　要求寻找涉及面广的问题，即选题应具有社会普遍性，能够触及大多数

人的利益或关注点，这样的问题更有研究价值。

③ 创新维度　强调选题的视角和提出的方案应具有创新性，这包括研究方法的创新、理论框架的创新或提出新的解决方案。

④ 可行维度　则要求提出的措施和方案应该是可行的，即具有可操作性，能够在实际中得以实施。

⑤ 针对维度　调查报告是为了解决工作中急需解决的某些问题而撰写的。应及时反映情况，揭露存在的问题，提出迫切需要解决的问题，回答人们最关心的问题，做到有的放矢。

选题时可参考近一至两届哲学社会科学类社会调查报告获奖作品，表6.4是2023年"大挑"国赛哲学社会科学类社会调查报告获奖的一些选题，可开拓思路。

表6.4　2023年"大挑"国赛哲学社会科学类社会调查报告获奖选题

组别	作品名称	奖项
发展成就组	发展共赢：营商环境优化和战略转型视阈下民营企业参与乡村振兴的模式探讨和效应检验	特等奖
	轴承何以成为大国"心病"：我国高端轴承发展瓶颈与攻关方向——基于12省龙头企业的调查研究	特等奖
	以文塑旅、以旅彰文：文旅产业供给侧转型升级之路——基于2020—2023年对山西省文旅发展的调研	特等奖
文明文化组	多语荟遗，声贯中西：文化数字化战略背景下中国非物质文化遗产的跨文化传播研究——以山东省39个非遗为例	特等奖
	民族音乐"数"未来：AI智能作曲助力少数民族音乐保护与民族融合——基于云南少数民族音乐数据集的调研	特等奖
美丽中国组	美丽中国在行动——双策驱动助力固废减污降碳协同增效	一等奖
	乡村碳行者：农村居民行为响应视角下新能源汽车下乡政策优化研究——基于全国九个试点省份的调查	一等奖
	碳普惠驱动的居民绿色低碳生活方式转型调查研究：基于认知—态度—行为—激励的视角	一等奖
民生福祉组	山呼海应聚合力，共画协作同心圆：山海协作何以带动山区县共同富裕——基于浙江山区26县典型县的调查研究	特等奖
	回答总书记之问：民族地区乡村旅游何以推动共同富裕？——来自甘阿凉地区3州48县的调研	特等奖
	韧性点亮生命：中小学生心理韧性的现状与提升路径研究——基于江浙地区10.6万样本的实证调查	特等奖
中国之治组	规范与赋能：乡村自产商品电商经营法治保障问题研究——基于"数商兴农"实施以来3省11市电商产业调研	特等奖
	多快好省：小额诉讼十年观察（2013—2022）——基于长三角10家基层法院的深度调查	特等奖
	重生OR沉寂：收缩型城市发展困境的涅槃路径——基于城市化发展新阶段的典型调研	特等奖

（2）哲学社会科学类社会调查报告撰写

① 哲学社会科学类社会调查报告结构　一般包括开头、正文、结尾等。其中开头包括篇名、摘要、关键词。正文包括绪论、本论、结论。结尾包括参考文献、附录。

a.开头：

- 篇名：调查报告的标题，应简洁明了地概括调查的主题和内容。
- 摘要：对调查报告的主要内容进行简短而全面的概述，包括研究背景、目的、方法、主要发现和结论等。摘要应能够使读者快速了解报告的核心内容。
- 关键词：选取几个能够反映报告主题和内容的关键词，便于读者检索和分类。

b.正文：

- 绪论

  研究背景与意义：阐述研究问题的背景，说明为什么选择这个问题进行研究，以及研究这个问题的意义和价值。

  研究目的与问题：明确研究的具体目的和要解决的问题，即调查的目标和焦点。

  文献综述：回顾此前在该领域的研究成果，指出此前研究的不足或空白，为本研究提供理论基础和切入点。

  研究方法：介绍本研究采用的研究方法、数据来源、样本选择、调查工具等，确保研究的科学性和可靠性。

- 本论

  调查设计与实施：详细描述社会调查的设计方案、调查范围、调查过程、数据收集方法等。

  调查结果：呈现调查收集到的数据，并进行整理和分析。可使用统计图表、案例剖析等方式展示数据结果。

  结果分析：对调查结果进行深入分析，揭示问题的本质和原因，探讨问题的发展趋势和影响因素。

  讨论：结合理论框架和实际情况，对分析结果进行讨论，提出自己的观点和见解。

- 结论

  总结研究发现：概括性地总结调查的主要发现和结论。

  回答研究问题：明确回答研究问题，指出研究是否达到了预期目标。

  对策建议：根据研究结果，提出具有针对性和可行性的对策建议，为政策制定、社会实践等提供参考。

c.结尾：

- 参考文献：列出在撰写调查报告过程中引用的所有文献，包括书籍、期刊文章、网络资料等。确保引用的规范性和准确性。
- 附录：包括调查问卷、访谈提纲、数据表格、原始数据等补充材料。这些材料有助于更深入地了解研究过程和结果。

② 社会调查报告常见的研究方法　常见的研究方法有四种，分别为文献综述法、问卷调查法、访谈法、实地观察法。下面我们来一一介绍。

a.文献综述法：主要指搜集、鉴别、整理文献，并通过对文献的研究形成对事实的科学认识的方法，它是一种间接的非介入式的市场调查方法。文献调查法需要制订严密的调查计划，并对将要利用的文献进行真实性、可用性的检查，这样才能保证调查的系统性和可靠性。

b.问卷调查法：问卷调查法是国内外社会调查中较为广泛使用的一种方法。研究者用控制式的测量对所研究的问题进行度量，从而收集到可靠的资料。问卷法大多用邮寄、个别分送、集体分发、线上问卷等方式发送问卷。

c.访谈法：又称晤谈法，是指通过访员和受访人面对面地交谈来了解受访人的心理和行为的心理学基本研究方法。因研究问题的性质、目的或对象的不同，访谈法具有不同的形式，能够简单地以叙述的形式收集多方面的工作分析资料。

d.实地观察法：调查者根据调查目的，运用自己的感觉器官或借助科学观察工具，有计划地对处于自然状态下的社会现象进行直接感知的方法。

③ 社会调查报告的常见统计分析工具　社会调查报告的统计分析通常涉及多种软件工具，其中SPSS和AMOS是最常用的工具之一。这些工具不仅适用于社会科学研究，还广泛应用于市场调研等多个领域。

a.SPSS：SPSS是世界上最早的统计分析软件之一，以其用户友好的界面和强大的功能而闻名。它支持以Excel表格方式输入与管理数据，并能方便地从其他数据库中读入数据。SPSS提供了完整的数据输入、编辑、统计分析、报表、图形制作等功能，涵盖了描述性统计、推论性统计、回归分析、聚类分析等多种方法。简单易学的特点使其成为社会科学领域的入门首选工具。

b.AMOS：AMOS是SPSS旗下的一个软件，专门用于构建结构方程模型。它采用图形化界面，用户可以通过简单的拖放操作来构建和修改模型，使得复杂的统计模型变得直观易懂。

此外，Excel 2007也是一个常用的工具，尽管它的功能相对基础，但对于简单的数据处理和基本的统计分析足够满足需求。

（3）哲学社会科学类社会调查报告注意事项

① 明确撰写目的　要清晰地阐述研究的具体目标，如揭示现状、分析问题原因、预测发展趋势或提出对策建议。

② 科学选择主题　选题应具有理论意义和实际应用空间，紧扣学科理论热点，具有前瞻性、创新性，同时要考虑调研对象的普遍性和针对性。

③ 遵循基本思路　包括发现问题、文献回顾、研究设计、数据收集与整理、数据分析、结果呈现与讨论以及结论与建议等步骤。

④ 注意文字表达　要避免错别字、病句和前后矛盾，专有名词要进行解释，引用的论点和数据需来自正式刊物或权威机构。

⑤ 避免常见丢分点　研究对象过于局限、研究内容过于敏感、类似研究过多或研究对象太少等。

6.1.3　科技发明制作类作品研究报告撰写

科技发明制作类作品分为A、B两类。A类指科技含量较高、制作投入较大的作品；B类指投入较少，且为生产技术或社会生活带来便利的小发明、小制作等。

（1）科技发明制作类作品评审重点

科技发明制作类作品重点考核作品的应用价值和转化前景，一般侧重点有以下几个方面：①作品科学意义；②技术方案合理性；③先进程度；④创新程度；⑤复杂程度；⑥经济效益；⑦推广价值。

（2）科技发明制作类作品选题

要着重考虑市场需求和新技术的应用，特别是学科知识与技术的应用。

① 先进性　作品要能反映当今科学技术的发展水平，能代表某一个学科领域的发展方向或是在某一学科领域中处于先进地位。

② 实用性　作品能为人们的生产或生活服务，解决人们生产或生活中的某一个问题或带来好处。

③ 可行性　作品不光在理论上是先进的，而且在设计制作、使用方面可行。

选题时可参考近一至两届科技发明制作类获奖作品，表 6.5 系 2023 年"大挑"国赛科技发明制作类作品的一些选题，可开拓思路。

表6.5　2023年"大挑"国赛科技发明制作类作品获奖选题

作品名称	奖项
助燃航天梦——基于电点火方式的新概念绿色无毒ADN基空间发动机	特等奖
丘陵山区复杂场景下稻麦智能低损联合收获关键技术与装备	特等奖
一"层"不染——基于SLAM技术的三段式爬楼智能清洁消毒一体机器人	特等奖
高压线"特种兵"——配网不停电剥皮接线搭火自动化作业平台	特等奖
装甲之翼——装甲车载无人机精准降落控制系统	特等奖
基于水中脉冲放电的退役锂离子电池正极活性物质分离设备	特等奖
面向核电领域高性能智能检测轮腿机器人	特等奖
求是鹰眼——多模融合智能反无人机系统	特等奖
纤巧畅行：国际首创基于超磁致伸缩驱动的自适应移动控制小肠检测胶囊机器人	一等奖

（3）科技发明制作类作品研究报告结构

研究报告是用来系统描述作品的书面报告，一般要有摘要、引言、研究方法、研究结果、讨论、结论、参考文献、附录等内容。

① 摘要　简要概述研究的目的、方法、主要结果和结论。强调科技发明制作的创新点、应用价值或其解决的问题。

② 引言

- 研究背景：介绍科技发明制作的背景，包括相关领域的发展现状、存在的问题或需求。
- 研究意义：阐述该科技发明制作的重要性、目的和预期贡献。
- 文献综述：回顾前人在该领域的研究成果，指出本研究的创新之处。

③ 研究方法

- 设计思路：详细描述科技发明制作的设计思路、灵感来源和初步构想。
- 材料准备：列出制作过程中所需的所有材料、工具和设备。
- 制作步骤：详细记录科技发明制作的每一个步骤，包括制作过程中的关键技术和难点解决方案。
- 测试方法：说明如何对科技发明制作进行测试，以验证其性能和效果。

④ 研究结果

- 性能测试：展示科技发明制作的性能测试结果，包括数据、图表等。

- 功能展示：通过图片、视频等形式展示科技发明制作的实际功能和效果。
- 问题与挑战：分析在制作和测试过程中遇到的问题和挑战，以及采取的解决措施。
⑤ 讨论
- 结果分析：对研究结果进行深入分析，探讨科技发明制作的优点和不足。
- 创新点：强调科技发明制作的创新之处，包括技术创新、设计创新等。
- 应用前景：展望科技发明制作的应用前景和潜在价值。
⑥ 结论
- 总结科技发明制作的主要成果和贡献。
- 提出后续研究或改进的建议。
⑦ 参考文献　列出报告中引用的所有文献，确保遵循正确的引用格式。
⑧ 附录　包括额外的数据、图表、设计图纸、源代码等补充材料。
具体的研究报告可根据实际情况进行调整。在撰写过程中，应注重逻辑清晰、语言准确、数据翔实，以充分展示科技发明制作的创新性和实用性。

（4）科技发明制作类作品测试步骤要点
① 准备阶段
- 明确测试目标，确定需要验证的系统功能、性能及稳定性等。
- 准备测试环境，包括必要的硬件设备、软件工具及测试数据。
② 测试设计与实施
- 设计测试用例，覆盖所有预期功能点和边界条件。
- 执行测试用例，记录测试结果，包括成功和失败的情况。
③ 结果分析与反馈
- 分析测试结果，识别系统存在的问题和不足。
- 将测试结果反馈给开发团队，协助其进行问题定位和修复。
④ 总结与展望
- 总结测试过程，评估系统整体质量和测试效果。
- 对未来测试工作进行展望，提出改进建议。

（5）科技发明制作类作品研究报告案例及点评
① 科技发明制作类研究报告案例

智能空滤器——汽车发动机的保护神

1. 摘要

在汽车"新四化"浪潮下，汽车软硬件角色在潜移默化地发生着互换，软件正在颠覆汽车工业以硬件为主导的发展理念。"软件定义汽车"的时代已经来临。汽车的应用场景多样，当车辆驶过较深积水路段或周边车辆车速过快时，会产生较高涌浪，从而可能使液态水经过空气滤清器流至气缸，造成发动机爆缸事故。本文基于现有的空气滤清器，研究具有多功能的智慧型空气滤清器。通过软件赋能空气滤清器，从而减少因气缸进水造成的发动机爆缸现象，并增加车辆的安全性能。

目前汽车进气系统存在三大痛点：
① 发动机进气系统中无进水检测装置，无法实时检测液态水。
② 发动机进气系统进水后，无法警示驾驶员。

③发动机进气系统进水后，无法自动排水，存在爆缸隐患。

为了避免液态水从发动机进气系统进入发动机气缸，光电式液位传感器被布置在空气滤清器内以检测进气系统的进水情况。

（1）研究目的

①利用已学知识和专业特长，研发相关装置，第一时间检测发动机进水，并立即报警，同时通过排水泵及时排出积水，避免因发动机气缸进水而导致发动机爆缸。

②通过本项目巩固已学知识和技能，学以致用，拓展潜能，提升各方面素质。

③本项目有助于空气滤清器厂家向高端化、智能化转型。

（2）项目研究思路及方法

本项目主要通过"硬件改装+软件设计"的方式进行。

方法：产品设计—硬件改装—确定安装位置—软件设计—产品测试—第三方试用。

（3）项目创新点

本项目团队设计研发的智能空气滤清器，具有以下创新功能：

①具有检测空气滤清器有无液态水的功能；

②实时监测进水情况的功能；

③视进水情况，控制排水泵排水量的功能；

④向驾驶员和乘客示警的功能。

通过上述四项功能实现空气滤清器向智慧型空气滤清器的转型。

2.引言

（1）研究背景

近年来，随着汽车产业的发展，汽车已经成为人们生活中不可缺少的一部分。据公安部统计，2024年全国机动车保有量达4.53亿辆，其中汽车保有量3.53亿辆。

随着汽车"新四化"的深入发展，汽车正加速从机械设备向高度数字化、信息化的智慧终端转变。汽车软硬件角色在潜移默化地发生着互换，软件正在颠覆汽车工业以硬件为主导的发展理念。软件定义汽车已成为汽车业界共识。

我国东南沿海等地段常年降雨量较多。汽车在涉水路段行驶时会因路段积水较深或周边车辆车速过快产生较高涌浪，造成液态水从进气系统流入发动机气缸。液态水具有不可压缩性，发动机曲柄连杆机构在往复运动时，气缸内会产生额外压力，气缸压力过大会造成连杆弯曲变形、气缸损坏，严重时，会导致发动机爆缸，对发动机造成不可逆的损伤，同时使车辆丧失行驶功能，导致人员受困。

（2）研究意义

①智能空气滤清器可有效遏制发动机进水导致的气缸受损，减少损失。

②提高汽车在涉水路面行驶的安全性，减少由发动机进水产生的车辆爆缸事故，保障人员生命与财产安全。

③促进空气滤清器厂家向高端化、智能化转型。

（3）文献综述

通过对现有文献资料的查阅和整理得出，在针对防止发动机进水问题上，现有的装置设计的考虑方向主要有两点：一是从进气系统考虑，二是从排气系统考虑。相比较于排气系统的防进水，从进气系统的进气口进水的可能性和危害程度更大，因为车辆在涉水时，只要进气口不进水，车辆不熄火，且熄火后不二次启动，水就不会从排气系统进入发动机气缸内，因此，现有的装置设计的重心主要集中在进气系统的设计。现有的装置主要有下面三种类型：

① 单一的涉水报警，提示驾驶员涉水深度情况　该类设计基本由水位传感器、雨滴传感器、报警提示装置、单片机、远程通信装置等组成，主要由水位传感器实时监测水位，在行车时，通过报警提示装置提示驾驶员涉水的深度；在驻车或驾驶员放置车辆离开时，当雨滴传感器检测到下雨时，自动启动该系统，水位传感器工作，监测水位，当水位达到一定高度时，通过远程通信装置给驾驶员预留的电话号码发短信或打电话，提示驾驶员挪车。

② 直接切断进排气系统与外界的联系　该类设计的基本原理就是在进气口处或者空气滤清器的内部装一个水传感器，当传感器检测到水信号后，经控制器控制电子节气门或者电磁阀门，将进气道封闭，并切断起动机电路，防止二次启动，或者将进排气道都封闭，以达到防止发动机进水的目的。这类设计中，有的装置还考虑到从进气口进入的水中可能含有泥沙、树叶等异物的问题，还专门设计了一套异物拦截排出装置。

③ 采用备用进气源或管道　该类设计在切断进排系统类型装置的基础上增加了一套备用进气系统。该类设计考虑到了汽车在水中熄火的弊端，因此补充了一套备用装置，该类备用装置有两种类型：一是采用备用气源，主要组成有储气罐、空压机和电磁阀，当进气道闭锁之后，该系统工作，给发动机供气使汽车还能在水中行驶一段时间；二是自动转换进排气管的位置，它有两套进排气管，设有一个浮子桶，当水进入浮子桶时，桶内的水位传感器就会产生信号，由ECM警示驾驶员，当水位进一步升高时，ECM将控制电磁阀闭合原来的进排气管，打开较高的进排气管，使发动机不熄火，车辆还能在水中行驶。

在这三类设计中仍存在着一些不足之处，具体总结如下：

① 单一的涉水报警，提示驾驶员涉水深度情况　该类装置在警示和预防方面已经做得十分全面了，但不足的地方也十分明显，当汽车涉水时，发动机进气口或多或少都会进水，当发动机真的进水之后，这类装置就覆盖不到这一方面了，特别是车辆在水中熄火后，这类装置还有一个重启的过程，驾驶员继续往前开还是不开，还是一个待解决的问题。因此这类装置只能起到警示的作用，其贵在预防，发动机内部缺少防水的措施。

② 直接切断进排气系统与外界的联系　该类设计的主要问题就是在水传感器检测到水之后，就会启动闭锁装置，直接将进排气道封闭起来，切断与外界的联系，虽然将水挡在了外面，但是挡水的同时也会使发动机进不了气、排不了气，此时车辆就会在水中熄火，此时，驾驶员就陷入了一个两难的境地，特别是赶上暴雨天，驾驶员如果下车，外面下着雨，路面还积水，深度还挺深，如果驾驶员不下车坐在车上，积水也会慢慢渗入驾驶舱，特别是水渗入门锁电控装置，车门和车窗可能还会打不开，等同于驾驶员被困死在车中，当然，这只是最坏的结果。这类装置，还有一个问题，车辆在涉水时，由于车辆在往前行驶，车头的水位就会稍稍抬高，此时，该装置的水传感器检测到水，该装置就会工作，直接将进气道锁死，发动机进不来气，立马熄火，要是后方来车，这就是一起由于该装置引起的交通事故，得不偿失。

③ 采用备用进气源或管道　该类装置的主要问题是结构复杂，因为添加了一套备用进

气系统，还有就是，当发动机间歇性进水时（飞溅或雨水），其进气道肯定会有积水，如何排出积水，该类设计就没有给出解决方案，最后一个问题就是，汽车涉水时，如果涉水过深，这类装置可能会导致驾驶员处于十分危险的状态之中。

3.研究方法

（1）设计思路

本设计的技术路线如图1所示。

① 通过对相关文献资料的查询及研究，对发动机进水的原因这一问题进行归纳总结分析，从而确定发动机主要的进水位置，然后，查阅相关文献资料，对这一问题进行解决，吸收现有装置的优点，从而丰富本设计的装置，以达到实用且安全可靠的目的。

② 设计及思考，通过查阅相关文献资料，罗列现有装置的结构组成、工作原理及优缺点，从而确定本设计的研究方向。明确装置的主要功能，对装置的总体结构进行设计，并合理地选择传感器、控制器，及合理设计执行装置，确定其安装位置，从而完成对整个系统的搭建，并对本设计的重点及难点问题进行分析反思，优化整个系统中各元器件之间的逻辑关系，从而达到本设计的预期目标。

③ 仿真检验，通过相关的仿真软件，对上述系统进行模拟实验，从而检验本设计的可行性，并及时反馈模拟实验中遇到的问题，针对该问题，对系统进行改进，从而完成本设计要求。

④ 试用、测试。

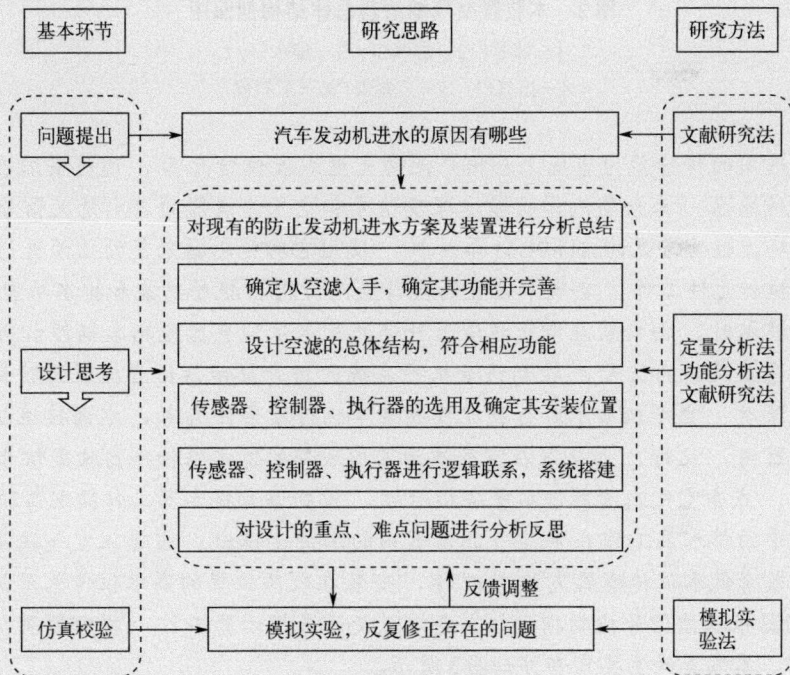

图1　技术路线图

（2）发明制作过程

列出制作过程中所需的所有材料、工具和设备。

制作步骤：详细记录科技发明制作的每一个步骤，包括制作过程中的关键技术和难点解决方案。

1）装置设计分析

本装置采用的空气滤清器为现在乘用车广泛使用的干过滤式空气滤清器，其基本结构有上端盖（连着出气口）、空气滤芯和下箱体（连着进气口），本次装置设计，将优化下箱体部分，将其设计成"U"形，以方便收集进入空气滤清器的水，并在其底部开一个孔，用来排水，其基本结构如图2所示。

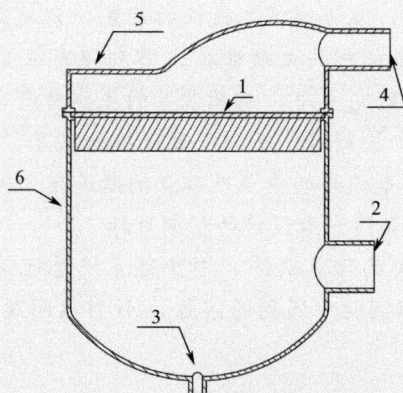

图2　本装置空气滤清器总体结构剖面图

1—滤芯；2—进气口；3—排水口；
4—出气口；5—上端盖；6—下箱体

本装置选用的传感器为市场上应用广泛的光电式液位传感器，通过安装在不同位置的二个液位传感器，来采集汽车的涉水深度信号和空气滤清器的进水情况信号。选用的控制器为市场上较为常见的AT89C51单片机，使用它对传感器采集的信号进行分析，并控制相应的执行元件工作，实现本装置的实时监测功能、报警功能和排水功能。

车辆在涉水时，由安装在空气滤清器外部的外水位传感器监测车辆涉水深度，控制器根据该传感器反馈的信号，控制语音报警系统的语音提示器语音提醒驾驶员车辆处于危险的涉水深度；当车辆涉水时行驶过快或者车辆行驶条件恶劣，水间接地从进气口进入空气滤清器内，此时，由安装在空气滤清器内底部的低水位传感器收集信号，控制器根据其信号，点亮空气滤清器进水警告指示灯，控制语音提示器工作提醒驾驶员，并控制排水系统中的排水泵工作，将空气滤清器内的水快速排出；当进入空气滤清器的瞬时进水量较多或者低水位传感器失效，此时，安装在较高位置的高水位传感器就会采集到信号，控制器根据该信号控制指示灯点亮以及使语音提示器工作，提醒驾驶员空气滤清器进水严重。本装置的主要零部件如图3所示。

2）装置的原理分析

本次设计的智能空气滤清器，在现有设计的结构基础上，主要由传感器、执行装置和控制器组成。通过分布在不同位置的三个水位传感器，来采集车辆涉水深度信号以及空气滤清器进水情况信号，从而供控制器判断，以控制相关执行装置工作，从而保证车辆不在水中熄火，降低发动机进水的可能性，保证驾驶员的生命财产安全。本设计装置的工作原理如图4所示。

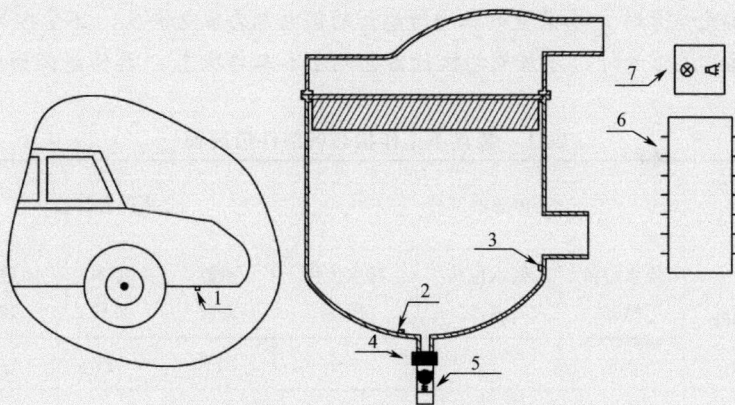

图3　装置主要零部件结构图

1—外水位传感器（共一个）；2—低水位传感器（共一个）；3—高水位传感器（共一个）；4—排水泵（共一个）；5—单向止回阀（共一个）；6—装置控制器（共一个）；7—灯光警示装置和语音提示装置（各一个）

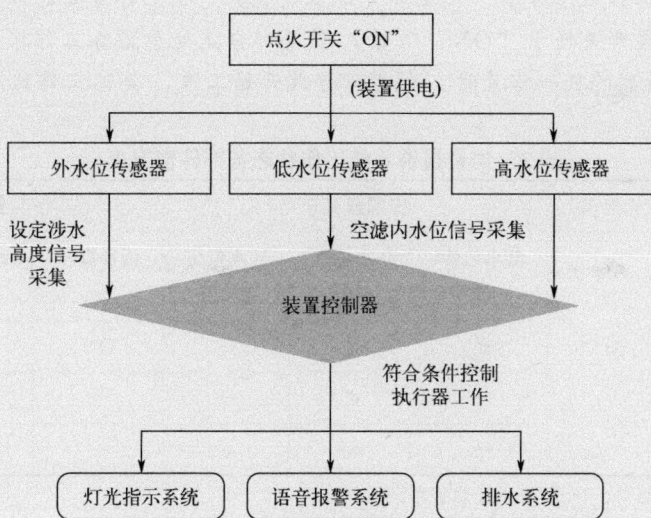

图4　本装置工作原理图

3）装置各元器件的适配及调试

本装置的信号采集部分主要由三个安装在不同位置的水位传感器组成，控制器采用AT89C51单片机，指令执行部分由灯光指示系统、语音报警系统和排水系统组成。控制器根据三个传感器信号的变化，对相应的执行器进行精准控制，因此，各元器件之间需要进行精准的配合及调试，从而使整个装置准确正常地工作。

① 装置不工作状态分析　本装置工作主要是在驾驶员准备驾车时进行，所以，正常

情况下，本装置的不工作状态有两种情况：

a.车辆不使用时。车辆不使用状态的确定，靠的是"点火开关"。当点火开关打开时（在"ON"位置），本装置的电源被接通，开始工作。

b.传感器都无信号时。本装置的三个传感器的供电都为常电供应，不受控制器影响。当三个水位传感器都无信号时，本装置的执行器也处于不工作状态。具体情况如表1所示。

表1　装置不工作状态各部件情况表

车辆状态	点火开关	传感器部分			执行器部分			装置状态
车辆处于不工作状态	OFF	外水位传感器	低水位传感器	高水位传感器	预警装置	排水装置	闭进气道装置	不工作
		—	—	—	OFF	OFF	OFF	
车辆处于工作状态	ON	×	×	×	OFF	OFF	OFF	预备工作状态

注"—"表示不工作，"×"表示没信号。

② 预警部分工作状态分析　预警部分是本装置的一个十分重要的部分。当车辆处于工作状态，即点火开关处于"ON"位置，预警部分就处于预备工作状态，当控制器接收到三个水位传感器的任一信号时，预警部分就开始工作，具体工作状态如表2所示。

表2　语音报警系统工作状态各部件情况表

车辆状态	点火开关	传感器部分			预警装置		
车辆处于工作状态	ON	低水位传感器	高水位传感器	外水位传感器	语音提示器1	语音提示器2	语音提示器3
		√	—	—	ON	—	—
		—	√	—	—	ON	—
		—	—	√	—	—	ON

注："√"表示有信号；"—"表示任意状态。

正常情况下，在车辆涉水时，若涉水深度达到外水位传感器安装位置高度，外水位传感器就会检测到水位信号，此时语音提示装置工作，提示驾驶员车辆已进入危险涉水深度，不建议继续涉水，语音提示器3提示一次后进入待机状态，待车辆驶出涉水路段，外水位传感器无信号时，语音提示器3进入不工作状态。当车辆在恶劣天气下行驶或者涉水时车速过快，就有可能导致水从进气口间接进入空气滤清器内，此时根据瞬时进水量的多少，空气滤清器内高、低水位传感器就会先后检测到水位信号，当低水位传感器检测到信号时，指示灯1（黄色）和语音提示器1就会工作，提醒驾驶员空气滤清器已进水；当高水位传感器检测到信号时，指示灯2和语音提示器2就会工作，警示驾驶员空气滤清器进水严重，应安全驾驶，最好减速停车检查。

本装置预警部分主要分为两部分，一部分以外水位传感器为主，实现最大涉水深度预警；另一部分以低水位传感器和高水位传感器为主，对空气滤清器进水情况进行预警。即使涉水深度达不到底盘高度时，空气滤清器也有可能少量进水（比如恶劣天气环境下车辆车速过快或者进气口设计不合理），导致空气滤清器底部缓慢积水，积少成多，导致空气滤清器进气不畅，甚至导致发动机将积水吸入气缸内。所以，为避免该情况的发生，本装置三个传感器的信号采集相对独立，以避免其中一个传感器或两个传感器失效造成装置不工作，因此，预警两个部分相对独立，且语音提示器会根据传感器信号的先后顺序，按顺序播报。

③排水系统工作状态分析　排水系统的主要作用为排出进入空气滤清器内的水，其在车辆工作状态时工作，由于考虑到低水位传感器失效的因素，所以排水系统的工作条件为只要低水位传感器和高水位传感器两者的任一有水位信号输出，控制器就控制排水系统工作，具体的工作状态情况如表3所示。

表3　排水系统工作状态各部件情况表

车辆状态	点火开关	传感器部分		排水系统
		低水位传感器	高水位传感器	
车辆处于工作状态	ON	×	×	OFF
		√	×	ON
		√	√	ON
		×	√	ON

注："√"表示有信号；"×"表示无信号。

4）仿真设计

本装置主要运用Keil uVision5单片机编程软件和Proteus 7 Professional仿真软件进行仿真设计。Keil uVision5是C51和C52系列单片机专用的程序编程软件，具有程序试运行、实时报错和程序分段测试等功能。在本次设计中，通过Keil uVision5对本装置进行仿真编程，并应用Proteus 7 Professional电路仿真软件进行装置实物模拟仿真，以实现相应的功能。装置仿真设计原理图如图5所示。

①装置仿真设计思路

a.传感器电路的构建：本装置主要由三个水位传感器来采集信号（一个安装在车辆底盘离地一定高度的外水位传感器以及两个安装在空气滤清器内部的高、低水位传感器），在传感器仿真电路搭建中，Proteus 7 Professional仿真软件中没有水位传感器，但结合本装置水位传感器的工作原理，在本次仿真中将用三个电路开关来代替三个水位传感器，以模拟水位传感器采集到的水位信号。

b.执行器电路的构建：本装置执行部分主要由灯光指示系统（与高、低水位传感器对应的指示灯红、黄）、语音提示系统（语音提示器）和排水系统（排水泵）三部分组成，这三部分在Proteus 7 Professional仿真软件中均可找到（其中水泵由直流电机代替）。

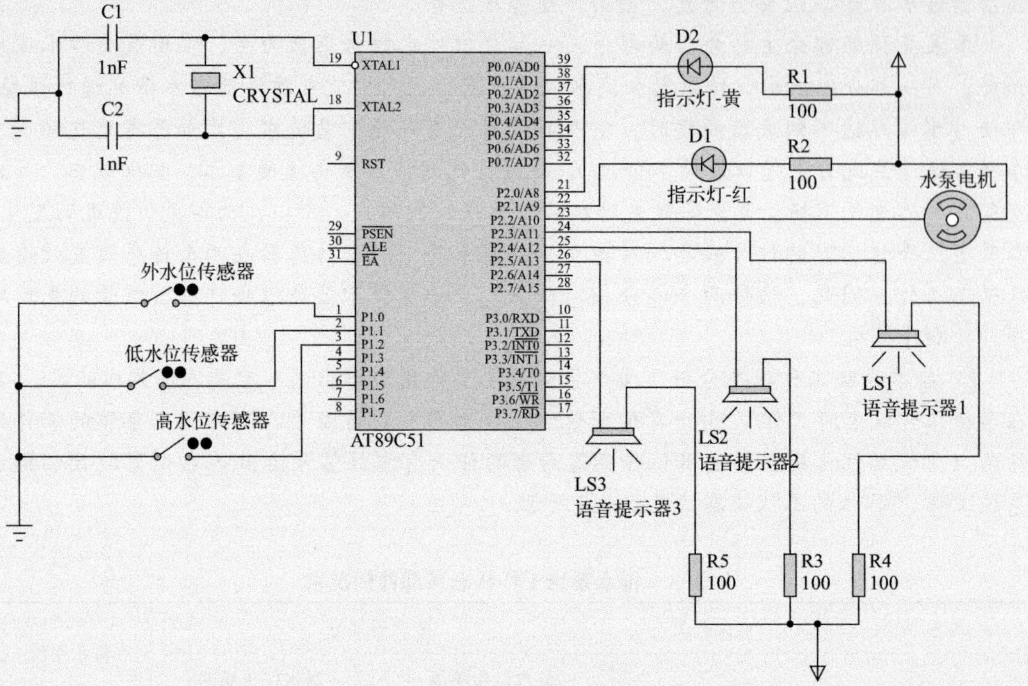

图5 装置仿真设计原理图

c.程序编写及导入：在本装置中，三个传感器采集的信号分别供控制器控制对应的指示灯点亮、语音提示器以及排水水泵的工作。在程序汇编中，定义AT89C51的P1端口为传感器的信号输入端，P2端口为控制传感器的信号输出端。当控制器接收到外水位传感器的低电平信号时，控制器控制语音提示器3工作；当控制器接收到空气滤清器内低水位传感器的低电平信号时，控制器控制指示灯黄灯点亮，并控制语音提示器1和排水水泵开始工作；当控制器接收到空气滤清器内高水位传感器的低电平信号时，控制器控制指示灯红灯点亮，并控制语音提示器2和排水水泵开始工作。

② 装置仿真设计步骤

a.打开仿真软件；

b.点击仿真软件左下角"三角形"开始按钮开始仿真；

c.当外水位传感器采集到水位信号时，传感器给控制器一个低电平信号，控制器使语音提示器3工作，提示驾驶员车辆已进入危险涉水路段；

d.当空气滤清器内低水位传感器采集到水位信号时，传感器给控制器一个低电平信号，控制器根据该信号，控制指示灯黄灯点亮、排水水泵以及语音提示器1工作，提示驾驶员空气滤清器已进水，如图6所示；

e.当空气滤清器内水位达到高水位传感器位置时，高水位传感器采集水位信号，给控制器一个低电平信号，控制器根据该信号，控制指示灯红灯点亮，排水水泵继续工作以及语音提示器2工作，提示驾驶员空气滤清器进水严重，请安全驾驶，如图7所示；

f.当只有高水位传感器采集到信号时，控制器根据该信号仍能控制指示灯红灯点亮、语音提示器2工作以及排水水泵工作。

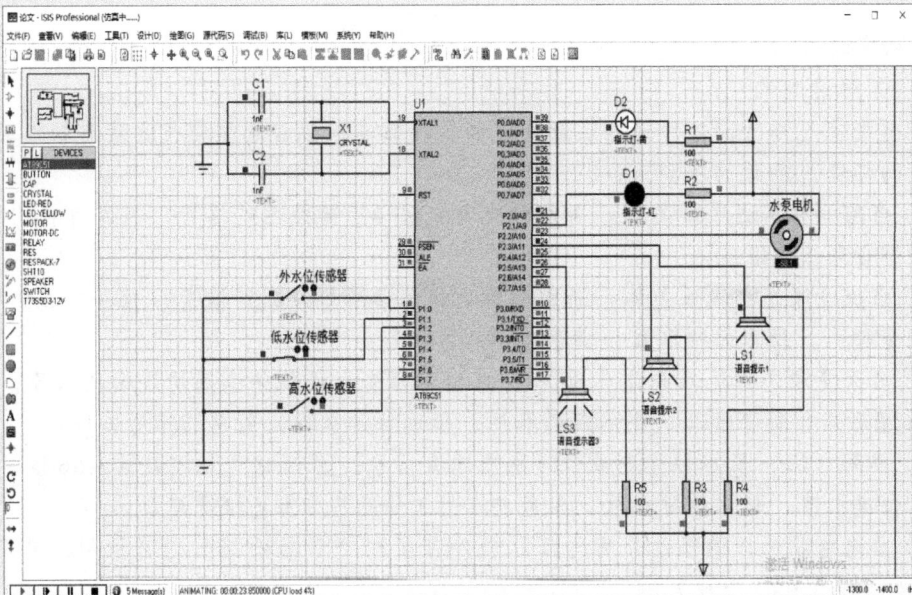

图6 低水位传感器低电平执行器工作图

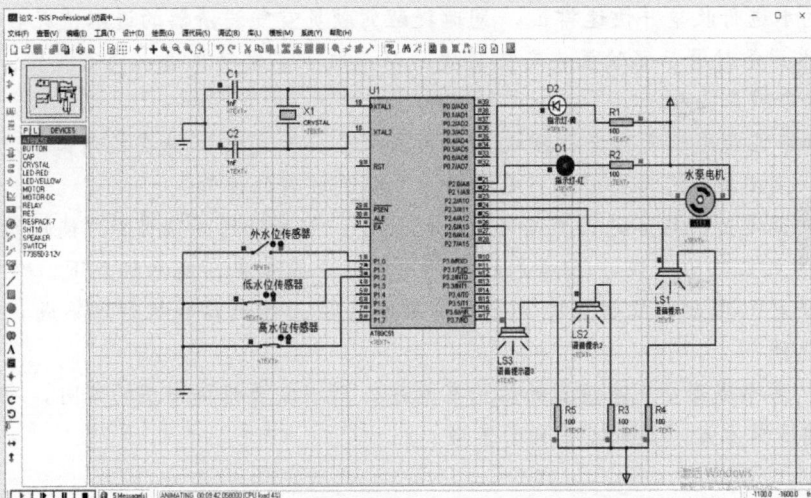

图7 高水位传感器低电平执行器工作图

③ 基于 Proteus 7 Professional 软件的仿真结论 通过在 Proteus 7 Professional 仿真软件中进行电路搭建及仿真控制，基本上能实现控制器根据对应的传感器信号控制对应的执行器工作。当外水位采集到水位信号时，控制器能控制语音提示器3进行语音提示；当高、低水位传感器采集到空气滤清器内部进水信号时，控制器会控制排水水泵开始工作，并点亮对应的指示灯以及让对应的语音提示器工作，以达到视觉与听觉双重警示效果。并且，通过不断地试验，观察到一些特殊的情况，通过反复调试加以解决，从而使本装置的可靠性得到了提高。

4.研究结果

（1）性能测试

智慧型空气滤清器软件通过实物测试和软件仿真模拟智慧型空气滤清器软件运行所要面对的环境。测试结果如下：

① 当路面积水达底盘高度，外水位光电液位传感器检测到信号，软件可在0.456毫秒后控制音频三播报；

② 当少量液态水流入壳体，低水位光电液位传感器检测到信号，软件可在9.4毫秒后控制音频一、低水位排水泵、黄色指示灯工作；

③ 当大量液态水流入壳体，高水位、低水位光电液位传感器均检测到信号，软件可在36毫秒后控制音频二、高水位排水泵、低水位排水泵、红色指示灯工作；

④ 当高水位、低水位光电液位传感器均有信号，并且信号积攒超过3.66秒，软件在高水位排水泵、低水位排水泵、红色指示灯工作的基础上播报音频四；

⑤ 当光电液位传感器信号消失后，软件可在27毫秒后检测出，并控制排水泵继续工作4.465秒（4465毫秒）。

（2）问题与挑战

通过三个安装在不同位置的水位传感器来采集车辆涉水深度信号和空气滤清器内进水程度信号，用来控制相应的执行器，在保证车辆不会涉水过深的同时，将间接进入空气滤清器的水进行收集并快速排出，同时提醒驾驶员空气滤清器的进水情况，进行多段报警，进水严重时警示驾驶员应安全驾驶，从而减少了发动机进水的可能性，并保证了驾驶员的生命财产安全。

目前项目已获国家发明专利授权，相关成果已公开发表，并在杭州萧山汽车滤清器有限公司、温州华特汽车公司等公司试用，均得到较好的评价。

① 如何通过新产品鉴定？尤其是整车厂认可，配套使用是项目推广使用的关键。

② 初步效果较为明显，但考虑到空气滤清器一般布置在发动机盖下，空间有限，工作环境较差，因此需要将智能空气滤清器传感器、控制器和执行器集成，使成本更低，功效更佳。

③ 因为各个成形空气滤清器的结构有差异，所以需要根据车型的不同，研究不同的智能空气滤清器方案，适配差异化的车型。

5.结论

通过本项目，巩固已学知识和技能，学以致用，拓展自己的潜能，提升各方面素质。成果如表4所示。

表4 成果列表

序号	成果名称	备注
1	《基于STC51的智能空气滤清器系统设计》	《中国科技信息》2021年
2	一种防气缸进水型空气滤清器	发明专利授权
3	装置性能测试报告	浙江大学研究所2021年

② 科技发明制作类研究报告案例点评

a.摘要：简要描述项目研究的目的、市场痛点，科技发明制作的创新点、应用价值。但在应用领域如何使用，使用后实际效果不够明显。

b.引言：介绍项目科技发明制作的背景，项目领域现状、存在的问题。阐述项目科技发明制作的目的，并回顾了该领域的研究成果，指出本研究的创新之处。

但没有说明项目的预期贡献，尤其是近期的经济效益。

c.研究方法：描述了项目科技发明制作的技术路线，制作过程的关键步骤以及项目仿真测试结果。

但缺少科技发明制作过程难点解决方案和关键技术的阐述。若有实车测试报告，则更佳。

d.研究结果：展示科技发明制作的性能仿真测试结果，分析在制作和测试过程中遇到的问题和挑战。

完善方面，可通过短视频形式展示科技发明制作的实际功能和效果。

问题与挑战应有针对性的解决措施。

e.讨论：本项目没有探讨科技发明制作的不足，应增加后续研发的深入分析、讨论和展望。

6.2 "挑战杯"中国大学生创业计划竞赛项目商业计划书撰写

6.2.1 商业计划书结构

商业计划书又称商业策划书，英文为 business plan，缩写为 BP。商业计划书是融资项目的重要材料，是指提供给投资人和一切对创业者的项目感兴趣的人，向投资人展现创业的潜力价值而制作的书面文件。

创业者制订策划方案的过程，是在不断地梳理创业项目思路的过程，在这个过程中，创业者审视创业项目的成熟性、完整性和创新性，凝练产品与服务的特色和竞争优势，创新商业盈利模式，预测创业实施目标，分析创业中可能存在的风险，需要制订的风控措施，评估创业项目的可行性。

编写创业计划书的过程也是对创业项目的内检和审视的过程。当你把项目全部了解清楚了，知道了项目的服务市场在哪里，市场需求在哪里，项目风险在哪里，项目的创新点在哪里，产品和服务优势在哪里，项目瓶颈门槛在哪里，项目的盈利点在哪里，项目的竞争对手在哪里，项目的投入和产出是多少，就可以尝试落地创业实践了。

商业计划书一般包括项目概况、市场分析、产品与服务介绍、商业模式、运营现状、营销策略、竞争态势分析、风险分析及应对、财务分析、团队管理、发展规划、附加材料等。

（1）项目概况

包括为什么做、怎么做、做到哪里、项目核心竞争力。

① 为什么做？　介绍你所解决的市场问题现状，用案例、故事、新闻报道引入，通俗易懂、印象深刻，即把握市场问题现状，进行原因分析。

② 怎么做？　重点描述产品技术、创新的商业模式及解决方案。

③ 做到哪里？　运营现状、成果展示。展示相关产品专利申请数量、服务客户数量、成交金额、社会问题解决情况等，不同层次、不同维度展示成果。展示方式可以图文结合，主次、轻重有别。

④ 项目核心竞争力　特点、优势、创新性、技术保护：证明你能做得比别人好，从产品技术、服务模式的创新性、可行性，以及技术或资源的独特优势方面进行分析；同时与市面上同等产品或替代品从性能和价格方面进行比较，总结竞争优势。

（2）市场分析

包括市场问题有哪些，为什么会产生，市场规模及前景如何。

① 市场问题描述　报道、故事引入，图文结合，数据描述，让痛点够"痛"。

② 市场原因分析　揪出问题本质，客观、深入分析原因，按点逐条写清楚。

③ 市场规模及前景　需要解决的人群或者应用场景有哪些，证明这个市场很大，前景光明。

（3）产品与服务介绍

产品即解决方案，如果没有技术产品，商业模式就是解决方案。

① 产品技术　用什么技术，实现什么功能，解决什么问题，清晰明了。技术参数、路线、方案以及实现效果。

② 产品图片　实物图、模型图、操作流程图，配以文字说明。

③ 产品优势　创新性、市场可行性、技术保护（技术可行性）。

竞品分析，包括性能、价格，可用表格对比，一目了然。

（4）商业模式

以产品为中心构建合理可行的运营模式，实现效益、价值最大化。

① 商业模式介绍　企业为了实现各方价值最大化，通过整合内外部生产要素、搭建业务体系、推动建立合作伙伴关系，形成具有独特核心竞争力的运行系统。把所有涉及的目标对象，以及目标对象之间的关系，绘出导向图，配合文字进行说明。

② 盈利模式分析　主要阐述项目的盈利模式，包括直接销售、技术授权、内容付费、广告收入等，可以根据产品的特点进行具体分析。

商业模式介绍里面，逐一介绍哪些环节、板块、渠道可以实现盈利，包括盈利项目、如何盈利、相关数据。最好能用图表展示近五年的企业收入和盈利走势。

（5）运营现状

做出成果展示。

① 技术专利　说明内容、数量，注意必须属于本项目，而非无关专利。

② 合作客户有哪些？说明数量与成交金额。

③ 带动就业人数。

④ 解决市场问题的成效，前后对比，突出社会价值。

（6）营销策略

① 目标客户分析　谁才是你的目标客户，他们的数量、需求程度、购买力等属性。

② 推广策略　介绍具体的办法、手段、渠道等。

③ 产品策略　具体介绍促销策略、价格策略、服务策略。

（7）竞争态势分析

通过识别企业主要竞争对手，发现自身以及主要竞争对手的优势与劣势，以达到客观、准确地对某一产业或领域的发展进行分析和评价的目的。竞争态势分析不仅关注企业内部的优势和劣势，还涉及外部的机会和威胁。通过综合分析这些因素，企业可以更好地理解市场环境，制定相应的发展战略、计划以及对策，从而在竞争中获得优势。

（8）风险分析及应对

① 资金风险

- 风险分析：生产、销售等环节需要大量资金，出现断链就会运营不下去。
- 应对措施：专利技术抵押贷款、自筹、参加政府比赛获得资金扶持等。

② 市场风险

- 风险分析：产品技术壁垒不高，容易被替代，市场容量小，不被信任等。
- 应对措施：纵深研究，不断迭代和升级产品，提高壁垒；横向研发周边应用产品，相辅相成。

真实、客观地分析技术风险、交易风险、管理风险等，并说明应对措施。

（9）财务分析

① 股本结构及融资计划　目前股本结构，标记清楚占股份额和原因，投入成本，成本回收时长，如何融资等。

② 财务数据表格　包括盈利分析表、销售预测表等。注意数据预测要合理、客观，不要夸张。数据符合规律，不要凑整数、等差、等比。

（10）团队管理

① 组织框架　秉持"非必要不设置"的部门设置原则。具体部门、职责要具体细化，说明部门成员数量、领导者、部门成员的专业组成以及整体实力。

② 项目成员　专业专长、担任职务、具体负责事项，如果已做出成绩，可附上说明。

③ 指导老师　有关项目涉及领域和行业方向的研究专长、影响力、成果展示，以及具体负责事项。

（11）发展规划

1年计划、2年计划。用具体的手段和策略实现具体的目标。重点阐述未来项目在技术革新和市场拓展方面的规划。建议按照年度分步规划，详细描述使用什么样的手段和策略实现未来一至三年的发展计划。

（12）附加材料

附加材料是项目的核心组成部分，各类材料的好与坏是最直接的证明。当产品本身改进空间有限时，积累更多的证明材料是提高项目获奖概率的有效途径。

6.2.2　商业计划书各组成部分的撰写

（1）项目概况

项目概况是整个创业计划书的概括与精华提炼，一般字数不能太多，篇幅控制在2页。需要用简洁的语言概括整个商业计划书的核心内容，包括项目的目标、产品或服务、市场机会、竞争优势等。

撰写商业计划书的执行摘要时，应遵循以下几个原则和步骤：

① 简明扼要　执行摘要应简短而精练，突出项目的核心亮点和优势。

② 明确目标与战略　强调团队实力、明确目标与战略、强调市场需求、提炼亮点，并考虑调整以满足不同受众的需求。

③ 包含关键信息　执行摘要中需要提供财务预测概要，包括未来五年中每一年的预期营业收入、成本支出和利润，以及需要的资金数额。

④ 适应性调整　根据不同的受众（如投资者、合作伙伴等）进行针对性编写，确保内容对他们来说具有吸引力和相关性。

⑤ 格式和结构　执行摘要应该包括公司概览、产品/服务、市场分析、财务计划、实施策略等要素。

⑥ 在商业计划书的执行摘要中有效地突出公司的竞争优势　首先，需要明确并定义公司的核心竞争优势，包括产品或服务的独特性、性能优势、成本效益等方面。然后，与竞争对手比较：将公司的产品或服务与竞争对手进行比较，分析双方的优劣，清晰地展示出公司在市场中的位置和相对于竞争对手的优势。最后，提供数据支撑：使用具体的数据和事实来支持公司的竞争优势，以增加可信度。

书写项目概况的目的是吸引潜在投资者和买家的兴趣，因此需要力求精练有力，重点阐明项目的投资亮点，尤其是相对于竞争对手的优势。

（2）市场分析

市场痛点是指消费者在使用现有产品或服务时遇到的问题或不满，这些问题如果得到解决，将能够显著提升消费者的满意度和生活质量。因为市场痛点分析直接关系到产品的市场需求和商业机会，所以是至关重要的。在商业计划书中进行市场痛点分析时，应遵循以下几个步骤：

① 识别真正的痛点　首先要确定哪些问题是真正的痛点，而不是伪需求。真正的痛点应该是频繁发生、一直没有得到解决的问题，它们对用户的生活产生了实际的影响。例如，智能手机电池不够耐用、像素不够高都是可以理解和忍受的，但上不了网则是大多数人无法忍受的，是痛点。

② 配合场景描述　对痛点的描述应该具有画面感，能够让读者深刻感受到问题的严重性和迫切性。用一句话说清楚：在商业计划书中，投资人可能没有太多时间仔细阅读，因此用一句话清晰地表达痛点，能够迅速抓住投资人的注意力。根据马斯洛需求层次理论判断：检查你的项目是否瞄准了真实存在的需求。有潜力成为大公司的项目通常试图满足人们更基础、更本质的需求。

③ 市场痛点剖析　客观深入地分析市场痛点产生原因：产品同质化严重；服务质量不稳定；信息不对称导致的客户需求无法得到满足；生产厂家没有及时捕捉到市场需求；厂家研发能力不足。

④ 市场痛点规模描述　通常需要进行市场调研、数据分析、消费者行为研究等。这些研究可以帮助我们了解痛点的具体情况、市场需求的大小、潜在消费者的特征等，从而更准确地评估市场规模。查阅相关的市场研究报告、行业分析文章或咨询专业的市场调研机构有助于了解市场痛点及规模。

（3）产品与服务介绍

① 简要描述产品的名称、功能、用途，以及它如何解决用户的痛点。

② 介绍产品特点与优势　详细介绍产品的独特卖点，如技术创新、设计新颖、成本效益等。强调产品与市场上同类产品的区别，以及这些区别如何转化为竞争优势。

③ 描述应用场景　描述产品在不同场景下的使用情况，如何融入用户的生活，提高生活质量或工作效率。

（4）商业模式

在商业计划书中，盈利模式是至关重要的部分，因为它直接关系到企业的生存和发展。一个清晰的盈利模式不仅能够吸引投资者，还能指导企业的日常运营和长期规划。常见的盈利模式包括：

① 销售产品　这是最常见的盈利模式，企业生产产品后直接销售给消费者或企业，通过技术创新或规模化生产方法降低成本，提高利润率。

② 提供服务　适用于需要提供服务的行业，如医疗保健、金融和咨询等，通过提供高附加值的服务提高客户满意度。

③ 广告收入　适用于具有大量流量的网站或应用程序，通过展示广告获得收入，利用网络效应增加流量从而增加广告收入。

④ 订阅服务　适用于提供信息或服务的行业，如新闻媒体、科技公司等，通过提供订阅服务获得收入。

⑤ 授权和特许经营　适用于具有知名品牌和良好声誉的企业，通过授权和特许经营获得收入。

在选择盈利模式时，创业者需要考虑市场需求、竞争环境和自身能力等因素。盈利模式的描述应包括如何向客户收费、成本结构、预期的收入和利润等关键信息。此外，盈利模式不应是静态的，而是需要根据市场变化和企业发展进行调整和优化的。

（5）运营现状

① 介绍生产和供应链管理　介绍公司的生产流程和供应链管理策略，包括原材料采购、生产流程、质量控制等。

② 介绍销售和市场营销　介绍公司的销售和市场营销策略，包括销售渠道、市场推广、客户关系管理等。

③ 人力资源管理　介绍公司的人力资源管理策略，包括员工招聘、培训、绩效管理等。

④ 简要介绍核心竞争力　介绍相关的知识产权数量、保护状态，以及目前企业的社会价值。

（6）营销策略

通常包括对市场环境的分析、目标市场的定位、营销目标的设定、营销策略的选择以及实施计划的详细安排。通过有效的营销策略计划书，企业可以更好地理解市场需求，提高市场竞争力，实现销售目标，并增强品牌影响力。

① 市场分析与目标定位　对市场进行深入分析，包括市场规模、增长趋势、竞争格局等，以确定企业的市场机会和潜在威胁。明确目标市场的需求和偏好，进行消费者细分，确定目标客户群体。根据市场分析和企业战略，设定具体的营销目标，如提高品牌知名度、增加市场份额、促进产品销售等。

② 营销策略的选择

a.产品策略：根据市场需求调整产品组合，包括产品开发、改进和定位。

b.价格策略：根据成本、竞争状况和消费者承受能力，制订合理的价格策略。

c.促销策略：利用广告、销售促进、公关活动等手段提高产品知名度和销售量。

d.渠道策略：选择合适的分销渠道，包括线上和线下渠道，确保产品能够高效地到达目标消费者手中。

③ 实施计划的详细安排　制订详细的实施时间表，包括各个阶段的开始和结束时间。分配资源和责任，确保各项任务能够按时完成。建立监控和评估机制，定期检查计划的执行情况，及时调整策略以确保目标的实现。

④ 预期效果评估　在营销活动结束后，对活动的效果进行评估，包括销售额的增长、品牌知名度的提升等指标。根据评估结果，总结经验教训，为未来的营销活动提供参考。

计划书营销策略可借鉴和使用现代营销理论4P、4S、4C、4V、4R，同时营销策略也包括体验营销策略和饥饿营销策略。

① 4P理论　4P营销理论被归结为四个基本策略的组合，即产品（product）、价格（price）、推广（promotion）、渠道（place），由于这四个词的英文字头都是P，所以简称为"4P"。

a.产品策略：涉及产品的实体、服务、品牌、包装等，包括产品的效用、质量、外观、式样、品牌、包装和规格，以及服务和保证等因素。

b.价格策略：主要关注企业出售产品所追求的经济回报，包括基本价格、折扣价格、付款时间、借贷条件等。

c.推广策略：利用各种信息载体与目标市场进行沟通的传播活动，包括广告、人员推销、营业推广与公共关系等。

d.渠道策略：涉及分销渠道、储存设施、运输设施、存货控制等，代表企业为使其产品进入和达到目标市场所组织、实施的各种活动，包括途径、环节、场所、仓储和运输等。

这些策略共同构成了企业进行市场营销活动的主要手段，对它们的具体运用，形成了企业的市场营销战略。4P理论是营销策略的基础，以关系营销为核心，注重企业和客户关系的长期互动，重在建立顾客的忠诚度。

② 4S理论　营销策略4S理论模型包括满意（satisfaction）、服务（service）、速度（speed）和诚意（sincerity）。

a.满意：强调产品质量的提升，通过严格的质量控制流程和持续的技术创新，确保产品的性能和安全性，同时关注客户的反馈，及时解决问题和改进产品，提高客户的满意度。

b.服务：提供全方位的售后服务，包括定期保养、维修、故障排除等。建立完善的客户关系管理系统，及时回应客户的需求和关切，提供个性化的服务。

c.速度：采用先进的生产技术和管理方法，优化生产流程，缩短产品的生产周期。建立高效的供应链体系，确保零部件的及时供应和装配，加快交付速度。

d.诚意：与供应商建立长期合作伙伴关系，共同努力降低成本、提高质量。注重企业社会责任，关注员工的福利和发展，树立良好的品牌形象。

通过应用4S理论，企业可以在市场竞争中取得优势，赢得客户的信任和忠诚度，实现可持续发展。

③ 4C理论　4C营销理论以顾客为核心，通过对成本、便利、沟通等方面的深入分析与策略实施，帮助企业在激烈的市场竞争中脱颖而出。它包括顾客（customer）、成本（cost）、便利（convenience）、沟通（communication）。

a.顾客：这一要素强调营销的核心已经从产品转向顾客，企业需要首先考虑顾客的需求和偏好，以满足顾客的期望和需求为关键。

b.成本：这里的成本不仅仅指顾客购买产品或服务所支付的价格，还包括顾客在获取和使用产品过程中的时间成本、精神成本等。企业需要考虑顾客的总成本感知，通过合理定价来吸引顾客并保持竞争优势。

c.便利：便利性关注的是顾客购买和使用产品的方便程度。在数字化时代，企业需要通过优化销售渠道、提高服务效率等方式，使顾客能够在最便捷的条件下获取产品和服务。

d.沟通：沟通不仅仅是企业向顾客传达产品信息的单向过程，还是一个双向互动的过程。有效的沟通能够帮助企业更好地理解顾客的需求，收集反馈，以及建立起顾客的信任与忠诚。

④ 4V理论　营销策略4V理论模型包括价值化（value）、多样化（variety）、时效性（velocity）和可见性（visibility）。

4V理论模型是一种营销策略模型，它强调了四个关键要素，帮助企业在竞争激烈的市场中制定有效的营销策略。具体来说：

a.价值化：注重为消费者提供额外的价值，通过增加产品的价值来提高消费者的满意度和忠诚度。例如，通过提供个性化的健康建议或可追溯系统，增加产品的附加值。

b.多样化：强调产品的多样化，以满足不同消费者的需求。这包括提供多种选择，如不同类型的产品或服务，以满足市场的多样化需求。

c.时效性：关注市场变化的快速反应能力，即在市场变化时能够迅速调整策略，保持与市场的同步。这要求企业具备高度的灵活性和适应性。

d.可见性：提高品牌和产品的市场可见度，通过有效的市场推广和品牌建设，使产品和品牌更容易被消费者识别和记忆。

这个理论模型帮助企业在制定营销策略时，不仅能考虑到产品的核心价值和基本功能，还能考虑到如何通过提供额外的价值、多样化选择、快速适应市场变化以及提高品牌可见度来吸引和保持客户的兴趣和忠诚度。通过这四个要素的有机结合，企业可以在竞争激烈的市场中脱颖而出，实现营销目标。

⑤ 4R理论　4R营销理论模型包括关联（relevance）、反应（reaction）、关系（relationship）、报酬（reward）。

4R营销理论是一种以关系营销为核心的理论，它强调企业和客户关系的长期互动，旨在建立顾客忠诚。这一理论模型包括四个关键要素：

a.关联：指的是企业与顾客建立紧密的联系，通过提供有价值的产品或服务，以及创造与顾客的共同利益，形成一种相互依赖的关系。

b.反应：强调企业需要快速响应市场变化和顾客反馈。这意味着企业需要灵活调整其产品和服务，以满足不断变化的市场需求和顾客期望。

c.关系：着重于企业与顾客之间长期互动和良好关系的维护。通过提供优质的服务和个性化的体验，增强顾客的满意度和忠诚度。

d.报酬：指的是企业通过提供优惠、奖励或其他形式的回报，提高顾客的忠诚度和促进顾客再次购买。这可以是积分计划、会员权益、折扣等，旨在增加顾客的价值感知和满意度。

4R营销理论不仅考虑了企业的利益，同时也兼顾了顾客的需求，通过建立和维护与顾客的良好关系，实现企业和顾客的双赢。

⑥ 体验营销策略　体验营销是一种通过刺激和调动消费者的感官、情感、思考、行为和观念等感性因素和理性因素，重新定义和设计营销方式的策略。它旨在与消费者建立有价值的客户关系，通过沟通、识别、产品、品牌、环境、网站等体验媒介来刺激消费者的感官和情感，引起消费者在消费前、消费中和消费后的思考和联想。体验营销强调满足人们精神的、社会的、个性的需求，以促进产品销售并给消费者心灵带来强烈的震撼，从而实现销售的目的。

具体来说，体验营销的策略可以细分为：

a.感官式营销策略：通过感官体验突出公司和产品的识别，引发消费者购买动机和增加产品的附加值。

b.情感式营销策略：通过诱发或触动消费者的内心情感，为消费者创造情感体验。

c.思考式营销策略：通过启发智力，运用惊奇、计谋和诱惑，创造性地让消费者获得认知和解决问题的体验，引发消费者产生统一或各异的想法。

d.行动式营销策略：通过名人、名角来激发消费者，增加他们的身体体验，使其生活形态发生改变，从而实现销售的营销策略。

e.关联式营销策略：让人和一个较广泛的社会系统产生关联，从而建立个人对某种品牌的偏好，同时让使用该品牌的人形成一个群体。

⑦ 饥饿营销策略　饥饿营销策略是指商品提供者有意调低产量，以期达到调控供求关系、制造供不应求的"假象"、维持商品较高售价和利润率的营销策略。

饥饿营销通过控制产品的供应量，造成市场上产品供不应求的假象，从而提升产品的市场价值和消费者的购买欲望。这种策略的核心在于通过限制供应量来激发消费者的购买冲动，进而提高产品的售价和利润率。实施饥饿营销的企业通常通过广告和宣传手段来提高产品的知名度，同时通过控制产量或分配渠道来限制产品的实际供应量，从而创造出一种稀缺感，促使消费者更加珍视和渴望获得产品。这种策略不仅适用于实体产品，也广泛应用于服务行业，如预约制服务、限量版产品等。

饥饿营销的成功实施依赖于几个关键因素：首先，产品或服务必须具有一定的吸引力，能够激发消费者的兴趣和购买欲望；其次，营销策略的执行必须精准，能够有效地传达产品的价值和稀缺性；最后，企业需要谨慎使用这种策略，避免过度使用导致消费者疲劳或转向竞争对手的产品。

（7）竞争态势分析

竞争态势分析是一种战略管理工具，它帮助企业识别并利用市场机会，同时避免或减轻潜在的威胁，以优化其竞争策略和市场定位。

竞争态势分析工具包括SWOT分析、波特五力模型、行业生命周期分析、竞争格局分析、市场份额分析等。

① SWOT分析　SWOT分析将内部的优势和劣势与外部的机会和威胁结合起来，通过系统分析的思想，帮助决策者制订相应的发展战略、计划以及对策。

SWOT分析包括优势（strengths）、劣势（weaknesses）、机会（opportunities）和威胁（threats）。

a.优势：指企业相对于竞争对手在资源、技术、品牌、市场地位等方面所具备的有利条件。

b.劣势：指企业在资源、技术、管理等方面相对于竞争对手存在的不足。

c.机会：指市场上存在的有利于企业发展的各种因素，如新兴市场需求、政策支持等。

d.威胁：指市场上存在的可能对企业发展造成不利影响的因素，如技术进步。

SWOT分析的步骤：

a.确定目标与收集信息：明确分析的目的和范围，收集与目标相关的内部和外部信息。

b.内部分析（SW）：评估企业的内部优势和劣势，包括核心竞争力、生产流程、品牌影响力等。

c.外部分析（OT）：分析外部机会和威胁，包括市场需求、政策支持、技术进步等。

d.构造SWOT矩阵：将内部的优势和劣势与外部的机会和威胁相结合，形成SWOT矩阵。

e.制订战略：根据SWOT矩阵的结果，制订相应的发展战略、计划及对策。

f.实施和监控：执行制定的战略，并定期评估其效果，必要时进行调整。

通过SWOT分析，企业和个人可以全面、系统地了解自身的内外部环境，从而做出更明智的决策，实现更好的发展。

② 波特五力模型　波特五力分析模型是一种竞争战略分析工具，它帮助企业识别行业的竞争结构，从而制订有效的竞争策略。通过分析这五种力量，企业可以评估行业的吸引力以及自身的竞争优势和劣势，为企业的战略决策提供依据。

a.供应商的讨价还价能力：供应商通过提高投入要素的价格或降低单位价值质量影响行业中现有企业的盈利能力与产品竞争力。

b.购买者的讨价还价能力：购买者通过压价或要求提供更高质量的产品或服务的能力，影响行业中现有企业的盈利能力。

c.新进入者的威胁：新进入者可能会带来新的生产能力，并要求取得市场份额，这可能对现有企业构成威胁。

d.替代品的威胁：替代品是指与原产品功能相似的产品，如果替代品的价格更低或性能更好，那么原产品的价格或价值就会受到侵蚀。

e.行业内竞争者的竞争强度：行业内现有企业之间的竞争，包括价格战、广告战、新产品引进等，都会影响行业的竞争格局和企业的盈利能力。

③ 行业生命周期分析　行业生命周期分析是指行业从出现到完全退出社会经济活动所经历的时间，它分为四个阶段：起步期、成长期、成熟期、衰退期。

行业生命周期理论认为，每个行业都会经历从产生到发展的过程，这个过程包括起步期、成长期、成熟期和衰退期。这些阶段反映了行业的动态演进过程，从新兴行业的形成到市场的饱和，再到最终的市场衰退，每个阶段都有其特定的市场特征和发展趋势。

a.起步期：这是行业的初期阶段，新行业刚刚开始形成，市场需求逐渐被认知，竞争者较少，市场增长率较高。

b.成长期：随着市场对产品的接受度提高，竞争者开始进入市场，市场增长率达到顶点。

c.成熟期：市场增长率放缓，市场竞争激烈，产品和服务的差异逐渐缩小。

d.衰退期：随着技术的进步和消费者需求的变化，原有产品或服务逐渐被市场淘汰，行业进入衰退阶段。

行业生命周期的每个阶段都有其特定的市场特征和发展趋势，对于企业和投资者来说，理解这些阶段的特点和变化是非常重要的，因为它可以帮助他们做出更明智的商业决策和市场策略调整。例如，在起步期，企业可能需要投入更多的资源和时间来推广新产品或服务；在成长期，企业可以通过扩大生产和营销来抓住市场增长的机会；而在成熟期和衰退期，企业可能需要考虑产品的更新换代或寻找新的市场机会来维持竞争力。

(8) 风险分析及应对

风险分析和风险控制的描述十分重要，通过这些可以清楚地看到创业项目的风险在哪里，创业风险多大。创业者应该规避创业风险，制订相应的风险应对预案来控制创业风险。一般来说，创业者可以围绕以下六个方面的风险来进行分析和应对。

① 政策风险 创业中最重要的风险是政策风险。一旦创业项目存在较大的政策风险，即使有再好的技术和团队，也很难把项目做好做大。对于政策风险的分析重点是要对比一下创业项目是否与国家产业发展政策相背离，是否属于国家不支持发展的夕阳产业或限制性发展的行业。如果创业项目定位和方向与国家产业和环境发展政策相抵触，那就存在相当大的政策风险，这时候就要十分谨慎，必须认真研究一下实施该创业项目是否可行。比如说你所选的创业项目有很多对大气有污染的排放物，会对环境造成很大的影响，而我们国家一直都在大力提倡节能减排，提倡生态环境建设。那么，这样的创业项目就存在很大的政策风险，或许会受到地方政府执法部门的强制关闭、停产整顿和严厉处罚。所以针对存在政策风险的创业项目，一定要保持警惕，尽可能去规避政策风险。

② 技术风险 技术风险是科技创业公司存在的主要风险，必须认真分析和重点描述。技术风险分析，关键看创业项目的技术水平如何，是否处于国家或国际领先地位，是否申报了专利或软件著作权等自主知识产权，是否已经获得授权，申报的数量和获得的授权数量有多少，关键技术是否对跟进者设置较高的技术门槛。当今社会技术迭代更新十分快，有些技术可能1~2年就迭代一次，有些技术甚至半年就迭代一次。一般比较理想的创业项目技术的生命周期最好能维持5年至10年甚至更长时间。一般长期的创业公司其技术研发策略都是研发一代、生产一代，再储备一代。所以要想保证技术产品领先，就要不断地投入资金进行科技研发。

③ 人才风险 创业公司的关键人才一旦流失，创业就会遇到极大的问题和困难，创业公司就会受到致命的打击。一方面，在目前市场竞争日益激烈的社会，高价猎取高端技术人才的现象比比皆是，创业公司关键技术人员和骨干人员若经不住高薪的诱惑，就会跳槽离职。另一方面，有些创业公司的关键技术人员或销售人员，在掌握了公司的核心技术和销售渠道后，想另起炉灶，自己当老板。在创业中，人才是最宝贵的，但人才流失的风险随时存在。为了控制人才风险，创业公司一定要设计好针对关键技术人才和关键骨干人才的合理的、有诱惑性的、有激励性的股权制度，同时还要制定好公司的技术保密制度。

④ 市场风险 一项新技术的出现、一个新政策的颁布、一个巨无霸的侵入，都有可能改变现有的市场格局。当市场上出现了一种新技术，它可以替代原有的传统技术，就有可能改变人们的消费习惯，从而严重地影响市场需求情况。例如，数码技术出现后，数码相机改变了传统胶片相机的使用模式，相片的存储量不再受胶卷的限制，人们开始普遍使用数码相机而不使用胶片相机，如果公司没有及时认识到数码技术对胶片市场的破坏性，就会导致公司业务逐年大额亏损。

a. 市场风险监控与预警：定期收集和分析市场数据，及时识别风险信号。组建专业的风险管理团队，负责实施风险监控与预警，设置预警指标和阈值，提前发出风险预警。建立风险报告机制，确保管理层及时了解市场风险状况。

b.市场风险防范策略：通过多元化产品线、市场区域和客户群体，降低单一市场或产品风险。采取措施减少风险的影响，如使用金融工具进行套期保值；持续进行产品和服务创新，保持市场领先地位，抵御竞争风险；制定应急预案，包括备用供应商、备用生产计划和财务缓冲等，以应对突发市场风险。

⑤ 管理风险　管理风险是指管理运作过程中因信息不对称、管理不善、判断失误等因素影响管理的水平，可能导致企业与管理者面临无法挽回的损失。由于创业公司属于新组建的公司，人数较少，经常是一人多岗、一人多职、一专多用，因此很容易出现工作跨岗越位引起的冲突与矛盾。初创公司不像大公司那样建章建制，易出现任务不到位、责任不到位现象。所以，创业公司制定出切实可行的管理措施和应对风险预案，才能使创业公司向着程序化、标准化、规范化、健康化和可持续化发展。

首先，企业应建立一个完善的风险管理体系，识别潜在风险，包括财务风险、操作风险、市场风险以及管理风险等。

其次，企业应制订计划以避免或减轻这些风险。避免风险的策略包括划分业务、多元化投资以及聘请合格的员工等。

最后，建立一个专业的风险管理团队来管理公司的风险。

⑥ 资金风险　资金是公司运营的血脉，没有充盈的资金作为支撑，创业公司很快就会倒闭，如有的创业项目启动资金很大，能够募集的资金又不多，很难保证项目的顺利开展；有的创业项目可能需要经过半年、一年甚至两年以上的时间才会盈利，但是自有资金又不足，导致公司经营很难维持下去；有的创业公司在初创期不注意开源节流，不善于控制成本，各方面支出都很大，业务收入又不理想，造成很大的财务亏空，导致创业很快失败。

资金风险防控措施主要包括以下几个方面：

a.加强内控管理：建立健全的资金管理制度，明确资金使用、审批、拨付、内部控制、监督检查等方面的规定，确保资金使用的合规性和安全性。

b.完善监管机制：建立完善的监管机制，对投资和经营活动进行监督和管理，确保各项业务运作符合法律法规和市场规则，避免违规操作和不良风险事件的发生。

c.加强信息披露：遵守信息披露规定，及时公开各项重要信息，增强透明度，减少信息不对称带来的风险。

d.严格审批程序：对财政资金实行账户集中管理、分账核算、统一调度的管理模式，严格资金专户开设的审批程序。

（9）财务分析

① 财务数据分析

a.财务报表：准备企业的资产负债表、利润表和现金流量表，展示企业的财务状况、盈利能力和现金流情况。

b.财务指标分析：计算并分析关键财务指标，如盈利能力、偿债能力、运营效率等，以评估企业的财务健康状况。

c.未来财务预测：基于企业的战略目标和市场分析，对未来的财务状况进行合理预测，展示企业的发展潜力和规划。

② 融资计划编写

a.明确融资需求：确定企业当前和未来的资金需求，包括运营资金、扩大生产、研发投入、市场营销等方面。

b.设定融资目标：基于资金需求，设定合理的融资目标和期望的融资额度。

c.分析企业状况：通过财务报表分析企业的资产负债状况、盈利能力和现金流情况，计算财务指标如流动比率、速动比率、资产负债率等，以评估企业的偿债能力和财务风险。

d.研究融资渠道：了解各种融资渠道的特点和适用条件，如银行贷款、股权融资、债券融资等，并比较不同融资方式的成本，选择成本较低的融资方式。

e.制订融资策略：选择合适的融资方式，优化资本结构，降低财务风险，制订详细的融资金额、融资来源、还款计划、利率和费用等方面的内容，规划融资的各个阶段和时间节点。

f.准备融资材料：准备包括商业计划书、财务报表、法律文件、专利证书、合作协议等在内的融资材料，以展示企业的价值、市场前景和偿债能力。

g.融资申请与洽谈：向银行、投资机构等潜在融资方提交融资申请，并进行洽谈，详细介绍融资计划和企业情况，解答投资者的疑问和顾虑。

h.风险评估与应对：评估融资过程中的各种风险，如信用风险、市场风险等，并制订相应的应对措施，降低风险对企业的影响。

i.融资落地与资金使用：在双方达成一致后，签订正式的投资协议或贷款合同，并确保按照融资计划合理使用资金，支持企业的核心业务和发展战略。

j.监控与评估：定期监测融资策略的实施效果，评估融资对企业发展的影响，并根据监测结果和市场变化及时调整融资策略。

通过上述步骤，系统地准备商业计划书的财务数据和融资计划，展示企业的财务健康状况和发展潜力，提高投资者对项目的信心和兴趣。

（10）团队管理

① 团队成员结构　明确分工，简要介绍团队的构成，包括核心管理层、技术团队、市场与销售团队、运营支持等，并说明各部分的职责和重要性。

② 成员详细介绍

a.姓名与职位：列出每位团队成员的姓名及其在团队中的具体职位。

b.专业背景：简述其教育背景，特别是与项目或行业相关的学历、专业或证书。

c.工作经验：重点介绍与项目直接相关的工作经验，包括曾就职的公司、担任的职位、参与的关键项目及其成果。

d.专业技能：列出每位成员的核心技能、技术专长或行业知识，以及这些技能如何对项目产生积极影响。

e.成功案例/成就：如果可能，分享一些具体的成功案例或个人成就，以证明其能力和价值。

f.个人特质：简要提及一些积极的个人特质，如创新思维、团队合作精神、领导力等，这些特质如何促进团队的整体效能。

③ 团队协同优势

a.互补性：强调团队成员之间的互补性，包括技能、经验和视角的多样性，以及这种多样性如何促进团队的创新和解决问题的能力。

b.共同目标：阐述团队成员如何围绕共同的目标和价值观紧密合作，形成强大的凝聚力和执行力。

c.成功案例（如适用）：分享一些团队协同工作的成功案例，展示团队在面临挑战时的协作能力和应对策略。

④ 展望未来

a.发展愿景：展望团队成员在未来项目或企业发展中的角色和贡献，以及他们如何共同推动目标的实现。

b.持续学习：强调团队对持续学习和自我提升的重视，以及如何通过培训、交流等方式不断提升团队的整体实力。

在创业初期，为了将创业事业做大做长久，创始人股东和联合创始人股东一定要共同设计好股权结构，以保证创业公司稳健发展。最好成立董事会，公司决策按人头投票，股东之间形成一种权力的制衡，形成民主集中制，走共同决策的道路，形成有责共担、有利共享、有难共扛的局面。股权投资，包括有形资产和无形资产投资，公司的投资可以是现金，也可以是具有较高科技含量的专有技术，也可以是专利、软件著作权或版权等知识产权，也可以是房产、汽车、设备等资产，还可以是管理经验、销售渠道等特殊资源资产，合伙人股东在商谈投资划分股权比例时，可以协商确定。

为了公司的壮大和可持续发展，一些创业公司还会留出20%左右的股权作为奖励池，拿出一定比例的股份奖励骨干人员以便留住人才，也用来吸引和招募一些优秀的人才加盟。

（11）发展规划

① 发展规划包括产品线的拓展、新市场的进入、对外合作的战略、营销推广手段等。

② 发展规划可分为三个阶段来写：短期（3年，短期规划最重要）、中期（5年）、长期。

- 短期规划，如年度营收、市场进入、市场占领、产品迭代、团队规模等；
- 中期规划，更侧重于规模发展、企业营收和产品品类打造、平台建设；
- 长期规划，如拓展关联领域，升级平台，营造生态链，打通产业通路等。

（12）附加材料

商业计划书的附录可以包括多种类型的信息和文件，旨在为商业计划提供额外的详细信息和支持。这些附录通常包括但不限于以下几个方面：

① 市场研究数据　详细的市场研究数据，如市场大小、市场趋势、竞争环境等，可以通过表格、图表、报告等形式呈现，帮助读者更好地理解市场环境。

② 财务预测和模型　包括详细的财务预测、敏感性分析、风险评估等，有助于读者评估计划的财务状况和盈利能力。

③ 技术规格和流程图　如果业务涉及特定的技术或流程，附录中可以包括详细的技术规格和流程图，以解释业务运作方式。

④ 专利、软件著作权　这个技术壁垒是产品核心之一。需要注意，只有团队成员或指导教师作为第一作者的专利才最具有说服力，评审也会特别关注专利的归属。因此，尽可能地将专利持有者吸纳进团队。

⑤ 组织和人员结构　展示企业的运营结构和人员配置，帮助读者理解企业的运作方式及计划的管理结构。

⑥ 资金预算表及财务报表　列出预计的资金来源和支出细节，包括启动资金、运营费用、市场推广费等。提供详细的财务报表，如利润表、资产负债表和现金流量表，展示企业的财务状况和经营业绩。

⑦ 市场调研数据　如果进行了市场调研，提供相关的数据和报告，包括目标市场的规

模、竞争对手分析、消费者调查结果等。

⑧ 运营流程图　提供企业的运营流程图，展示各个部门之间的职责和协作关系。

⑨ 合同和法律文件　如果涉及合同、授权书、执照等法律文件，提供副本或摘要。

⑩ 行业研究报告　提供行业研究报告或分析，展示对所处行业的了解和前瞻性思考。

6.2.3　商业计划书案例及点评

（1）自燃防控智能装置——电动两轮车的消防神

1. 项目概况

1.1　项目背景

图1为2015～2021年的电动自行车年产量。

① 截止到2023年底，我国电动两轮车产量达到4.2亿辆，锂电池电动两轮车产量达到2185万辆，电动两轮车社会保有量更是接近3亿辆。

② 据中国两轮车协会统计，我国2023年电动两轮车年产量达到3641万辆，电动车保有量每年以30%的速度增长。

③ 据国家消防救援局统计，2023年全年共接报电动两轮车及其电池故障引发的火灾近2.1万起，致41人死157人伤，经济损失高达1.5亿元。

④ 电动两轮车自燃的主要诱因是其锂电池的热失控。电动两轮车发生热失控时，锂电池温度上升，电解液受热溢出，压力急剧上升，从而导致电动两轮车发生自燃现象，自救非常困难。

2023年杭州某区发生一起严重的电动两轮车爆燃事故，代价巨大。电动两轮车爆燃事故普遍伴随着火灾、人员烧伤等事故的发生，此类事故发生后续医疗费用少则十几万元，多则上百万元，对于很多普通家庭而言难以负担。

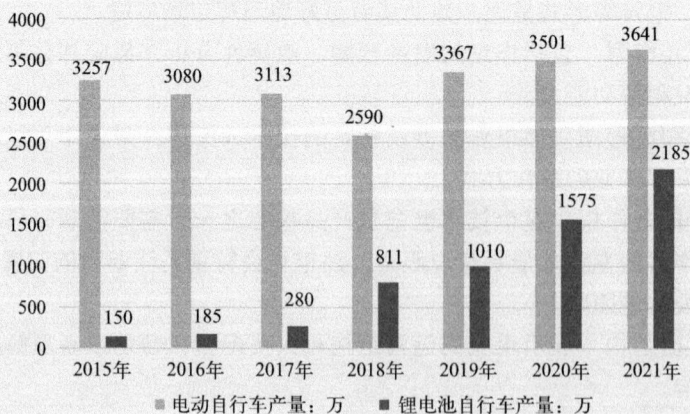

图1　电动自行车年产量

锂电池起火自燃事故大多数是由电池的热失控引发的，电动两轮车锂电池发生热失控时，伴随锂电池温度升高，锂电池气体溢出，锂电池舱气体压力上升。目前电动两轮车锂电池热失控监控措施缺失，自燃防控措施不足，锂电池自燃事件频发，对人身安全和财产安全危害大，急需电动两轮车自燃防控智能装置。我们经过试验分析，发现传统电动两轮车存在以下安全隐患：①锂电池充电时间过长；②锂电池质量故障；③电气线路老化。其中前两者发生的概率更高。

1.2 研究目的

目前市面上的电动两轮车缺少有效的监控和智能防控装置，为了保护群众人身安全，减少财产损失，本团队设计了一套可以预警、排险的电动两轮车自燃防控智能装置，具体功能如下：

① 实时监测锂电池温度及压力　本装置可以在电动两轮车行驶时，实时监测锂电池状态，若检测到锂电池温度和压力参数异常，装置控制器通过分级控制，阻止电动两轮车起火，并以语音提示和指示灯闪亮的方式提醒驾驶员，防患于未然。

② 减少火灾事故发生　在电动两轮车充电时，电动两轮车自燃防控智能装置能实时检测电池舱温度和压力，当超过正常阈值时，适时示警车主并自动断开充电电路中的高压继电器，同时控制电动喷雾器工作，进行物理降温，避免电动两轮车自燃。

③ 使电动两轮车的技术升级　目前市面上电动两轮车缺少有效的监控和智能防控装置，本装置研制填补了市场空白，电动两轮车搭载本装置，可以有效防控电动两轮车自燃事故发生，提高电动两轮车品牌的知名度和美誉度，推动电动两轮车行业健康发展。我们相信我们的装置将为整个行业带来积极的影响，带动行业的发展和进步。我们也将与行业合作伙伴紧密合作，共同推动产品在市场上的推广和应用，助力电动两轮车行业迈向更加健康、安全、可持续的发展道路。

1.3 研究对象

① 通过对电动两轮车自燃的原因分析，我们设计了一套能够实时监测电动两轮车锂电池状态，并在危险状态时能预警、排险的电动两轮车自燃防控智能装置。

② 当系统监测到锂电池参数过高时，即采集的锂电池实时温度或实时气体压力值超过设定的安全阈值时，系统及时采取措施，避免电动两轮车自燃。

③ 本项目所设计的电动两轮车监控和智能防控装置不仅能提高锂电池安全性，更能有效提高驾驶员和乘客的安全性，提升电动两轮车的使用安全性，具有十分重要的社会意义和商业价值。

1.4 国内外研究现状

通过对现有文献资料的查阅和整理得出，目前国内外对电动两轮车自燃防控智能装置的研究主要有三方面。①预警类：电动两轮车锂电池温度、压力异常时，通知车主干预。②灭火类：电动两轮车自燃初期通过灭火器灭火，减少损失。③脱落类：电动两轮车发生热失控时，通过锂电池自动脱落分离，保护车主安全。三种技术的比较如表1所示。

自燃防控智能装置能够实时监测锂电池的温度和压力，实现自动控制功能；温度和压力超过阈值时警示车主；断开充电线路中的高压继电器停止充电；自动启动电子喷雾器进行物理降温。

表1　三种类型与本装置的比较

类型	监测锂电池状况	警示车主	物理降温	主动预防/被动预防
预警类	不能监测	不能	不能	被动安全
灭火类	不能监测	不能	不能	被动安全
脱落类	不能监测	不能	不能	被动安全
本装置	能监测	能	能	主动预防

1.5　项目现况

本团队针对电动两轮车自燃现象，设计了一套能够实时监测电动两轮车电池状态，危险状态时能预警的自燃防控智能装置。本智能装置由传感器部分、控制器部分、执行器部分、其他部分四部分组成，可以在电动两轮车充电和供电行驶时进行实时保护。项目已获得国家专利1项，软件著作2项，第三方技术评价报告1份。公开发表论文1篇，签署校企合作协议2份。本项目设计的电动两轮车自燃防控智能装置是防止电动两轮车行驶时因过热而引发自燃的重要保障，能够有效减少电动两轮车自燃事故，推动电动两轮车行业健康发展，保障人民生命安全和财产安全。研发过程如图2所示。

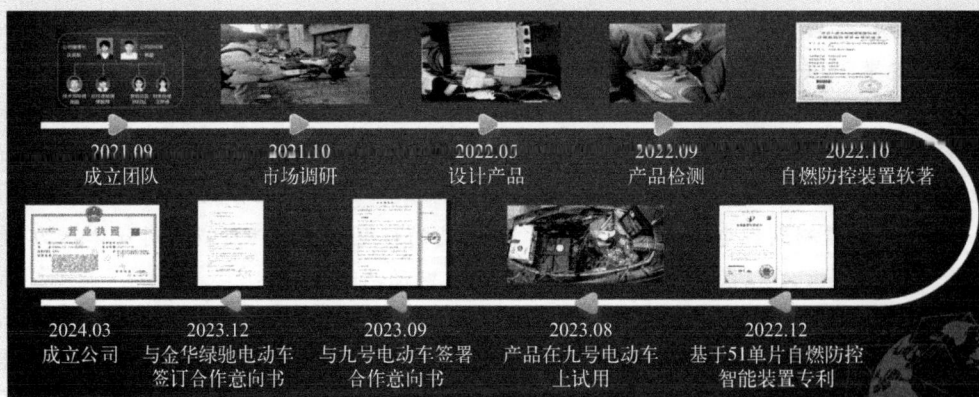

图2　研发过程

2.市场痛点分析

目前电动两轮车充电时存在三大痛点：

① 电动两轮车充电时，锂电池由于能量不断输入，其热管理是控制自燃的关键，目前电动两轮车没有实时监测其温度变化的装置；

② 目前电动两轮车没有对其充电过程状态进行监控、降温的功能；

③ 目前电动两轮车充电热失控时，没有停止充电的功能。

目前我国电动两轮车产量达到4.2亿辆，每年新增3000万辆，项目市场空间巨大。

3.产品介绍

3.1 应用领域

自燃防控智能装置可以应用在市面上100%的电动自行车、电动摩托车上。本装置通过监测电池温度、气体压力和电压等参数，及时发现异常情况并采取措施，有效预防电池自燃引发的事故。

在共享电动两轮车领域，自燃防控智能装置也是必不可少的。共享电动两轮车大规模分布于城市街头，一旦发生自燃事故，后果不堪设想。因此，安装自燃防控智能装置可以提高共享电动两轮车的安全性。

3.2 产品技术

① 控制器技术：控制器为51单片机，锂电池舱控制器通过计算发送分析控制指令，控制相关执行器（高压继电器、语音报警器、报警指示灯、电动喷雾器）。

② 传感器技术：本装置的传感器（气体压力传感器、中部温度传感器、侧部温度传感器）可以实时监测电动两轮车锂电池舱的温度和压力，并将监测信息发送给锂电池舱控制器，如图3所示。

③ 执行器技术：一旦判断电动两轮车可能发生热失控，立即发送控制指令，驱动各执行器工作，分级实现防控电动两轮车自燃的功能。

④ 其他部分：防尘套能防止车载蓄电池接触液态水而导致短路。

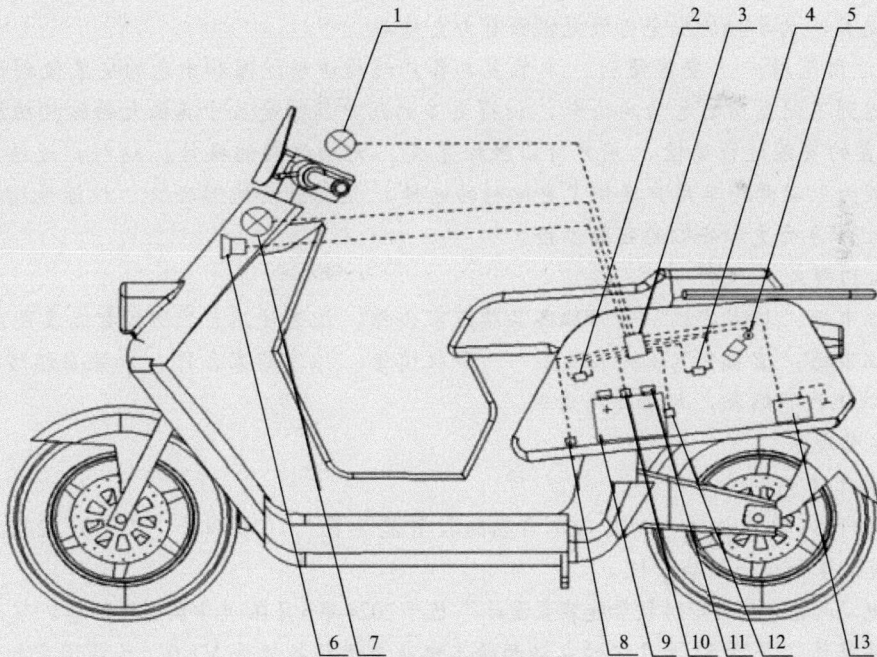

图3　装置结构图

1—故障指示灯；2—高压继电器1；3—电池舱控制器；4—高压继电器2；5—电动喷雾器；6—语音报警器；
7—报警指示灯；8—气体压力传感器；9—动力电池；10—中部温度传感器；11—防雾套；12—侧部温度传感器；
13—控制器电源

3.3 装置功能

当装置收到传感器实时信息：温度超过 55℃，气体压力超过 10^4kPa 时。

① 立即语音报警；

② 切断电动两轮车供电电路，停止充电；

③ 点亮故障指示灯，提示车主充电异常；

④ 控制电动喷雾器工作，对锂电池进行物理降温。

3.4 装置创新点

① 能实时监测锂电池充电时的温度和压力；

② 装置控制器具有实时分析采集信息、输出控制指令的功能；

③ 根据采集信号，实时输出示警、降温的控制指令。

3.5 产品优势

① 快速响应：在检测到火灾风险时，自燃防控智能装置能够迅速作出反应，通过装置搭载的智能控制系统和高效的灭火系统，实时监测锂电池的状态，自动执行相应的自燃防控措施，降低电动两轮车潜在的自燃危险。

② 具有较高的可靠性和稳定性：本装置具有可靠性和稳定性，为用户提供了强有力的安全保障。通过先进的检测技术和智能的控制系统，它能够及时预警并有效应对潜在的火灾风险，确保在关键时刻迅速采取灭火措施。这一可靠性使得装置能够持续可靠地运行，成为电动两轮车安全的可信之选。同时，符合法规和标准，用户可放心依赖这一先进技术，为车辆的安全行驶提供强有力支持。

③ 适用范围广，安装便利：本装置具备广泛的适用范围和出色的安装便利性。其设计考虑到不同类型的电动两轮车，使得更多的用户能够受益于其强大的防控功能。此外，装置的安装过程简便，用户可以轻松完成，无须复杂的操作。这种广泛适用性和便捷安装为电动两轮车用户提供了更便利的选择，使驾驶员能够轻松、快速地增强车辆的安全性，享受更加安心的驾驶体验。

4. 盈利模式

前端市场：技术授权——争取各品牌厂家合作，配套使用自燃防控智能装置；

后端市场：直接销售+技术服务——争取销售、维修店家合作，加装自燃防控智能装置，线上线下结合，增加市场份额。

5. 运营现状

① 技术专利。

"基于51单片机的电动自行车自燃防控智能装置"（专利号：ZL202223257866.X）已获国家知识产权局授权。

"电动两轮车的自燃防控智能装置设计"已于2024年6月在《中国科技信息》发表。

软件著作"基于51单片机的电动两轮车电池自燃防控软件 V1.0"已获国家知识产权局授权。

② 合作客户有哪些？说明数量与成交金额。

本项目已在九号电动车（上市企业）商行试用，获试用采纳证明，并签署合作意向书。

与金华绿驰新能源科技有限公司达成合作协议，生产、推广电动两轮车自燃防控智能装置。

③ 带动就业人数。未来每年针对电动车自燃防控智能装置的就业岗位将新增10～15个。

④ 解决市场问题的成效，前后对比，突出社会价值。

2023年全国共接报电动自行车火灾2.1万起，生产、推广电动两轮车自燃防控智能装置，每年挽救无数条生命，具有显著的社会效益。

6. 市场营销

6.1 客户分析与策略

（1）目标客户分析

目前，电动两轮车成为众多上班族首选的通行工具，保有量已经超过4.2亿辆，并且以每年30%的速度增长。每年新增的4000万辆电动两轮车车主是我们项目首要的目标客户。存量巨大的电动两轮车车主是第二目标客户。

（2）推广策略

前端市场：争取各品牌厂家合作，配套使用自燃防控智能装置；

后端市场：争取与销售、维修店家合作，加装自燃防控智能装置，线上线下结合，增加市场份额。

（3）产品策略

采用4P营销理论，即产品（product）、价格（price）、推广（promotion）、渠道（place）。

通过调整产品、价格、推广和渠道这四个因素来适应市场变化，满足消费者需求，实现与目标市场的有效沟通，从而提升品牌知名度、增加销售额并增强市场竞争力。

6.2 营销策略

主要是统筹"前端与后端"市场、"线上与线下"营销。

（1）前端市场

和电动两轮车厂充分合作，提供技术入股，借助电动两轮车整车厂的影响力，来增加本产品的知名度，从而增加销售量，从中获利，实现双赢。相比于市场上的其他产品，本装置有较多的优势，因此在市场上定价时有相对大的话语权，可以采取高性价比定价策略，迅速抢占市场份额。积极做好售后服务，提高客户满意度。

（2）后端市场

争取与销售、维修店家合作，给电动两轮车加装自燃防控智能装置。采用线上线下结合的方式，推广电动两轮车自燃防控智能装置。积极参与电动两轮车相关标准的制定，推动电动两轮车自燃防控智能装置的产品发展，使其拥有良好的市场前景。

（3）线上营销

移动互联网时代，网络直销使得公司人员能够与消费者有着直接、实时的沟通，消除了代理渠道的劣势——渠道利润占有高、服务差，成为与客户沟通的障碍。我们的方式是加强网络宣传，通过热门的线上平台扩大品牌影响力及知名度，增加产品销路，线上线下同价。线上销售主要是为了产品的进一步推广，同时与九号电动车公司和金华绿驰电动车公司合作，增加在线上的推广人数。

（4）线下营销

作为传统的营销方式，线下营销是产品推广必不可少的一项。相比于线上营销，线下营销能使顾客有更加切身的体验，拥有更好的交互沟通，可以更好地提升品牌形象、扩展用户群体。本公司的线下营销推广主要着眼于人员推销、加盟商合作、商家合作与适当的市场公关参与几方面。

① 人员推销。产品销售以人员现场推销为主。通过销售人员的现场推销，直观地获取用户需求，便于改善产品，获得更好的用户体验。故应该着力进行销售人员的培训，建立一支高素质的推销队伍，及时与顾客沟通，了解顾客对公司及产品的要求，不断促进产品的进步。推销队伍由具有一定科技知识和销售知识与经验的人员组成，并定期进行产品与销售知识再培训，并在产品销售出去之后，及时与用户沟通，获得反馈。

② 加盟商合作。连锁经销商包括绿驰、九号电动两轮车销售经销商。连锁经销的好处在于店铺多，与一家经销商合作，就有可能进入几十家甚至上百家店铺，可以用最快的速度进入终端，让消费者接触和了解产品，抢占市场先机。目前，我们已经与九号、绿驰等多家合作伙伴确定合作。加盟商能拓宽产品销售的渠道，使得产品销售面更为广阔。同时这类产品竞争压力小，虽然产品种类多，但多数产品刚刚提出样机，并没有上市。目前在市面上销售的也只有四五家，从这个意义上讲，对市场和代理商而言均具备巨大的发展空间。

7. 竞争态势分析

SWOT分析：SWOT分析包括优势（strengths）、劣势（weaknesses）、机会（opportunities）和威胁（threats）。

① strengths（优势）：目前具有自主知识产权的同类产品稀少或没有，产品技术领先且有技术门槛。

② weaknesses（劣势）：企业从业者大多为刚从学校毕业的学生，有朝气有闯劲，但缺少社会阅历和管理经验以及创业经历。

③ opportunities（机会）：本项目属于新兴市场需求，潜力大，市场前景广阔，且有政策支持，产品性价比高。

④ threats（威胁）：预计本项目产品上市不久，就会有类似产品抢夺市场。

8. 财务分析

8.1 装置成本

产品的成本预算如表2所示。

表2 自燃防控智能装置成本计算

序号	零部件	价格/元
1	温度传感器	40
2	压力传感器	30
3	控制器	110
4	高压继电器	30
5	警示灯	10
6	电动喷雾器	30
合计		250

目前产品成本总价250元，产品定价330元；预计规模化量产后成本降至200元以下。

8.2 融资计划

2024年计划进行种子融资，出让15%股份，融资300万元，作为项目的启动资金。

（1）员工持股计划

设计激励机制：制定员工持股计划，鼓励团队核心成员参与，以实现员工与企业利益共享，增强团队凝聚力和责任感。

（2）股权转让

① 吸引合作者：通过精准的市场定位和准确的品牌定位，寻找对公司发展前景认同并有共同愿景的合作者。

② 制定转让方案：细化股权转让方案，明确转让股权的比例和价格，并确保与合作者之间的合同条款清晰明了，保障双方权益。

9.风险分析及应对

（1）风险分析

① 技术风险：本项目技术预计每半年迭代一次。我们的应对策略是研发一代、生产一代，再储备一代。同时争取保证技术产品领先，在扩大市场占有率的同时不断地投入资金进行科技研发。

② 人才风险：创业公司的关键人才一旦流失，创业就会遇到极大的问题和困难，创业公司就会受到致命的打击。为了控制人才风险，我们已设计好针对关键技术人才和关键骨干人才合理的、有激励性的股权制度，同时制定好公司的技术保密制度，与研发和财务及营销人员签订保密协议。

③ 管理风险：公司新设，人数较少，一人多岗，一人多职，一专多用，容易出现工作冲突与矛盾。我们向优秀创业公司学习，建章建制，同时制定出切实可行的管理措施和应对风险预案，向着规范化、健康化和可持续化发展。

（2）持续沟通与透明度

① 投资者沟通计划：建立有效的投资者沟通机制，定期向投资者报告公司运营情况、财务状况及重大决策，增强投资者信心。

② 信息披露透明：保持信息披露的透明度，及时向投资者提供真实、准确的财务数据和业务进展情况，建立良好的信任关系。

10.团队成员介绍

本团队成员来自汽车专业和营销专业，具有汽车后市场服务知识和专业技能，胜任营销和拆装、维修等工作岗位。团队经常分享各自的成功之处和经验教训，吸取其他成员的长处，遇到问题及时交流，团队力量发挥得较好，在参与双创活动时积累了丰富的创业经验。以下为团队成员介绍：

① 沈奕航：董事长，负责公司总体运营和未来规划；

② 杨磊：公司总经理，在校期间担任学生会副主席，有较高的管理和领导能力，负责公司和项目运营；

③ 缪振翔：总经理助理，具有两年团队管理经验，负责公司具体运营和项目研发；

④ 王梦格：财务经理，负责公司财务，具有会计证书；

⑤周磊：技术部经理，汽车专业知识和技能扎实，负责项目的技术服务；

⑥岳洪伟：售后服务经理，负责项目的售后服务和跟踪；

⑦姚籽坛：营销总监，具有营销资格证书，有两年市场营销经验，负责销售渠道和销售团队。

团队成员之间具有互补性，促进团队的创新和解决问题的能力。团队成员围绕共同的目标和价值观紧密合作，形成强大的凝聚力和执行力。

11.发展前景

（1）满足广大电动两轮车用户的安全需求

随着电动两轮车的普及和保有量的持续增长，对电动两轮车安全性能的要求也越来越高。因此，针对电动两轮车安全需求的解决方案将成为市场热点之一。本装置在防控自燃方面具有创新性，能够满足这一日益增长的市场需求。

（2）填补市场空白，具有较好的发展前景

目前市场上缺乏有效的自燃智能防控装置，而本装置填补了这一市场空缺。作为独创性产品，已申报国家实用新型专利，本装置具有较好的市场竞争力和销售潜力。随着消费者对电动两轮车安全性能的关注度不断提高，本装置有望成为市场上的热门产品，并实现良好的销售业绩。

（3）符合政策要求，项目前景广阔

本装置可以有效地防止电动两轮车热失控的发生，解决自燃问题，促进电动两轮车行业的进一步发展。本装置可在后期进行技术升级，具有较好的发展前景。

本项目符合国家相关政策要求，既提升了电动两轮车的使用安全，减少人员伤亡和财产损失，又填补了市场空白，因此本装置具有很好的市场应用前景和发展前景。

12.未来发展

电动两轮车自燃防控智能装置的发展战略应当综合考虑技术、市场、政策等多方面因素，以确保产品的竞争力和可持续发展，以下是我们团队的未来发展战略：

①技术创新与研发投入：持续加大对技术创新和研发的投入，不断提升自燃防控智能装置的性能和可靠性。增设锂电池充电故障自诊断功能：自动记录夜间锂电池充电故障，并闪烁故障灯提示车主及时维护锂电池，避免自燃恶性事件发生。通过OTA无线升级技术，实现电动两轮车自燃防控智能装置控制软件升级，优化电动两轮车自燃防控智能装置。

②市场定位与需求分析：深入了解市场需求和用户痛点，精准定位目标市场。可以根据不同市场细分，包括个人消费市场、共享出行市场、商业物流市场等，量身定制产品和服务，满足不同用户群体的需求。

③建立合作伙伴关系：与电动两轮车制造商、共享出行平台、物流企业等建立紧密合作关系，共同推动自燃防控智能装置的应用和推广。通过合作，可以共享资源，扩大市场影响力，加速产品的推广和普及。

④注重产品品质和安全认证：确保产品符合相关的安全标准和法规要求，通过权威机构的认证，提升产品的信誉度和市场竞争力。同时，不断优化产品设计，提高产品的稳定性和耐用性，为用户提供更加可靠的保障。

⑤服务体系建设与用户体验优化：建立健全的售后服务体系，及时响应用户反馈和

投诉，持续改进产品和服务，提升用户体验。可以通过在线客服、技术支持、定期维护等方式，保持与用户的密切联系，树立良好的企业形象。

⑥ 关注政策环境和行业趋势：密切关注政府相关政策和行业发展趋势，及时调整发展战略和产品方向。在政策支持和市场需求的双重推动下，灵活应对市场变化，抢占先机，保持行业领先地位。

⑦ 未来发展目标：2024年3月正式成立公司，多渠道布局，提高产品综合性能，打开销售渠道。2026年年底渗透杭州市及周边市场，发展合作线下厂商400家，突破营业额500万元。2028年年底完成浙江省市场50%的渗透，发展合作线下厂商700家，突破营业额1000万元。

综上所述，电动两轮车自燃防控智能装置的发展应当注重技术创新、市场定位、合作伙伴关系、产品品质、服务体系以及对政策环境和行业趋势的敏感度。通过综合考虑各种因素，不断完善产品和服务，才能在竞争激烈的市场中立于不败之地，实现长期稳健发展。

13. 项目社会效益与经济效益

电动两轮车自燃防控智能装置能实时检测锂电池舱温度和压力，当超过正常阈值时，适时示警车主及自动断开充电电路中的高压继电器，并控制电动喷雾器工作，对锂电池进行物理降温，避免电动两轮车自燃。推广使用电动两轮车自燃防控智能装置，具有以下社会价值：

① 防止电动两轮车因锂电池发生故障而自燃，减少车辆损失。

② 避免电动两轮车自燃，保护人员和财产安全。

③ 加快国内电动两轮车厂家产品升级换代，提高民族企业的市场竞争力。

④ 电动两轮车自燃防控智能装置推广后每年可新增就业人数30人，销售人员5人，为应届大学生提供实习岗位10个。

⑤ 目前市面上没有电动两轮车自燃防控智能装置，本产品填补市场空白，显著提升安全性，具有较高的社会价值。

一个兼具温度、压力实时监测、自动示警、自动排险功能的自燃防控智能装置，售价低于普通电动两轮车车价的1/20，市场推广前景光明。电动两轮车自燃防控智能装置不但具有较高的社会价值，而且具有较好的市场前景，可以减少潜在的火灾风险，保障人民的生命安全和财产安全。

（2）自燃防控智能装置——电动两轮车的消防神项目点评

本项目围绕我国电动两轮车的自燃防控做了初步的市场分析，介绍了项目的创业团队、产品创新、市场策略、发展规划、财务分析和风险分析等内容，但是在以下方面还存在明显的不足。

① 市场分析方面　项目的竞品分析不全面。本项目在做市场分析时，没有介绍清楚目前国内同类产品的竞争态势如何、竞争对手都有哪些、竞品都有哪些、产品的售后服务、产品的品牌等。

② 产品与服务方面　谁来生产？技术授权，质量由谁来保障？生产周期如何，能否达到预期的使用效果等。

③ 创新性方面　本项目有专利或软件著作权，若有二代产品的知识产权则更佳。

④ 产品研发策略　按照第一代、第二代、第三代的产品迭代研发去推进，一方面可以抢占和培育市场，另一方面也可以尽快形成自己的品牌。随着技术的升级和产品的迭代，使公司产品实现系列化、标准化、规范化和品牌化。若能结合新质生产力描述二代、三代研发方向则更好。

⑤ 市场策略方面　在产品策略、价格策略、渠道策略和促销策略方面应该进一步完善和细化，在互联网＋营销策略方面还可以进一步完善线上和线下的营销内容，并结合体验营销、情感营销、衍生营销、会员营销等不同的市场营销策略进行组合应用，实施组合营销策略。

新产品尚未定型前与电动二轮车厂家如何合作？如何盈利？新产品如何通过审定？

⑥ 风险分析与控制方面　本项目围绕市场风险、技术风险、管理风险和人才风险等方面进行分析和描述，并提出应对风险的具体措施。但在竞品出现后如何保持原有竞争力方面需要深入分析。

⑦ 项目资金用途与筹措方面　本项目没有说清楚募集资金的主要用途，预算是多少，资金如何管理。

⑧ 财务分析方面　本项目进行了财务分析，但是财务分析不规范，需要进一步完善和修改。

⑨ 团队成员介绍　现有核心团队成员做了一些介绍，但是初创企业需要引进急需的人才，如何规划，如何实施股权激励需要加以说明。

第 7 章
"挑战杯"竞赛路演

7.1 路演及作用

（1）路演的概念

路演是指通过现场演示的方法，在公共场所进行演说，演示产品、推介理念，以及向他人推广自己的公司、团体、产品、想法的一种方式。它的主要目的是引起目标人群的关注，使他们产生兴趣，最终达成销售。路演不仅是一种宣传手段，还可以实现现场销售，增加目标人群的使用机会。此外，路演还被广泛应用于证券领域，作为证券发行商在发行证券前针对机构投资者进行推介活动，是促进股票成功发行的重要推介、宣传手段，有助于提高股票潜在的价值。

"挑战杯"竞赛路演主要是指项目的创新创业团队通过现场演示向评委或投资人推荐创新创业项目，引起评委或投资人的关注并获得高分或投资，以达到比赛效果和目的。

（2）路演作用

① 通过路演，参赛者可以展示自己的项目，包括项目的社会价值、实践过程、创新意义、发展前景、团队协作等方面，这不仅有助于提升参赛作品的质量，还能锻炼团队成员的现场答辩能力和临场应变能力。

② 路演作为一种学科交叉融合的促进手段，有助于培养跨学科的创新人才，通过实物展示、视频动画、PPT汇报等方式，充分展示项目的可行性和现实意义。

③ 激发学生创新精神，培育创业意识，提升创造能力，同时有助于项目推广与落地实施。

（3）路演准备

"挑战杯"路演的准备涉及多个方面，包括了解路演流程、了解路演评价标准、路演技巧、PPT制作、演讲稿撰写、团队组建和选题策略等。这些都需要参赛者精心准备和策略规划。

① 路演流程了解 "挑战杯"路演流程主要包括以下几个步骤：

a.提前准备：参赛团队需要提前20分钟进入会议等候室，并将自己的名称命名为"序号+姓名+项目名称"。每个团队成员人数不得超过3人。

b.设备调试：路演开始前，主持人将按照公示名单顺序邀请项目的汇报人进行2分钟设备调试。

c.PPT路演：每个项目的路演人员不超过3人，项目负责人及汇报人必须参加路演。在路演过程中，项目PPT陈述只能由汇报人发言。

d.问辩环节：项目陈述结束后进入问辩环节，该环节该组参加路演的人员均可发言。

e.时间控制：每组路演陈述时长不可超过5分钟，在第4分钟时会对汇报人进行提醒。若参赛选手超出规定陈述时间，主持人将会主动结束其发言。专家问答时间不得超过5分钟。

② 路演评价了解

为了做好项目路演，参赛团队要站在评委角度，对他们关注的创新意义、团队协作、实践过程、社会价值、发展前景、商业模式、市场策略、盈利能力、经济效益等重点内容进行阐述汇报。评委最为关注的，包括创新创业项目由什么样的创业团队完成，他们提供什么产品服务，解决了什么市场痛点问题，这个创新创业项目的市场容量有多大，与竞争对手相比竞争优势在哪，采取什么样的商业模式和营销策略运营和落实项目，具有多大的盈利能力，具有什么风险，采取什么管控措施，今后三年的发展规划是怎样的。如果答得好，分数自然高。

a.团队协作：建议进行项目路演时，用1~2页PPT清楚介绍创业团队的专业性、互补性、协作性、创新力、执行力和学习力等方面的能力与结构。专业技术能力是创业团队的核心能力。团队成员之间还要在专业知识、专业技术、业务经营、工作经验和性格等方面有互补性，形成科学的组织结构。凸显团队成员的专业背景、创业意识、创业素质、价值观念与项目需求相匹配，突出复合型组合、跨界组合，以及相关经历，凸显具有解决项目问题的综合能力。

b.市场痛点：路演汇报时要强调创新创业项目主要解决了目前市场环境中的哪些痛点问题，有哪些市场真实需求。需要用1页PPT展示市场痛点是哪些，痛点是刚性的还是非刚性的，是紧迫的还是不紧迫的，痛点的强度有多大，它们能带来多少市场服务需求和市场机会，创新创业项目提出的解决方案能否解决这些痛点问题。一般来说，创新创业项目可围绕性能、质量、价格、安全、便捷、环保、体验等角度来分析市场痛点，针对这些市场痛点，提出解决方案，让评委或投资人清楚了解创新创业项目产品和服务的价值。

c.创新意义：路演汇报时要重点介绍项目在科学技术、社会服务形式、商业模式、管理运营、应用场景等方面的创新程度。项目的创新成果与国内外类似产品做对比，有哪些创新点，对于赋能传统产业、解决社会问题，助力形成新产业、新业态、新模式有哪些积极意义。

d.商业模式：商业模式是项目路演中评委非常关心的内容，它主要涉及创新创业项目如何盈利，用什么手段和方法盈利的核心问题。评委会关注创新创业项目的商业模式是否新颖独特，是否为颠覆性创新，要凸显项目商业模式与传统商业模式有什么不同，其构思和规划的精巧之处在哪里。在路演PPT中可用一个结构图清晰地描述团队采取什么方法、通过什么渠道将产品服务送达目标消费者并实现盈利。

e.市场策略：要重点介绍创新创业项目的产品策略、价格策略、渠道策略、促销策略。对于技术研发类、产品设计类、技术服务类、技术咨询类、专题培训类、会议会展类等不同的创新创业项目，可能会采用不同的市场策略。项目路演使用1页含有图片的PPT展示市场策略。

f.投资回报：项目路演要清楚汇报投资回报情况，包括项目融资需求、融资计划，以及投资回收周期、投资回报率等关键指标。对于初创企业来说，创业第一年的财务指标普遍不理想，但是可将创业第二年、第三年实际的财务指标或预期的财务指标呈现在PPT中，让评委清楚地看到创新创业项目的财务指标动态变化情况，对投资回报做到心中有数。

7.2 路演PPT制作

PPT的制作体现了创业团队的能力，见到创业团队制作的PPT如见到创业团队，第一印象很重要。一份逻辑清晰、文字精练、观点鲜明、视觉美观、简约但不简单的PPT，会让你的创新创业项目脱颖而出。

（1）逻辑结构

根据创新创业项目的具体内容，PPT的主要逻辑结构见表7.1。创新创业项目可以根据自身项目特点和评分标准进行重组、优化和迭代。

表7.1　PPT的主要逻辑结构

赛项类别	一级指标	二级观测点
第一种 （适合高校主赛道）	产品服务	1.市场痛点；2.解决方案；3.产品服务；4.壁垒
	商业模式	5.市场分析；6.竞争分析；7.商业模式；8.推广
	项目现状	9.技术/业务/财务/股权；10.计划
	项目团队	11.创始人/核心团队/顾问团队
	项目愿景	12.成效；13.愿景
第二种 （适合职教赛道创意组）	产品服务	1.市场分析；2.市场痛点；3.解决方案；4.产品服务
	创新点	5.原始创新；6.模式创新；7.技能创新；8.岗位创新
	团队情况	9.核心团队；10.组织架构；11.外部资源；12.股权配置
	商业运营	13.竞争与风险；14.商业模式；15.项目成效；16.财务状况
	社会效益	17.发展战略；18.带动就业
第三种 （适合职教赛道创业组）	产品服务	1.市场痛点；2.解决方案；3.主营产品
	商业模式	4.商业模式；5.项目核心优势
	项目现状	6.企业成效；7.团队情况（股权配置）；8.企业架构
	企业创新点	9.企业人才培养创新；10.校企合作
	企业愿景	11.带动就业人数；12.孵化创业企业；13.三年营业计划
第四种 （适合挑战杯课外学术科技作品竞赛）	项目背景	1.市场痛点
	产品概述	2.解决方案；3.竞品分析
	研发过程	4.调研；5.实验测试
	技术创新	6.创新点；7.技术优势；8.技术评定（专利、论文等）
	成果推广	9.项目成果；10.合作协议；11.合同；12.社会价值

（2）PPT内容

① 封面　包括标题页，展示项目名称、团队名称等基本信息。

② 项目概述　简要介绍项目的背景、目的和主要研究方向。

③ 目录　列出PPT的章节结构，帮助观众快速定位感兴趣的内容。

④ 项目背景　政策背景（项目相关的政策环境，如国家政策、行业政策）、痛点分

析（当前存在的问题或挑战，说明项目的必要性）、市场规模（分析目标市场的规模和发展趋势）。

⑤ 产品介绍　详细介绍项目的核心产品或服务，包括产品特点、优势等。

⑥ 竞品分析　分析竞争对手的产品或服务，强调自身产品的差异化优势。

⑦ 运营模式　目标用户（目标用户群体）、商业模式（订阅模式、广告模式）。

⑧ 营销策略　产品的定价策略、项目的市场推广策略。

⑨ 创新　强调项目的创新点及其对行业或社会的贡献。

a.技术创新：围绕创新创业项目所采用的专业技术和关键技术，要呈现技术创新的层次，清楚描述技术是否处于国内外领先地位，关键技术是否有新的突破，是否填补了技术领域的空白。

b.产品创新：展示产品创新的维度，体现在产品的材料、性能、功能、品质等方面的创新。

c.设计创新：对于制造类和文创类参赛项目，一般可从平面设计、结构设计、外观设计、功能设计、概念设计等不同维度呈现设计创新特点。

d.应用创新：创新创业项目如果研发出的是新产品和新模式，要凸显其在哪些场景得以应用。

e.组合创新：有些创新创业项目可能存在上述4种创新的重合，也可能存在其他方面的创新，如模式创新、管理创新、集成创新、理论创新等。

⑩ 项目过程及推广　展示项目至今的进展情况，包括已完成的工作和未来的计划。

⑪ 项目团队　介绍项目主要成员和指导老师，强调团队的专业能力和经验。

⑫ 财务及融资规划　预测项目收入和支出，评估项目财务可行性、资金需求和来源。

⑬ 社会价值　分析项目对社会、环境的积极影响，如带动就业等。

⑭ 发展规划　阐述项目的长期发展目标和计划。

（3）挑战杯竞赛PPT制作技巧

① 主题明确　确保PPT的主题紧密围绕"挑战杯"的比赛主题和要求，确保内容清晰、简洁，能够迅速吸引观众的注意力。

② 内容精练　每个幻灯片应突出一个主要内容，避免信息冗余，用简洁的语言描述核心观点。

③ 设计美观　整体设计应美观大方，使用统一的字体、颜色和布局风格，图片使用得当，以提升观众的视觉体验。

④ 图表结合　利用图表展示数据和信息，使内容更直观易懂，同时确保图表设计具备美观性和简洁性。

⑤ 创新性体现　展现项目的创新特色，包括独特的观点、新颖的设计元素等。

⑥ 时间控制　严格掌握每个幻灯片的播放时间，避免过长或过短，确保整体演示时间符合比赛规定。

⑦ 结构清晰　包含开场、正文和总结三个部分，结构分明，便于观众理解和记忆。

⑧ 重点突出　突出项目的创新点、优势和成果，将重点放在最能吸引观众的内容上。

⑨ 逻辑连贯　确保PPT内容逻辑连贯，各部分内容相互衔接，使观众能够跟随演示的思路。

（4）制作PPT注意事项

① 明确目标　了解评委和观众需求：了解他们关心的点，比如技术创新、市场潜力、团队实力等。明确PPT的核心信息，确定我们想传达的关键信息。

② 结构清晰　开场：简要介绍项目背景和团队。主体：详细介绍项目内容，包括问题定义、解决方案、技术亮点、市场分析、商业模式等。结尾：总结项目的优势和未来规划，呼吁支持。

③ 内容精炼　避免冗长：每张幻灯片尽量只传达一个核心点。使用图表和图像：图表和图像比文字更能吸引注意力，也更容易理解。

④ 设计美观　统一风格：使用统一的字体、颜色和布局。简洁背景：避免过于花哨的背景，以免分散注意力。合理布局：每张幻灯片的信息量要适中，不要过于拥挤。

⑤ 注意细节　检查拼写和语法：确保PPT中没有拼写或语法错误。动画和过渡：适当使用动画和过渡效果，但不要过度使用。

（5）PPT的加分项

① 产品服务优势明显　创新创业项目的产品服务是项目的核心，最好能配上简单的产品功能示意图和简要的流程图，让评委对创新创业项目一目了然。要聚焦有创新内涵的产品服务，同时要突出相比竞争对手而言，自身产品服务的特殊功能、独特性能与市场优势，明显的核心竞争力将是创新创业项目取得大赛佳绩的制胜法宝。

② 主题鲜明清晰　项目主题在PPT首页要有所体现，主题要鲜明清晰，尤其要聚焦细分市场。

③ 价值阐述到位　要对项目的社会价值、经济价值以及存在的意义等阐述到位，尤其是对创新创业项目的市场潜力也要有深入阐述。PPT通过摆事实、做图表等形式进行前后对比或横纵对比，用翔实的数据和客观事实增强说服力和带动力。

④ 科研成果转化　参加比赛的项目越来越多的是科研成果转化的项目，评委会基于对科研成果前期的研究和技术高端性的考虑给予项目较高分。因此，PPT必须重点阐述科研成果转化的可行性。

⑤ 团队成员强大　创新创业项目团队主要包括亲自实践运营的创业团队，还包括辅导团队，其中辅导团队主要包括专业学科指导教师和由投资人、创业教师组成的创业导师团队，这更能促使创新创业项目顺利实施。因此PPT要重点介绍团队成员及团队整体实力。

⑥ PPT专业翔实　让评委能通过PPT充分地了解创新创业项目的重要信息，同时PPT也要专业、美观，细到每个标点符号都要按照专业的制作方法来设计，体现出创业团队的能力和态度，争取给评委留下深刻的印象。

⑦ 财务状况良好、社会价值高　要有详细的营业收入和成本控制以及充裕的正向现金流，同时有客观数据支撑和研判项目的成长性及向好趋势。

项目能推动社会向更高质量、更有效率、更加公平和更可持续的方向发展。

⑧ 投资回报可期　清晰介绍投资的来源、金额、计划以及投资回报等信息，让投资人产生投资的欲望和倾向。

PPT的加分点都来自对评审规则的解读，主要是深入了解所参加赛道和组别的评审规则和评审标准，满足对应的评审要求，深入挖掘创新创业项目的关键点和采分点，进一步做好PPT的准备工作。

（6）PPT的模板（小挑模板）

PPT模板见图7.1～图7.10。

图7.1　模板1

LOGO+企业名称

项目名称+一句话描述

（例如：小米电视：打造年轻人的第一台互联网电视）

参赛组别
参赛省份
所属高校
联系信息（姓名/联系方式）

图7.2　模板2

正文

第一部分（1～2页）
Why? Why Now? 分析市场现状和行业背景

- **主要内容：**
  1. 讲清楚项目相关的行业背景（**细分**行业）、**市场发展趋势、市场空间、规模**（用数字说明一切。注意行业市场分析要具体且有针对性，与所要做的事要紧密相关，避免空泛论述）。
  2. 描述在目前的市场背景下，你发现了一个什么样的痛点，或需求点/机会点（在分析这个痛点时，如已有解决相关痛点的产品或服务，可能需要简要分析已有的产品或服务存在的不足，表明当前的商业机会）。
  3. 说明目前正是做这件事情的最正确的时间。

图7.3　模板3

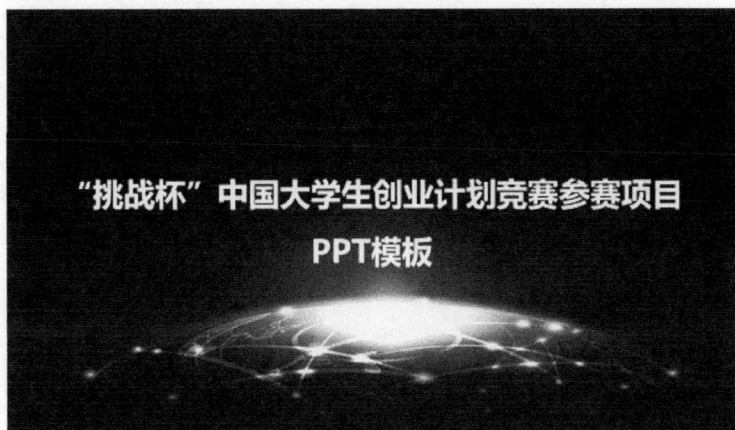

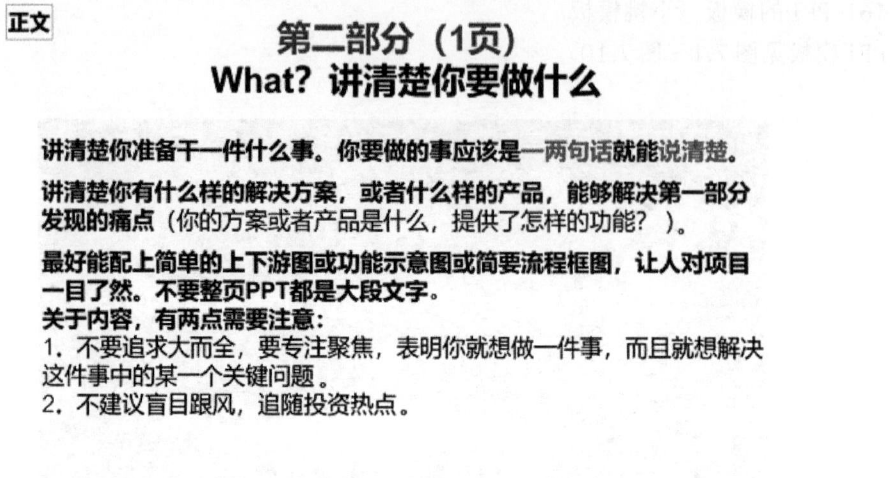

第二部分（1页）
What? 讲清楚你要做什么

讲清楚你准备干一件什么事。你要做的事应该是一两句话就能说清楚。

讲清楚你有什么样的解决方案，或者什么样的产品，能够解决第一部分发现的痛点（你的方案或者产品是什么，提供了怎样的功能？）。

最好能配上简单的上下游图或功能示意图或简要流程框图，让人对项目一目了然。不要整页PPT都是大段文字。
关于内容，有两点需要注意：
1. 不要追求大而全，要专注聚焦，表明你就想做一件事，而且就想解决这件事中的某一个关键问题。
2. 不建议盲目跟风，追随投资热点。

图7.4　模板4

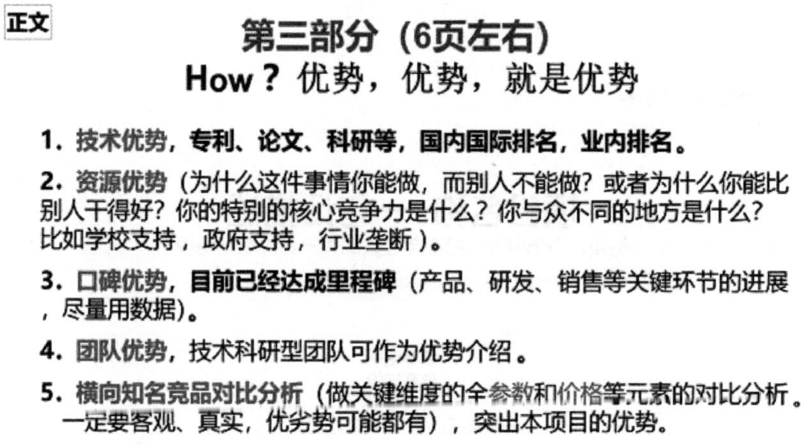

第三部分（6页左右）
How？优势，优势，就是优势

1. **技术优势**，专利、论文、科研等，国内国际排名，业内排名。

2. **资源优势**（为什么这件事情你能做，而别人不能做？或者为什么你能比别人干得好？你的特别的核心竞争力是什么？你与众不同的地方是什么？比如学校支持，政府支持，行业垄断）。

3. **口碑优势**，**目前已经达成里程碑**（产品、研发、销售等关键环节的进展，尽量用数据）。

4. **团队优势**，技术科研型团队可作为优势介绍。

5. **横向知名竞品对比分析**（做关键维度的全参数和价格等元素的对比分析。一定要客观、真实，优劣势可能都有），突出本项目的优势。

图7.5　模板5

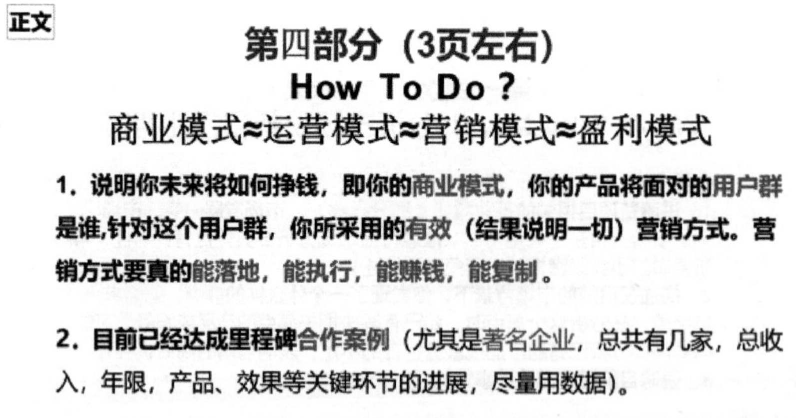

第四部分（3页左右）
How To Do？
商业模式≈运营模式≈营销模式≈盈利模式

1. 说明你未来将如何挣钱，即你的商业模式，你的产品将面对的用户群是谁,针对这个用户群，你所采用的有效（结果说明一切）营销方式。营销方式要真的能落地，能执行，能赚钱，能复制。

2. **目前已经达成里程碑**合作案例（尤其是著名企业，总共有几家，总收入，年限，产品、效果等关键环节的进展，尽量用数据）。

图7.6　模板6

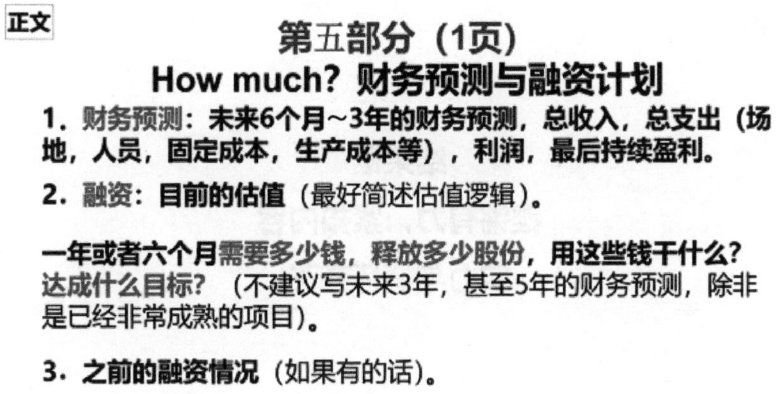

第五部分（1页）
How much? 财务预测与融资计划

1. 财务预测: 未来6个月~3年的财务预测，总收入，总支出（场地，人员，固定成本，生产成本等），利润，最后持续盈利。

2. 融资: 目前的估值（最好简述估值逻辑）。

一年或者六个月需要多少钱，释放多少股份，用这些钱干什么？达成什么目标？ （不建议写未来3年，甚至5年的财务预测，除非是已经非常成熟的项目）。

3. 之前的融资情况（如果有的话）。

图7.7　模板7

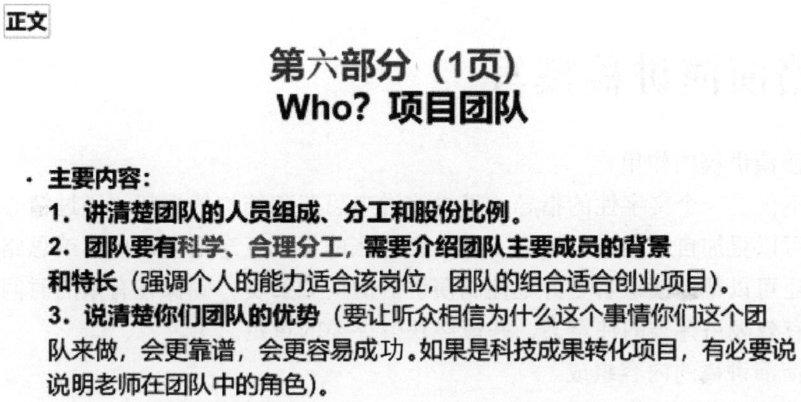

第六部分（1页）
Who? 项目团队

· **主要内容**:
1. 讲清楚团队的人员组成、分工和股份比例。
2. 团队要有科学、合理分工，需要介绍团队主要成员的背景和特长（强调个人的能力适合该岗位，团队的组合适合创业项目）。
3. 说清楚你们团队的优势（要让听众相信为什么这个事情你们这个团队来做，会更靠谱，会更容易成功。如果是科技成果转化项目，有必要说说明老师在团队中的角色）。

图7.8　模板8

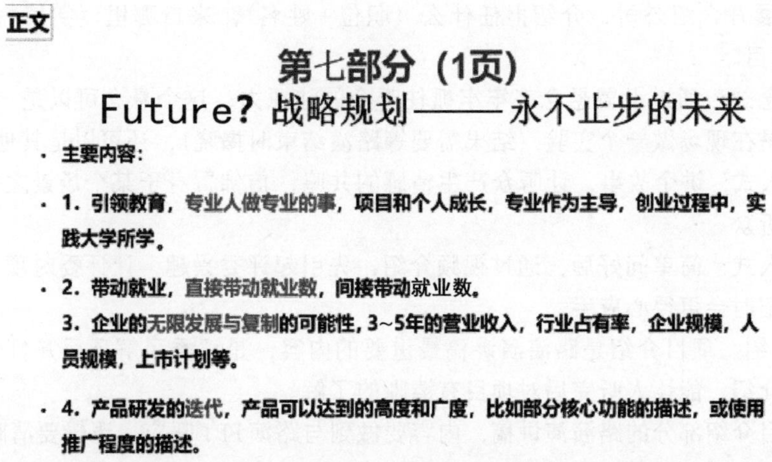

第七部分（1页）
Future? 战略规划———永不止步的未来

· **主要内容**:

· **1. 引领教育**，专业人做专业的事，项目和个人成长，专业作为主导，创业过程中，实践大学所学。

· **2. 带动就业**，直接带动就业数，间接带动就业数。

3. 企业的无限发展与复制的可能性，3~5年的营业收入，行业占有率，企业规模，人员规模，上市计划等。

· **4. 产品研发的迭代**，产品可以达到的高度和广度，比如部分核心功能的描述，或使用推广程度的描述。

图7.9　模板9

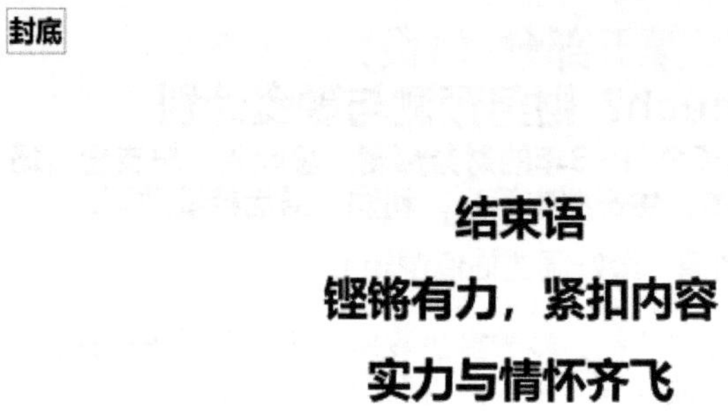

结束语
铿锵有力，紧扣内容
实力与情怀齐飞

图7.10 模板10

7.3 路演演讲稿撰写

(1) 路演演讲稿的作用

演讲稿不仅是一个文字性的指导，更是演讲者思路和结构的框架。通过精心准备的演讲稿，演讲者可以更加自信地进行演讲，避免在紧张的情况下忘记演讲内容或思路不清晰。此外，演讲稿还可以帮助演讲者更好地控制演讲的时间和节奏，确保在有限的时间内传达最重要的信息，有效吸引评委的注意力，并最终获得评委的肯定。

(2) 路演演讲稿的内容组成

路演演讲稿的内容结构可划分为3个部分·开场-项目介绍-结尾。

① 开场词 路演的开场非常关键，它决定了评委对项目的第一印象，好的开场是能引人入胜的。设计项目路演的开场有以下几种方法：

a.开门见山式：先问好，再介绍自己或项目情况，主要采用公司＋路演人＋学校＋项目介绍的形式，展开介绍公司，介绍担任什么（职位＋姓名），来自哪里（学校），带来什么（项目介绍）项目。

b.设置悬念式：通过设置悬念来牢牢抓住听众的注意力，这个悬念可以是一个问题/一句话，也可以是在现场做一个实验（结果需要等路演结束时揭晓），还可以是其他创新方式。

c.情景代入式：讲个故事，让听众产生情感的共鸣，仿佛置身于某个场景之中，后面的路演更能打动听众。

d.视频导入式：简单问好后，通过视频介绍，先引起评委兴趣，让评委对项目有直观的了解，后续介绍时会更得心应手。

② 项目介绍 项目介绍是路演演讲稿最重要的内容，是评委了解项目并打分的主要依据。好的项目介绍，能让人听完后对项目有清晰的了解。

要写好项目介绍部分的路演演讲稿，内容要做到与路演PPT呼应，逻辑要清晰明了。

a.市场痛点：路演演讲稿的市场痛点部分，是项目介绍不可或缺的，要做到让评委认可，肯定项目存在的价值及意义，并对后续的路演有一定的期待。

可通过报告、数据等统计信息（背景说明），整理出行业存在的问题，并阐述解决问题的必要性和急切性（痛点介绍），最后引出该项目提出的解决方案以及具备的独特优势等信息（解决方案及优势）。

b.商业模式：商业模式的设计和执行决定了企业如何满足客户需求，同时实现盈利，需要清晰地阐述企业的价值主张、目标客户、渠道、关键业务、核心资源、合作伙伴网络、成本结构等方面。

c.项目亮点：项目亮点展示参赛项目的核心优势和特色，能够吸引评委的注意。一般通过介绍项目的创新性、实用性、技术或市场优势、社会影响，使评委更好地理解项目的价值和潜力，从而增加项目成功的机会。

d.团队介绍：优秀、凝聚力强的团队是项目的核心竞争力来源，也是项目中唯一不能复制的存在，其重要性不言而喻。

建议详细介绍团队成员契合项目的身份背景、工作经历，以凸显项目的专业性，同时展示团队文化、过往成就及未来愿景。

e.带动就业：带动就业是各赛道评审规则中明确会考核的要素，有带动就业的项目，更让人相信项目的影响力以及成就。

路演演讲稿通过展示创新项目和创业理念，不仅能够促进项目的成功实施，还能够通过吸引投资和合作，带动就业机会的增加，实现经济的增长和社会的发展。

③ 结尾词　路演演讲稿结尾词指的是在路演活动结束时，演讲者所发表的总结性、感谢性的言辞。

- 总结性：简要回顾路演的核心内容、亮点或达成的共识，强调项目的价值、愿景或已取得的成就。
- 感谢性：对评委的聆听表示感谢，展现演讲者的谦逊与礼貌，增强与听众的情感联系。

通过这样的结尾词，演讲者不仅能够为路演活动画上圆满的句号，还能进一步激发评委的兴趣与热情，促进后续的交流。

（3）路演演讲稿的撰写技巧

① 加入时间限制　路演有严格的时间要求，一般为 5 分钟。时间把控失误，会出现一些内容没讲、只能草草结尾的情况，这严重影响评委对项目的印象。建议各备赛团队在准备路演演讲稿前，先明确所在地区的路演限制时间，再对每页PPT的演讲时间按照重要性进行初步规划，在每页路演PPT的路演部分加入演讲用时，让主讲人在规定时间内完成模拟路演，规避正式路演时出现突发状况。

② 加入动作语气标注　路演是一场有情绪的演讲。可通过语气语调、肢体动作来调动现场情绪。备赛时可根据路演演讲稿对应内容，对情绪要求、肢体动作进行标注。如讲到商业模式时可适当放慢语速，给评委一定的时间思考；讲到项目愿景时，情绪可适当激昂，辅以手部动作，展示出项目的宏大愿景。

③ PPT内容不用全说　PPT内容较多，但路演时间有限，不用将全部内容都叙述一遍，将每页重点阐述出来即可，避免冗余和不必要的细节，以确保重要信息的有效传达。

④ 从事实出发　基于真实的情况和数据进行准备，确保路演的内容真实可信，实事求是地展示出自己的优势，不要出现过分比较、夸大数据等情况，能够经得起评委的检验。

⑤ 反复修改　在真正路演前，路演演讲稿肯定会反复修改。项目PPT的不断优化、主

讲人的练习反馈，都会使路演稿反复修改，大赛未至，修改不止。

⑥ 熟记于心　主讲人一定要将路演演讲稿熟记于心，正式路演前要多背、多练，时间、内容、衔接语句等都要很熟练，以达到看见路演PPT页面，就能想起当前页面所要传达的重点、时长要求的目的。

7.4　模拟演练

路演答辩模拟演练是主讲人在正式路演前的反复练习。

首先要背稿，把演讲稿背到滚瓜烂熟、对答如流的程度。其次是脱稿，背完稿之后向身边的同学、朋友、家人等展示，达到脱稿后能流利演讲的水平。最后要去真实路演，找没听过该项目的老师、同学，向他们路演，让他们提问，通过反复演练来提升演讲人的路演水平。

路演人员组织安排：在路演PPT做好后，团队须确认演讲人以及演讲候选人，且根据各人的职责所在，进行具体的任务下达和演练。

（1）模拟演练的内容

路演模拟练习准备：在确定PPT和人员分工后，需进行路演模拟练习。

主要练习的内容有以下几点：

① PPT熟练度　演讲人应对项目和PPT充分了解且熟记于心，切勿出现卡壳、忘词、表达不清晰等问题。

② 时间控制　模拟路演并使用计时器进行计时，严格控制时间，且根据模拟的时长对语句节奏进行调整，切勿超时或时间剩余过多。

③ 整体流程演练　从入场准备问好到演讲站位，再到最后的离场问候，对整个路演答辩的流程演练一遍。模拟路演应按照正规参赛流程进行，包括时间、着装、站位等都应正式。在学校可以邀请教师与一些项目无关的学生来充当评委，因为项目无关的学生听完路演后的第一感觉可能与评委较为接近，所以他们提出的问题多少会起到一定的建设性作用。

多次重复模拟路演不仅有利于优化PPT，也有利于锻炼答辩者的应变能力。如果对于答辩缺乏经验，可以观摩别人的答辩。

（2）典型的答辩问题

在"挑战杯"竞赛中，答辩环节是展示项目成果和接受评委评价的重要环节。评委可能会从多个角度提问，以全面了解项目的创新点、市场潜力、团队能力等方面。以下是一些常见的答辩问题及其回答要点：

① 考察创新性

a.项目有哪些创新，创新成果如何？

b.相比于市面上已有的产品/竞品，差异是什么？项目团队是如何做到的？

c.产品的应用场景有哪些？和竞争对手相比的优势是什么？

d.取得了哪些专利？核心专利是什么？专利是否为项目团队所有？是否获得授权？

② 考察商业性

a.产品需求是怎么调研的？具体调研数据如何？

b.项目的核心优势是什么？是如何取得的？

c.项目营销策略是什么（如价格、销售、渠道、文化等)？目前取得了哪些成效？

d.项目的收入来自哪里？之后几年如何保障持续增长和稳定收益？

③ 考察项目团队

a.举例说明各团队成员在项目中的贡献。

b.在这个项目中你负责什么？参与项目多长时间了？

c.项目团队有哪些优势？在项目中怎么体现？

d.团队具备哪些资源和能力来支撑项目后续发展？

④ 考察社会效益

a.这个项目的公益性体现在哪里？

b.做这个项目，你最大的收获和成长是什么？

c.项目如何增加就业岗位？

d.项目是否能复制到其他地方？是否具有示范效应？

7.5 路演技巧

（1）路演凸显维度

路演汇报时间为5分钟到8分钟不等，在短时间内完整清楚地表述创新创业项目内容，需要对标评审标准，凸显创新创业项目的逻辑性、创新性、盈利性、融资性、示范性、带动性、政策性、真实性和落地性9个维度。

① 逻辑性　在让评委对创新创业项目有概要性认识后，阐述当前市场存在的痛点问题并提出解决方案，引出创业团队所提供的产品服务，并对产品服务的市场环境进行分析，了解市场容量和趋势，在进行竞品分析后预测产品服务的市场占有率，介绍采取科学可行的商业模式和营销策略，实现盈利和社会效益。同时，清晰认识项目所存在的风险并提出应对措施。最后列出未来3年的发展规划，确保可持续发展。路演的PPT可以按照上述逻辑顺序来呈现路演思路。

② 创新性　创新性既是落脚点也是评审点。项目路演时要着重介绍创新创业项目所具有的创新点，主要汇报创新创业项目的技术创新、产品创新、模式创新、原始创新、技能创新、岗位创新、设计创新、应用创新和集成创新等。

③ 示范性　项目路演时要充分体现竞赛项目的示范性作用，可以用图片或数据等客观事实来阐释项目的示范领域和示范效果，预测项目目前或未来在哪些地区、哪些行业领域进行推广，在哪些领域有应用效果并有应用推广的佐证材料，这些都可以体现项目的示范性作用。

④ 带动性　"挑战杯"竞赛鼓励学生参与科技创新和创业计划的设计与实施，通过路演的形式，学生可以将自己的创意和项目展示给专家和评委，从而获得反馈和建议，这有助于提升学生的创新能力并提高项目实施的可行性。

"挑战杯"竞赛项目在竞赛过程中得到完善，部分项目在竞赛结束后能够转化为实际的创业项目，从而直接创造新的就业岗位。

参与挑战杯竞赛的学生，通过项目策划、实施和展示，能够锻炼自己的团队协作能力、沟通能力、项目管理能力等综合素质，提升了学生的就业竞争力，使他们更容易获得用人单位的青睐。

"挑战杯"竞赛中的许多项目聚焦于新兴领域和前沿技术，这些项目的实施和推广有助于推动相关产业的升级与转型。产业升级与转型过程中，往往会产生新的就业岗位和就业机会，从而为社会提供更多的就业选择。

路演时根据项目情况，选择性阐述项目的带动性。

⑤ 政策性　路演者不仅要展示项目与国家政策的契合度，还要凸显项目的社会价值和市场潜力。这有助于提升项目的可信度和吸引力，为项目的成功实施和推广打下坚实的基础，评委赋分也会更高。

⑥ 落地性　落地性主要考察项目是否具有实际的市场应用价值和可行性。在路演中，要展示项目的实际应用案例，让评委感受到项目不仅仅是好的构想，而且是能够真正落地实施并产生实际效果。

（2）路演技巧

① 内容准备　确保路演内容具有清晰的结构，包括引言、问题陈述、解决方案、市场分析、商业模式、团队介绍、财务预测、融资需求和未来规划等。

② 开场白　使用引人入胜的开场白，如令人惊讶的数据、有趣的事实或一个有吸引力的问题，以吸引评委的注意。

③ 清晰表达　语言简练、准确，避免冗余和无关的表述，突出重点内容。

④ 价值主张　着重强调价值主张，即产品或服务为什么对人们有帮助，为什么有人会愿意购买或使用。

⑤ 数据支持　使用数据支持你的想法，如市场调研数据、用户数据等，要在演示中展示出来，以增强说服力。

⑥ 自信表达　不仅表现在语言表达上，还包括身体语言和面部表情。了解自己的优势和弱点，并对自己创业项目的未来充满信心。

⑦ PPT准备　准备一套简洁明了的PPT，避免文字堆积，突出重点，展示直观内容（可运用图表形式替代文字），并提前调试相关内容，避免影响正式路演效果。

⑧ 演讲技巧　演讲的内容要用通俗易懂、生动活泼、逻辑清楚的语言表达，要面对评委，对现场气氛有敏锐的洞察力，要以情动人，以情感人。

⑨ 明确答辩目标　在路演答辩时，首先要明确答辩目标、答辩要求并争取评委认可，充分展示项目符合大赛评审规则的加分项。

⑩ 控制时间　由于路演时间有限，参赛者的演讲要保持简洁，不需要过多地阐述想法，而是应该把时间放在最重要的内容上。

附录

附录1 "挑战杯"全国大学生课外学术科技作品竞赛校内选拔赛作品申报书

序号：_____

编码：(系统自动生成)

2023年"挑战杯"全国大学生课外学术科技作品竞赛校内选拔赛

作品申报书

作品名称：_____

学校全称：_____

申报者姓名
(集体名称)：_____

类别：

□自然科学类学术论文

□哲学社会科学类社会调查报告和学术论文

□科技发明制作A类

□科技发明制作B类

说 明

1.申报者应在认真阅读此说明各项内容后按要求详细填写。

2.申报者在填写申报作品情况时只需根据个人项目或集体项目填写A1或A2表，根据作品类别（自然科学类学术论文、哲学社会科学类社会调查报告和学术论文、科技发明制作）分别填写B1、B2或B3表。所有申报者可根据情况填写C表。

3.表内项目填写时一律用钢笔或打印，字迹要端正、清楚，此申报书可复制。

4.序号、编码由竞赛组委会填写。

5.学术论文、社会调查报告及所附的有关材料必须是中文（若是外文，请附中文本），请以4号楷体打印在A4纸上，附于申报书后，论文不超8000字，调查报告不超15000字。

6.作品申报书须按要求由各校竞赛组织协调机构统一寄送。

7.其他参赛事宜请向本校竞赛组织协调机构咨询。

A1. 申报者情况（个人项目）

说明：1. 必须由申报者本人按要求填写，申报者情况栏内必须填写个人作品的第一作者（承担申报作品60%以上的工作者）；2. 本表中的学籍管理部门签章视为对申报者情况的确认。

<table>
<tr><td rowspan="9">申报者情况</td><td colspan="2">姓　名</td><td></td><td>性别</td><td></td><td colspan="2">出生年月</td><td></td></tr>
<tr><td colspan="2">学校全称</td><td></td><td colspan="2">专　业</td><td colspan="3"></td></tr>
<tr><td colspan="2">现学历</td><td></td><td>年级</td><td></td><td>学制</td><td>年</td><td>入学时间</td><td></td></tr>
<tr><td colspan="2">作品全称</td><td colspan="7"></td></tr>
<tr><td colspan="2">毕业论文题目</td><td colspan="7"></td></tr>
<tr><td colspan="2" rowspan="2">通信地址</td><td colspan="4" rowspan="2"></td><td colspan="2">邮政编码</td><td></td></tr>
<tr><td colspan="2">单位电话</td><td></td></tr>
<tr><td colspan="2" rowspan="2">常住地通信地址</td><td colspan="4" rowspan="2"></td><td colspan="2">邮政编码</td><td></td></tr>
<tr><td colspan="2">住宅电话</td><td></td></tr>
<tr><td rowspan="3">合作者情况</td><td colspan="2">姓　名</td><td>性别</td><td>年龄</td><td>学历</td><td colspan="4">所在单位</td></tr>
<tr><td colspan="2"></td><td></td><td></td><td></td><td colspan="4"></td></tr>
<tr><td colspan="2"></td><td></td><td></td><td></td><td colspan="4"></td></tr>
<tr><td rowspan="2">资格认定</td><td colspan="2">学校学籍管理部门意见</td><td colspan="7">以上作者是否为2023年6月1日前正式注册在校的全日制非成人教育、非在职的高等学校专科生、本科生或硕士研究生。
□是　□否

（部门盖章）
　　　年　月　日</td></tr>
<tr><td colspan="2">院系负责人或导师意见</td><td colspan="7">本作品是否为课外学术科技或社会实践活动成果
□是　□否

负责人签名：
　　　年 月 日</td></tr>
</table>

A2.申报者情况（集体项目）

说明：1.必须由申报者本人按要求填写；

2.本表中的学籍管理部门签章视为申报者情况的确认。

<table>
<tr><td rowspan="8">申报者
代表
情况</td><td>姓名</td><td></td><td>性别</td><td></td><td>出生年月</td><td></td></tr>
<tr><td>学校</td><td></td><td>系别、专业、
年级</td><td colspan="3"></td></tr>
<tr><td>学历</td><td></td><td>学制</td><td></td><td>入学时间</td><td></td></tr>
<tr><td>作品名称</td><td colspan="5"></td></tr>
<tr><td>毕业论文题目</td><td colspan="5"></td></tr>
<tr><td rowspan="2">通信地址</td><td colspan="3" rowspan="2"></td><td>邮政编码</td><td></td></tr>
<tr><td>办公电话</td><td></td></tr>
<tr><td>常住地
通信地址</td><td colspan="3"></td><td>邮政编码</td><td></td></tr>
</table>

续上：常住地通信地址行还有一列

<table>
<tr><td rowspan="7">其他作
者情况</td><td>姓　名</td><td>性别</td><td>年龄</td><td>学历</td><td>所在单位</td></tr>
<tr><td></td><td></td><td></td><td></td><td></td></tr>
<tr><td></td><td></td><td></td><td></td><td></td></tr>
<tr><td></td><td></td><td></td><td></td><td></td></tr>
<tr><td></td><td></td><td></td><td></td><td></td></tr>
<tr><td></td><td></td><td></td><td></td><td></td></tr>
<tr><td></td><td></td><td></td><td></td><td></td></tr>
</table>

<table>
<tr><td rowspan="2">资格
认定</td><td>学校学籍管理部门
意见</td><td>以上作者是否为2023年6月1日前正式注册在校的全日制非成人教育、非在职的高等学校专科生、本科生或硕士研究生。
□是□否

（部门签章）
年　月　日</td></tr>
<tr><td>院、系负责人
或导师意见</td><td>本作品是否为课外学术科技或社会实践活动成果
□是□否

负责人签名：
年　月　日</td></tr>
</table>

B1.申报作品情况（自然科学类学术论文）

说明：1.必须由申报者本人填写；

2.本部分中的科研管理部门签章视为对申报者所填内容的确认；

3.作品分类请按作品的学术方向或所涉及的主要学科领域填写；

4.硕士研究生、博士研究生作品不在此列。

作品全称	
作品分类	（　）A.机械与控制（包括机械、仪器仪表、自动化控制、工程、交通、建筑等） B.信息技术（包括计算机、电信、通信、电子等） C.数理（包括数学、物理、地球与空间科学等） D.生命科学（包括生物、农学、药学、医学、健康、卫生、食品等） E.能源化工（包括能源、材料、石油、化学、化工、生态、环保等）
作品撰写的目的和基本思路	
作品的科学性、先进性及独特之处	
作品的实际应用价值和现实意义	
学术论文文摘	
作品在何时、何地、何种机构举行的会议上或报刊上发表及所获奖励	
鉴定结果	
请提供对于理解、审查、评价所申报作品具有参考价值的现有技术及技术文献的检索目录	
申报材料清单（申报论文一篇，相关资料名称及数量）	
科研管理部门签章	年　　月　　日

B2.申报作品情况

（哲学社会科学类社会调查报告和学术论文）

说明：1.必须由申报者本人填写；

2.本部分中的管理部门签章视为对申报者所填内容的确认。

作品全称	
作品所属 领　域	（　）A哲学 B经济 C社会 D法律 E教育 F管理 G发展成就 H文明文化 I美丽中国 J民生福祉 K中国之治 L战疫行动
作品撰写的目的和基 本思路	
作品的科学性、先进 性及独特之处	
作品的实际应用价值 和现实指导意义	
作 品 摘 要	
作品在何时、何地、 何种机构举行的会议 或报刊上发表登载、 所获奖励及评定结果	
请提供对于理解、审 查、评价所申报作品， 具有参考价值的现有 对比数据及作品中资 料来源的检索目录	
调查方式	□走访　□问卷　□现场采访　□人员介绍 □个别交谈　□亲临实践　□会议 □图片、照片　□书报刊物　□统计报表 □影视资料　□文件　□集体组织　□自发□其它
主要调查单位及调查 数量	省（市）　　　县（区）　乡（镇）　村（街）　　单位 邮编　姓名　电话　调查单位　个　人次
管理部门签章	 　　　　　　　　　　　　　　　　　　　　年　月　日

B3. 申报作品情况（科技发明制作）

说明： 1. 必须由申报者本人填写；

2. 本部分中的科研管理部门签章视为对申报者所填内容的确认；

3. 本表必须附有研究报告，并提供图表、曲线、试验数据、原理结构图、外观图（照片），也可附鉴定证书和应用证书；

4. 作品分类请按照作品发明点或创新点所在类别填报。

作品全称	
作品分类	（ ）A.机械与控制（包括机械、仪器仪表、自动化控制、工程、交通、建筑等） B.信息技术（包括计算机、电信、通信、电子等） C.数理（包括数学、物理、地球与空间科学等） D.生命科学（包括生物、农学、药学、医学、健康、卫生、食品等） E.能源化工（包括能源、材料、石油、化学、化工、生态、环保等）
作品设计、发明的目的和基本思路，创新点，技术关键和主要技术指标	
作品的科学性先进性（必须说明与现有技术相比，该作品是否具有突出的实质性技术特点和显著进步。请提供技术性分析说明和参考文献资料）	
作品在何时、何地、何种机构举行的评审、鉴定、评比、展示等活动中获奖及鉴定结果	
作品所处阶段	（ ）A实验室阶段 B中试阶段 C生产阶段 D （自填）
技术转让方式	
作品可展示的形式	□实物、产品 □模型 □图纸 □磁盘 □现场演示 □图片 □录像 □样品
使用说明及该作品的技术特点和优势，提供该作品的适应范围及推广前景的技术性说明及市场分析和经济效益预测	
专利申报情况	□提出专利申报 　　　　　申报号 　　　　　申报日期　　年　月　日 □已获专利权批准 　　　　　批准号 　　　　　批准日期　　年　月　日 □未提出专利申请
科研管理部门签章（省赛时需签章，校赛不需要）	年　月　日

C.当前国内外同类课题研究水平概述

说明： 1.申报者可根据作品类别和情况填写；

       2.填写此栏有助于评审。

D.推荐者情况及对作品的说明

说明：1.由推荐者本人填写；

2.推荐者必须具有高级专业技术职称，并是与申报作品相同或相关领域的专家学者或专业技术人员（教研组集体推荐亦可）；

3.推荐者填写此部分，即视为同意推荐；

4.推荐者所在单位签章仅被视为对推荐者身份的确认。

推荐者情况	姓　名		性别		年龄		职称	
	工作单位							
	通信地址					邮政编码		
	单位电话					住宅电话		
推荐者所在 单位签章						（签章）　　年　月　日		
请对申报者申报情况的真实性 作出阐述								
请对作品的意义、技术水平、 适用范围及推广前景作出您的 评价								
其它说明								
学校组织协调机构确认并盖章						（团委代章）　　年　月　日		
校主管领导或校主管部门确认盖章						年　月　日		

E. 大赛组织委员会秘书处资格和形式审查意见

组委会秘书处资格审查意见   审查人（签名） 年　月　日
组委会秘书处形式审查意见   审直人（签名） 年　月　日
组委会秘书处审查结果   □合格　　　　　　　□不合格   负责人（签名） 年　月　日

附录2 "挑战杯"大学生创业计划竞赛作品申报书

第十四届"挑战杯"大学生创业计划竞赛作品申报书
(校内参赛作品)

所在省 (区、市)		学校名称 (全称)		
项目名称				
项目类型	I.普通高校　II.职业院校			
项目分组	科技创新和未来产业 乡村振兴和巩固脱贫成果 城市治理和社会服务 生态环保和可持续发展 文化创意和区域合作			

团队成员 (不少于5人且不 多于10人)	姓名	性别	学院	年级专业	手机	备注 (负责人)

指导教师 (不多于3人)	姓名	性别	学院	职称	职务	手机

项目简介 (500字以内)	
社会价值 (500字以内)	
实践过程 (500字以内)	
创新意义 (500字以内)	
发展前景 (500字以内)	
团队协作 (500字以内)	
项目介绍材料	
其他相关证明材料	

备注: 1.项目介绍材料为20页以内PPT(转PDF格式),仅上传PDF文档。

　　　2.其他相关证明材料需扫描在同一PDF文档中上传。

参考文献

[1] 国务院办公厅.关于深化高等学校创新创业教育改革的实施意见：国办发〔2015〕36号[A/OL].[2024-03-05]. https：//www.gov.cn/gongbao/ content/2015/content_2868465. htm？ url_type=39.

[2] 国务院办公厅.关于进一步支持大学生创新创业的指导意见：国办发〔2021〕35号[A/OL].[2024-03-05].https：// www.gov.cn/gongbao/content/ 2021/content_5647349.htm.

[3] 张凤娟,潘锦虹.我国高校创新创业教育政策的范式变迁及其嬗变逻辑[J].高等工程教育研究,2022（5）：151-156.

[4] 黄宏军,张楠楠,左晓姣,等.新时期下高校创新创业教育与专业教育的融合路径研究[J].教育教学论坛,2020（28）：3-6.

[5] 欧阳杜娟.中外高校创新创业教育对比研究及启示[J].科技视界,2019（7）：141-143.

[6] 尹金荣,吴维东,任聪静,等.高校创新创业教育内涵式发展的困境、对策及展望[J].高等工程教育研究,2023（3）：150-154.

[7] 王洪才.创新创业教育：中国特色的高等教育发展理念[J].南京师大学报（社会科学版）,2021（6）：38-46.

[8] 彭健伯.创新哲学论[M].北京：人民出版社,2006：4-5.

[9] 傅建芳.大学创新述论——知识经济对高等教育的呼唤[M].兰州：甘肃人民出版社,2005：124.

[10] 朱晨.高职院校学生创新创业能力培养模式探索：以机电一体化专业为例[J].科技风,2023（27）：71-73.

[11] 费新宝,郝张艳."互联网+"创新创业大赛视阈下高职院校创新创业教育改革[J].黄冈职业技术学院学报,2022,24（5）：37-40.

[12] 胥青,顾玲玲.产教融合背景下高职院校创新创业教育路径探析［J].滁州职业技术学院学报,2020,19（02）：10-13.

[13] 王立杰,殷茜,王秀梅,等.基于产业痛点的高等职业院校创新创业教育研究［J].创新创业理论研究与实践,2022,5（20）：85-88.

[14] 刘剑友,涂海英,刘加养.高职教师在指导学生创新创业竞赛中的实战策略研究——以闽西职业技术学院"编搭边学"项目为例［J].辽宁经济管理干部学院学报,2020（04）：124-127.

[15] 王昆."互联网+"大赛视角下高职院校创新创业教育改革与实践［J].天津职业大学学报,2022（10）：22-26.

[16] 王鹏.高职大学生创新创业大赛现状分析与"四位一体"创新创业教学模式构建研究［D].桂林：广西师范大学,2021.

[17] 王明明.高职院校大学生就业路径分析[J].黑龙江教育学报,2019,38（12）：67-69.

[18] 杨勇,商译彤.高质量发展导向下高职创新创业教育系统构建的意义、取向与路径[J].教育与职业,2020（8）：68-73.

[19] 赵琪.基于AHP层次分析法的大学生综合素质评价体系构建[J].上海理工大学学报（社会科学版）,2023,45（1）：107-112.

[20] 高晓杰.高等职业院校创业教育现状调查与对策[J].山东省农业管理干部学院学报,2018（03）：167-169.

[21] 毛建国.高职院校创新创业教育现状调查及对策研究[J].西北成人教育学院学报,2018（04）：143-145.

[22] 唐嘉芳.创新创业教育与大学生自身可持续发展[J].教育与职业,2018（29）：90-92.

[23] 王纯.高职院校创新创业教育现状个案研究——以SD学院为例[J].现代职业教育,2018（09）：238-239.

[24] 李家华,卢旭东.把创新创业教育融入高校人才培养体系[J].中国高等教育,2018（12）：189-192.

[25] 何意.供给侧改革下高职创新创业教育存在的问题及对策：基于四川省5所高职院校的调研[J].文化创新比较研究,2019（3）：101-103.

[26] 向美来.一流大学创新创业生态系统构建与启示——以佐治亚理工学院为例[J].职业技术教育,2020,41（21）：68-73.

[27] 杜函芮.高校创新创业教育生态系统构建[J].教育学术月刊,2023（02）：43-52.

[28] 张秀娥,马天女.优化大学生创新创业生态系统[J].中国高等教育,2018（Z1）：55-57.

[29] 陈伊凡."双一流"建设背景下"项目管理"在创新创业竞赛中的应用研究[J].产业与科技论坛,2021,20（02）：254-255.

[30] 许爱华,吴庆春.基于精准化创业教育实践平台的高校协同育人机制研究[J].江苏高教,2020,237（11）：109-112.

[31] 曾绍玮,李应.高校创新创业教育探索与实践研究[M].成都：电子科技大学出版社,2021.

[32] 丁文剑,王建新,何淑贞.协同理论视角下高职创新创业教育多元协作研究[J].教育与职业,2018,927（23）：64-68.

[33] 李丽,周广,臧欣昱.创新高校第二课堂育人体系的实践探索[J].思想政治教育研究,2019,35（04）：112-116.

[34] 张小玉,张梅.高校大学生创新创业能力培养策略研究[J].学校党建与思想教育,2019（21）：95-96.

[35] 王学智.大学生创业中创新能力养成机制研究[D].合肥：中国科学技术大学,2017.

[36] "挑战杯"全国大学生课外学术科技作品竞赛历届回顾[EB/OL].https：//www.tiaozhanbei.net/review.